JN075196

いまさら誰にも聞けない

サッカー隠語の基礎知識

サッカー
ネット用語
辞典 編

THE YEAR BOOK OF
THE CONTEMPORARY
FOOTBALL

基礎知識

KANZEN

はじめに

　いつから日本のサッカー界に笑いと皮肉の要素がなくなって
しまったのだろうか。いくつか原因は推測できなくもない。一
つは、いわゆる戦術クラスタがSNS上で勢力を拡大し、欧州
発祥の戦術用語が支配していったこと。やれポジショナルプレー
だ、やれ戦術的ピリオダイゼーションだ、やれトランジション
だ、やれゲームモデルだ……。うむ、おかげでサッカーを見る
目が変わった。もう一つは、JFA、Jリーグが推進する「リス
ペクト宣言」によって、相手を尊重し敬意を払う行為が当たり
前になったこと。うむ、おかげで醜い言い争いは減った。ただ、
そこには残念なことに笑いの要素が一切ない。そして、皮肉が
入り込む余地すらない。とてつもなく息苦しい。

　日本のサッカー界に笑いと皮肉があった時代……それはサッ
カー隠語が数多く生まれた時代と重なる。ワールドカップが開
催されるたびに伝説的な隠語が生まれ、Jリーグで事件が起き
るたびに衝撃的な隠語が生まれた。さらには本田圭佑と松木安
太郎という当時、神がかり的な「二大隠語メーカー」も存在し
た。もしかしたら、戦術用語だけがSNS上で跋扈し、ユーザー
同士がリスペクトしすぎるこの時代に、笑いと皮肉の要素は求
められていないのかもしれない。それでも……。"サッカース
ラング王国"日本が生んだ秀逸なサッカー隠語を、それこそ隠
語のまま終わらせてしまうのはあまりにももったいなさすぎる。
ではなぜ隠語全盛時代ではない今、同書を出すに至ったのだろ
うか？　答えは決まっている。「あえてね」

隠語で辿る代表史

1997年	【フランスワールドカップ予選】	「アジジ作戦」
2002年	【日韓ワールドカップ】	「師匠」
		「ベルギーは赤い悪魔でしたか」（奥寺アナ）
		「ワーワーサッカー」
2004年	【アテネオリンピック本大会】	「人間力」
2006年	【ドイツワールドカップ予選】	「キャバクラ7」「ターク・ハル」
	【ドイツワールドカップ大会前】	「ムァキ」（ジーコ）
	【ドイツワールドカップ本大会】	「QBK」
		※ジーコジャパン惨敗→「オシムって言っちゃったね」（キャプテン）
		※中田英寿引退→「旅人」

◆『本田△台頭』

2008年	【北京オリンピック】	「それはごもっともだけどオレの考えは違った」（本田△）
2009年	【アジアカップ予選】	「正解じゃない」（俊輔）
2010年	【南アフリカワールドカップ大会前】	「ヒュー！ ハッキリ言って日本にチャンスはないな」（ドログバ）
	【南アフリカワールドカップ本大会】	「集まれ～！」（釣男）
		「俺は持ってる」（本田△）「DFW」
		※岡田ジャパンベスト16→「岡ちゃん、ごめんね」「駒野なんて大したことはない。」
		※CM「見せてくれ内田」

◆『松木黄金期』

2011年	【アジアカップ】	「黙って見ましょう」（松木）
		「なんなんすかこれ」（松木）
		「ぶざけたロスタイム」（松木）
		「ホラリラロ」（セル爺）
		「まぁいいんじゃないですか中で」（松木）
2012年	【ロンドンオリンピック予選】	「レッドカード3枚くらい必要だこれ」（松木）
2013年	【コンフェデレーションズカップ】	「ひと言いいですか？ 嫌です」（本田△）
	【親善試合】	「カツ丼食ったからね」（松木）
2014年	【ブラジルワールドカップ予選】	「ケチャップドバドバ」（本田△）
	【ブラジルワールドカップ大会前】	「ゴールちょっとずらしたいよね」（松木）
	【ブラジルワールドカップ本大会】	「W酒井」
		※ザックジャパン惨敗→「自分たちのサッカー」
2016年	【キリンカップ】	「アモーレ」（長友）
	【リオデジャネイロオリンピック】	「新翔さん」「テグ」

◆『本田△覚醒』

2018年	【ロシアワールドカップ大会前】	「ケイスケホンダ」（本田△）
		※ハリル解任→「It's never too late.」（本田△）
	【ロシアワールドカップ本大会】	「アザールでござーる」（松木）「海外組」「危険なスコア」
		西野ジャパンベスト16→「きよきよしい」（本田△）
		※テーマ曲「ハートビーハートビー」
		※占いタコ「ラビオ君」

目次

IJ
【あいじぇい】

IJとは、ヴァンフォーレ甲府でプロデビューし、現在はヘンク（ベルギー）に所属するプロサッカー選手、伊東純也を指す隠語。

IJは、伊東純也のイニシャルから取ってI(Ito) J(Junya)。

あいたいなぁん

あいたいなぁんとは、当時ガンバ大阪に所属していた堂安律（現・アルミニア・ビーレフェルト＝ドイツ）がツイッターに投稿した彼女への素直な想いである。全文は「無事二人とも合格しました。早朝から長いようでめちゃくちゃ短い一日が終わり〜。また一つ思い出。あいたいなぁん」。ちなみに合格とは運転免許のこと。

また、ツイートが削除されたことからプライベートアカウントへの投稿を誤爆したのではないかと考えられる。

あいたいなぁんツイートでは、彼女とのツーショット画像も一緒に投稿されていた。堂安律の彼女が思いのほか可愛かったため、ネット掲示板などに「堂安くっそ」「堂安のアンチになります」「堂安オウンゴール決めたのか」などと書き込まれた。

上記の出来事から堂安律のことを「堂なぁん」「あいたいなぁん」と呼ぶ者もいる。

あえてね

あえてねとは、現在はネフチ・バクー（アゼルバイジャン）に所属する本田圭佑の名言、迷言である。

2014年、低迷していたミランの救世主としてチームに加入したが、期待されたような活躍をすることができなかった。メディアには毎試合のように叩かれ、ミランファンからもブーイングをされるようになっていった。そんな苦しい状況の中で生まれた発言である。元ネタは、以下の独占インタビュー記事。

本田「昔、日本代表でとっていた行動と一緒ですよね。俺は（ミランで）孤立している。あえてね。コイツ、何やろうな？　と。自分を持っているな、と。試合へのアプローチも全部、自分のやり方で集中しているな、と。そういう風に（周囲の仲間に）思わせているわけです」

引用元：『日刊スポーツ』（2014年5月15日）「俺は孤立している。あえてね」

これまで数々の名言を生み出して

きた本田圭佑らしい発言にネット
ユーザーがいち早く反応し、『2ちゃ
んねる』（現・『5ちゃんねる』、以下
同）やツイッターで、語尾に「あえ
てね」を付けて発言するのがブーム
となった。

「無職ですよ、あえてね」「一人飯
ですよ、あえてね」「彼女は作らない、
あえてね」のように自虐ネタにもし
やすく、「就職はしない、あえてね」
「授業には出ない、あえてね」など
汎用性が高かったことが流行になっ
た要因だと考えられる。

赤
【あか】

　赤とは、Ｊリーグに加盟するサッ
カークラブ、浦和レッズを意味する
インターネットスラングである。浦
和レッズのファンや他チームのファ
ンが自称、呼称する時などに使われ
ている。

　クラブカラーが赤色であることか
ら赤と呼ばれるようになった。

赤帽
【あかぼう】

　赤帽とは、現役時代に東京ヴェル
ディの前身である読売サッカークラ
ブなどでプレーし、監督としてサガ
ン鳥栖や横浜ＦＣで指揮をした岸野
靖之（現・栃木シティＦＣ戦略統括
責任者）を意味する隠語である。

　赤帽の由来は、岸野靖之のトレー
ドマークである赤い帽子をいつも

被っていることが元ネタ。

アザールでござーる

　アザールでござーるとは、2018
年ロシアワールドカップ期間中、テ
レビ番組に出演した松木安太郎の口
から発せられた渾身のオヤジギャグ
のこと。正しくは「ルカク別格、ア
ザールでござーる」と発言していた。
ルカクベッカク、アザールでござー
ると早野宏史もビックリのダジャレ
を放り込んでいる。

　アザールでござーるの元ネタは、
1991年11月から販売促進キャンペー
ンとして日本電気（現・ＮＥＣ）の
ＣＭで流れていた「バザールでござー
る」。ＣＭには、語尾を「ござーる」
で統一したお猿さんのキャラクター
が登場し、ＣＭの最後に「バザール
でござーる！」というキャッチコピー
が流れる。当時は、一度聞いたら忘
れられないキャッチコピーが人気
だった。

　ちなみに松木安太郎が発言する以
前からネット上のサッカーファンの
間でエデン・アザール（現・レアル・
マドリー＝スペイン）がゴールした
時や活躍した時の表現として使われ
ていた。

　メディア上で初めて「アザールで
ござーる」を使ったのは倉敷保雄ア
ナウンサーと言われている。

浅野の友達
【あさののともだち】

　浅野の友達とは、フランス代表の
ベンジャマン・パヴァール（現・バ
イエルン・ミュンヘン＝ドイツ）を
意味する隠語のこと。同様の意味で
浅野の親友と使われることも。

　浅野拓磨（前・パルチザン・ベオ
グラード＝セルビア）がシュトゥッ
トガルト時代にパヴァールと親しく
していたというエピソードを知った
ネット上のサッカーファンが浅野の
友達と呼ぶようになった。浅野の友
達は、2018年ロシアワールドカッ
プのフランス代表対アルゼンチン代
表戦で芸術的なミドルシュートを決
め、パヴァールの名が知れ渡ったこ
とで定着した。

　以下の記事が元ネタ。

　*同選手は同僚の日本代表FW浅野拓
磨について聞かれると、「僕たちが何
であんなに仲が良いのか、よく聞かれ
るんだ。ホテルでも同室だしね。タク
マは面白くて、一緒にいて居心地が良
いヤツだよ。いつもふざけあっている
んだ」と話している。*

　*両選手ともドイツ語が堪能というわ
けではないが、言葉の壁は問題ないよ
うだ。「タクマはサッカーに関する日
本語もいくつか教えてくれたけど、忘
れてしまったよ。僕たちは英語、ドイ
ツ語、フランス語、日本語を一緒に交
えながら話し合って、それでも理解し
合えている」*

引用元：ドイツ誌『キッカー』（2017年11月29日）

シュトゥットDF、"親友"浅野拓磨を語る「面白
くて一緒にいて居心地が良い」

脚
【あし】

　脚とは、Jリーグに加盟している
サッカークラブ、ガンバ大阪を意味
するインターネットスラングであり、
自称、呼称として使われている。脚
と大阪の大を掛け合わせて脚大と表
記されることもある。

　ガンバ大阪のガンバは、イタリア
語で脚を意味しているため、『2ちゃ
んねる』やツイッターなどのサッカー
ファンから脚と呼ばれている。

　主に、他クラブのサポーターが使
用するものであるが、『2ちゃんねる』
では、名前欄に「脚」と記入し「私
はガンバ大阪のサポーターです」と
相手に自分の立場を理解させた上で
レスすることなどがある。

アジジ作戦
【あじじさくせん】

　アジジ作戦とは、イラン代表の
FWコダダド・アジジが日本代表と
の試合前日、報道陣の前に車椅子で
現れたにもかかわらず、翌日の試合
にスターティングメンバーとして出
場した事件のこと。試合に出場する
のは難しいと思わせる、イラン側が
仕掛けた情報作戦である。

　当時、1998年フランスワールド
カップのアジア出場国は3・5枠し
かなく、サウジアラビア（A組）と
韓国（B組）は、予選で1位となりワー

ルドカップ出場を決めた。プレーオフで予選2位のイラン（A組）と日本（B組）が戦い3枠目を決める。負けたほうが0・5枠を懸けてオセアニア地区の1位とプレーオフを戦う。日本はもちろん、イランとしてもここでワールドカップ出場を決めたい背景があった。

アジジは、車椅子で登場した翌日の試合に出場し1ゴールを決めている。最終的に日本が3対2で勝利している。ワールドカップ初出場を決めたこの試合が俗に言うジョホールバルの歓喜である。

当時イラン代表監督を務めていた、バルディエール・バドゥ・ビエイラはアジジ車椅子作戦のことをこう振り返っている。

また、こんな裏話を披露した。「途中で同僚とケンカした主力のアジジ（1996年アジア最優秀選手）を協会が強制送還させようとして大変だった」。内紛を表面化させないため、アジジが負傷したことにして前日練習を休ませもした。「僕が仕組んだウソに当時、日本の報道陣も動揺していたね」。アジジは本番には平然と出場した。これが有名な「アジジ車椅子作戦」の真相のようだ。

引用元：『読売新聞』（2007年6月5日）　バルディエール・バドゥ・ビエイラインタビュー「昇格させることに興味」

アシスト未遂
【あしすとみすい】

アシスト未遂とは、得点に直結す

ゴール⓪ アシスト⓪ アシスト未遂①

るような決定的なパスを出すも、パスを受けた選手がシュートを決められず、アシストを逃してしまった時の表現。他にも「実質アシスト」と用いられることもある。

アシスト未遂は、味方にシュートの機会を与える「アシスト」と成し遂げられなかったことを意味する「未遂」を掛け合わせた造語。

選手のその日の出来を総評する際に「ゴール1、アシスト1、アシスト未遂1」といった使われ方をする。また、掲示板などで実況中にアシストを逃した場面で「アシスト未遂」と書き込まれる。

ADIOS SPANA
【あでぃおす すぱーな】

ADIOS SPANA とは、2014年ブラジルワールドカップ、グループB第2節のチリ代表対スペイン代表を観戦していたブラジル人のサポーターがiPadに記した煽りメッセージの

こと。このブラジル人サポーターのことを「アディオスおじさん」と呼ぶ。

ADIOS SPANAは、ポルトガル語で「さよなら、スペイン」を意味している。正しく表記すると「ADIOS（アディオス）España（エスパーニャ）」となる。

優勝候補のスペインは、グループB第1節のオランダ戦でオランダに1対5と敗戦しており、第2節のチリ戦では勝利が絶対条件とされていた。しかしチリ相手に0対2と敗戦。試合終了後、観戦していたブラジル人サポーターの陽気なおじさんがお茶の間に流れる。

日本だけでなく、この試合を視聴していた世界中のユーザーから注目を集め「ADIOS SPANA」を改変して様々なコラ画像が作られた。

attk
【あつたか】

attkとは、モンテディオ山形に所属するプロサッカー選手、中村充孝（なかむら・あつたか）を指す隠語である。

中村充孝の名前をローマ字に当てはめて「あ(a) つ(t) た(t) か(k)」。

アッチョンブリケ

アッチョンブリケとは、大分トリニータに所属していた前田俊介（現・沖縄SVコーチ）が主審の頬を両手で挟んだ行為のこと。

2011年9月3日、J2第4節のカターレ富山対大分トリニータとの試合中、主審から2度目の警告を受けてレッドカードを掲示された前田俊介が不服として抗議した。

『ブラックジャック』に登場するピノコが驚いた時に両頬を両手で挟みながら「アッチョンブリケ」と叫ぶ描写と似ていたことからサッカーファンの間で話題となり、アッチョンブリケと呼ばれるようになった。

アッチョンブリケが問題となり、前田俊介に6試合の出場停止処分が科されることとなった。

集まれ～！
【あつまれ～！】

集まれ～！　とは、今野泰幸（現・ジュビロ磐田）が披露したケンタッキーフライドチキンのCMに出演した田中マルクス闘莉王のモノマネである。

2010年南アフリカワールドカップから帰国した日本代表記者会見の最中に、岡田武史監督から「今野がなんか最後に喋りたいことあるってさっき言ってたので」と無茶ぶりをされると会場から笑いが起きる。中澤佑二からマイクを渡され、記者から「ええ、今野さん、ということですのでお願いします」と振られた今野泰幸は「ほんとに厳しいんですけど」と苦笑いするが「モノマネやります！」と覚悟を決める。「闘莉王さんのモノマネで……集まれー!!!!」と大声でモノマネを披露すると会場

は大爆笑に包まれた。

　この記者会見が反響を呼びテレビで取り上げられたり、レコチョク着ボイスで配信されるなどした。

　ちなみに田中マルクス闘莉王は、父の看病で南アフリカからブラジルに帰っていたため記者会見には不在であった。

　今野泰幸は、田中マルクス闘莉王を恐れて以下のようなコメントをしている。

　もっとも今野は「義理のお父さんには褒められましたけど、調子に乗ってると思われるのはちょっと……」と不安な表情。現在ブラジル滞在中の闘莉王の了解も得ておらず「まだブラジルっすよね。帰国が恐怖っすよ」。今野にとっては戦々恐々の日々が続きそうだ。
引用元：『スポニチアネックス』（2010年7月11日）
今野は不安……闘莉王の帰国が「恐怖っすよ」

　田中マルクス闘莉王は今野泰幸に対して以下のようにコメントしている。

　今週は、いよいよ再会。今野選手は戦々恐々？　としているようだが、闘莉王選手はいったいどんな態度に出るのか。「今ちゃんの謝り方次第かな。ガツンとやるかも」。やはり闘莉王選手は怒っているのか……。しかし、次の瞬間「なーんてね。オレはそんな人間じゃないよ。まあ（モノマネで）みんなが喜んでくれればいいよ」
引用元：『2ちゃんねる』

　名古屋のDF闘莉王が、8日に対戦するFC東京のDF今野に強烈なプレッシャーをかけた。
「今までのことはすべて許してやるから、あすは勝利をくれればいい。まあ仲も良いし楽しみだね」。今野の持ちネタになった闘莉王の「集まれ〜」フレーズの"無断使用"と着信ボイス配信の見返りに、勝点3を要求。昨季は味スタで2戦8失点で2敗しているが、リーグ再開後は3勝1分けと好調なだけに舌も滑らかだった。
引用元：『スポニチアネックス』（2010年8月8日）
闘莉王　ネタ"無断使用"の今野に見返り要求

油
[あぶら]

　油とは、イングランド・プレミアリーグに加盟するサッカークラブ、チェルシーのオーナーを務めるロマン・アブラモヴィッチを意味する隠語。油モヴィッチと表記されることも。

　油の元ネタは、アブラモヴィッチオーナーが石油取引業で巨万の富を

得たことが由来。サッカー界でもっとも有名なクラブオーナーの一人。

アフロ

アフロとは、ベルギー代表マルアン・フェライニ（現・山東泰山＝中国）やアラブ首長国連邦（UAE）代表オマル・アブドゥッラフマーン（現・アル・ジャジーラ＝UAE）を意味する隠語のこと。フェライニやオマル以外にもアフロやカーリーな髪型がトレードマークとなっている選手にも使われている。ブラジル代表ウィリアン（現・アーセナル＝イングランド）やベルギー代表アクセル・ヴィツェル（現・ボルシア・ドルトムント＝ドイツ）など。

アフロの元ネタは、髪型がアフロヘアーのため。

あべゆ

あべゆとは、浦和レッズに所属しているプロサッカー選手、阿部勇樹を意味する隠語。主にインターネット上の浦和レッズファンが用いる愛称。

あべゆの元ネタは、ジェフユナイテッド千葉所属時代に「あべゆ　うき」とサインし、まるで「あべゆ」が苗字のように見えたことがきっかけ。

アホーター

アホーターとは、常軌を逸した行動、言動をするサポーターを意味する蔑称のこと。

アホーターは、愚かであることを意味する「アホ」と特定のチームを応援する熱狂的ファンを意味する「サポーター」を掛け合わせた言葉。

アホーターと呼ばれるサポーターの特徴は以下。

【例】
- 差別をする
- サポーター同士で喧嘩
- 相手サポーターに罵声を浴びせる
- スタジアムの警備員に暴行する
- ピッチ内に乱入する
- CKの時にキッカーの選手をフラッグなどで邪魔をする
- ピッチにゴミなどを投げ込む
- チームバスに爆竹や花火を投げつける

以上の行為がアホーターと呼ばれる所以となっている。

Ｊリーグでは過去に問題行為として浦和レッズサポーターとガンバ大阪サポーターが揉め、乱闘騒ぎとなったことがある。

飴
【あめ】

飴とは、イングランド・プレミアリーグに加盟するサッカークラブ、チェルシーを意味する隠語。

元ネタは、明治製菓が販売しているキャンディ菓子のチェルシーが由来。

「チェルシー」→「キャンディ」
→「飴」。

　ちなみにキャンディ菓子チェルシーの名称は、チェルシーが本拠地とするロンドン市南西に位置するチェルシー地区が由来。

アモーレ

　アモーレとは、イタリア語で「愛」「愛する人」を意味する言葉。長友佑都（現・マルセイユ＝フランス）が交際していた平愛梨をアモーレと称したことから日本で有名になったイタリア語。

　きょう3日のキリン杯・ブルガリア戦を前に長友は2日夜、愛知県内で練習後、取材に対応。「真剣におつきあいしています。大切な人だし、アモーレですね。イタリア語で『愛する人』という意味です」と情熱的に宣言した。
　引用元：『産経WEST』（2016年6月3日）　長友佑都「俺のアモーレ」女優の平愛梨と結婚へ……妊娠報道に「しとるかいっ！」

　上記の発言からアモーレは、平愛梨を意味する俗称として用いられることもある。長友佑都を「アモーレ長友」と呼ぶ者もいる。
　長友佑都のアモーレ交際宣言以降、女子高生などの間でも彼氏や親友をアモーレと呼ぶことが流行となった。アモーレは、2016年の流行語大賞にノミネートされ、見事トップテン入りを果たした。

アルシンドにナッチャウヨ〜

　アルシンドにナッチャウヨ〜とは、鹿島アントラーズなどで活躍したアルシンドがアデランスのCMに出演した時のセリフである。
　個性的な髪型のアルシンドが独特な喋り方で印象的な決めセリフを言う内容だったことで、「友達なら当たり前」とともに当時話題となった。
　アルシンドが出演したアデランスのCMは複数パターンあり、その中の一つが、通勤中と思われる電車内で、アルシンドが薄毛の中年男性を発見する。そこでアルシンドが男性の髪を凝視しながら「アルシンドにナッチャウヨ〜」と指摘する内容。
→関連用語：友達なら当たり前（113P）

飯倉チャレンジ
【いいくらちゃれんじ】

　飯倉チャレンジとは、戦術的な理由により高いポジションを取っていたGKの飯倉大樹（現・ヴィッセル神戸）がゴール不在の中、ロングシュートを狙う行為のこと。ゴールが入ろうが入るまいがチャレンジすることが飯倉チャレンジ。
　飯倉チャレンジは、飯倉大樹が横浜F・マリノスに所属していた2018年に誕生した。2017年12月19日に横浜F・マリノスの監督にアンジェ・ポステコグルーが就任する。ポステコグルーは、ラインを高く保つ戦術を採用し、GKにはディフェンスラ

インの背後のスペースをカバーする
スイーパーのような役割が求められ
た。

　そんなハイライン戦術を採用した
ポステコグルー初年度の横浜F・マ
リノスでGKのレギュラーだったの
が飯倉大樹。GKなのに自チームが
攻めている時は、ハーフウェーライ
ン付近にポジションを取ることもよ
くあった。それゆえに味方や飯倉自
身が相手にボールを奪われてしまう
と、GK不在のためロングシュート
1本でゴールを決められてしまう。
無人のゴールにシュートをされて失
点というような場面が続くと、いつ
しかネットユーザーから飯倉チャレ
ンジと呼ばれるようになる。

　2019年に飯倉大樹がヴィッセル
神戸へ移籍すると、飯倉チャレンジ
は別の意味でも用いられるようにな
る。飯倉大樹がドリブルで持ち上
がった時や自陣でボールをキープす
ることに対しても使われるように
なった。

　当初は、飯倉大樹に対してチャレ
ンジすることを飯倉チャレンジとし
て使われていたが、年月とともに定
義が広くなり、現在では飯倉大樹が
チャレンジすることも飯倉チャレン
ジとなった。

いいヤツだけど、使えない
【いいやつだけど、つかえない】

　いいヤツだけど、使えないとは、
本田圭佑が当時契約していたオラン
ダ人の代理人ケース・プルーフスマ・
ジュニアをクビにした理由である。

　本田圭佑は、2011年当時、CSKA
モスクワに所属していたが、2010
年南アフリカワールドカップで活躍
して以降、噂はあれどもビッグクラ
ブへの移籍が実現しなかった。以後、
本田圭佑の兄である本田弘幸が代理
人を務めている。代理人を兄に変更
後、ミランへの移籍が実現している。

　元ネタは、以下の記事。

　*ロシア1部CSKAモスクワのMF本
田圭佑（25）が、ビッグクラブ移籍
へ向け「いいヤツだけど、使えない」
と、オランダ人代理人を"クビ"にし
ていたことが分かった。*
　*昨年W杯南アフリカ大会での大ブ
レーク後3度移籍ウインドー（期間）
が開いた。だが、同代理人のもとでは
目標とするビッグクラブ移籍は実現せ
ず「使えない」という判断となったよ
うだ。*

引用元：『日刊スポーツ』（2011年11月9日）　本田、
使えない代理人をクビにしていた

池谷即電
【いけやそくでん】

池谷即電とは、「熊本の池谷社長は早速オファーの電話を入れた」の略語のこと。ロアッソ熊本の池谷友良社長（現・FC今治グローバルグループ長）があらゆる選手へ節操なくオファーすることから作られたインターネットスラング。

池谷即電に関するもっとも有名な話に、南雄太が柏レイソルを退団すると発表した10分後にロアッソ熊本からオファーが届いたというものがある。オファーをもらった南雄太はロアッソ熊本に移籍している。

池谷即電効果かはわからないが、カレン・ロバート、藤田俊哉、北嶋秀朗などの有名な選手もロアッソ熊本に移籍している。

いじめ、カッコ悪い
【いじめ、かっこわるい】

いじめ、カッコ悪いとは、1996年に前園真聖が出演した公共広告機構（現・ACジャパン）のCMの作品タイトルのこと。よく前園真聖のセリフだと勘違いされているが、前園真聖は「いじめ、カッコ悪い」とは言っていない。正しいセリフは、「いじめは最低だよ。カッコ悪いよ」である。CMの最後に「いじめ、カッコ悪い。」と大きくテロップが表示されていたため、印象が強く勘違いを生んだと考えられる。

ちなみにフジテレビの『ワイドナショー』でこのCMが話題となった時に、セリフは前園真聖自身が考えたものと語っている。

【CM書き起こし】

別に型にはまることないし、カッコつけたっていいと思う。俺もそうだった。

でも俺いじめなんてしたことなかったよな。だって恥ずかしいだろ。誰か泣かしたり。

いじめは最低だよ。カッコ悪いよ。

イソムラサン

イソムラサンとは、V・ファーレン長崎に所属するプロサッカー選手、磯村亮太を意味する隠語。

イソムラサンの元ネタは、2013年まで名古屋グランパスを指揮していたピクシーことドラガン・ストイコビッチの発言。アルベルト・ザッケローニ監督時代、日本代表に初選出された磯村亮太をピクシーがイソムラサンと呼んだことが由来。

先発に抜てきしたストイコビッチ監督は「イソムラ"サン"は代表選手。先発じゃなければザッケローニ監督もガッカリするだろ」と"ご祝儀先発"で一層の奮起をうながした。

引用元：『日刊スポーツ』（2012年2月19日）　ピクシー「イソムラサンは代表だから……」

痛いンゴ
【いたいんご】

痛いンゴとは、痛くないのに痛がる演技をするサッカー選手を揶揄した表現のこと。

痛いンゴは、『2ちゃんねる』の「なんでも実況J（なんJ）」で誕生した。実際に痛いンゴが使われているのもなんJ。他の板ではあまり使われない。

痛いンゴが用いられる場面は、「わざと倒れ、審判を欺くことでファウルをもらおうとする」「わざと倒れ、痛がることで時間を稼ぐ」「審判がノーファウルとジャッジした時に、すぐに立ち上がり何事もなかったように走り出す」「相手選手の体の一部が軽く当たっただけで大げさに倒れる」際。

痛いンゴは、南米の選手が得意と言われることが多い。代表的な選手としてネイマール（現・パリSG＝フランス）やルイス・スアレス（現・アトレティコ・マドリー＝スペイン）。

日本人選手は、外国人選手に比べ、痛いンゴをしないため、マリーシア（ずる賢さ）が足りないとたびたび外国人監督から指摘されることがある。

→関連用語：コロマール（68P）、ダイバー（97P）、ダイバール（97P）

一三スコア
【いちぞうすこあ】

一三スコアとは、2019年11月24日に開催されたJ2最終節に京都サンガF.C.が柏レイソルに1対13で大敗したスコアのこと。

2019年に京都サンガF.C.の監督を務めていた中田一三の名前と失点数が偶然にも一致したため、一三スコアと呼ばれるようになった。この試合では柏レイソルのマイケル・オルンガ（現・アル・ドゥハイル＝カタール）がJリーグ史上初の1試合8ゴールを記録した。また、13点という記録もJリーグ史上初となった。

最終節前、京都サンガF.C.は勝点68で7位につけており、プレーオフ進出可能の6位のヴァンフォーレ甲府とは得失点差はあるものの勝点では並んでいた。最終節、京都サンガF.C.が引き分け以上の結果を残すと他チームの結果次第ではプレーオフ進出の可能性があった。しかし、試合開始早々の前半6分にオルンガに決められてしまうと、前半23分、27分、33分と立て続けに柏レイソルにゴールを許し、4対0とされたことでプレーオフ進出は絶望的な状況になってしまう。前半38分に小屋松知哉が1点を返すも、後半12分にまたもやオルンガに決められてしまい心が折れてしまう。後半に9点を決められ最終スコアは1対13。通

常プロの試合では、なかなかお目にかかれない大差のスコアになった背景には、DF陣の故障や、得失点差を考え、前がかりにならざるを得ない状況があった。

一万円
【いちまんえん】

　一万円とは、鹿島アントラーズに所属していた金森健志（現・アビスパ福岡）を意味する隠語のこと。または出来事そのものを指す。

　一万円は、かつて鹿島アントラーズで活躍した元日本代表の柳沢敦コーチに関する不倫が報じられた際に発覚した。柳沢敦が鹿島アントラーズファンの女性Aさんとホテルで密会していたと『週刊女性』にスクープされた。ここまではよくある浮気報道である。しかし、衝撃的な事実が判明する。同一人物の女性Aさんと金森健志がホテルで密会していたと報じられる。鹿島アントラーズの選手とコーチが同じ女性とホテルで密会していたとは……。さらにこの時、金森健志が一万円を握りしめながら車から降りる姿が激写されている。その姿があまりに滑稽だったため、一万円と呼ばれるようになった。ちなみにその一万円とは宿泊費2万円のうちの一万円である。どうやらホテル代は割り勘だったようだ。

It's never too late.
【いっつねばーとぅれいと】

　It's never too late.とは、日本代表監督を務めていたヴァヒド・ハリルホジッチが解任されたあと、本田圭佑が自身のツイッターに呟いた内容である。意味は「遅すぎることはない」となる。

　ツイートしたタイミングを考えるとハリルホジッチ解任に対する言及だと考えられる。ハリルホジッチ解任を喜ぶユーザーと、解任に反対し本田圭佑を批判するユーザーのリプライが入り乱れ賛否両論あるツイートとなった。本田圭佑は、その後「批判をしてくれてる方々へ。いつも健全な反応をありがとうございます。引き続きサッカー界のこと宜しくお願いしますね」とツイート。

田舎
【いなか】

　田舎とは、Jリーグに加盟するサッカークラブ、ジュビロ磐田とサガン

鳥栖を指す蔑称である。蔑称のため使う際には注意が必要。

ジュビロ磐田がホームタウンとする静岡県磐田市と、サガン鳥栖がホームタウンとする佐賀県鳥栖市が田舎であることを理由に、近接する別クラブのサポーターなどから蔑称として使われている。

犬
【いぬ】

犬とは、Jリーグに加盟するサッカークラブ、ジェフユナイテッド千葉を意味する隠語である。サッカーファンが自称する時や呼称する時などに使われている。

ジェフユナイテッド千葉のマスコットキャラクターのジェフィとユニティが秋田犬であることから犬と呼ばれるようになった。

また、ジェフユナイテッド千葉が勝った時や好調な時は、ドーベルマンや土佐犬など強そうな大型犬で表現され、負けた時や不調時は、チワワやトイプードルなどの弱そうな小型犬に表現されることもある。

海豚
【いるか】

海豚とは、Jリーグに加盟するサッカークラブ、川崎フロンターレを意味する隠語である。

海豚は、川崎フロンターレのマスコット・ふろん太のモチーフがイルカであることから「イルカ」→「海豚」と表記されるようになった。

他にも「kwsk」とローマ字表記で略されることがある。「川崎」→「kawasaki」→「kwsk」と変化していったと考えられる。ちなみにインターネットスラングの「詳しく教えて」という意味を持つ「kwsk」とは何ら関係がない。

イングランドのような

イングランドのようなとは、当時鹿島アントラーズに所属していた岩政大樹（現・上武大学監督）が、ACLで対戦したアデレード・ユナイテッドを絶賛したインタビュー内容のこと。

2008年9月24日にACL決勝トーナメント準々決勝の第2戦、アデレード・ユナイテッド対鹿島アントラーズが行われ、鹿島アントラーズは0対1で敗戦。準々決勝で大会を去ることに。敗戦後、岩政大樹のインタビューからイングランドのような……は誕生した。

Q: 相手の印象は？
「イングランドのような組織を組んでゾーンで守りながらも人には強くいく、日本にないレベルのサッカーでした。良いチームだと思いました。個人個人、フィジカルが強いし、特に中盤の前の選手が強く、五分五分のボールを拾われてしまった。あとクロスをどの選手が上げても質が良かった。1試合目も2試合目もクロスからやられてしまった。点を取られた以外にもクロスの質は高

かった。2列目から飛び込んでくる選手は日本の方が良いですが、クロスの質が高いので。チーム力は向こうが上だったと思う」

引用元：『J'sGOAL』（2008年9月24日）【AFCチャンピオンズリーグ　アデレードvs鹿島　試合終了後の各選手コメント】

『2ちゃんねる』では、このインタビューがコピペ化されネタにされている。ネタ化されるようになった理由は、岩政大樹が絶賛したアデレード・ユナイテッドがガンバ大阪にまったく歯が立たなかったためである。ACL決勝、ガンバ大阪ホームの万博記念競技場で迎えた第1戦、3対0でガンバ大阪が勝利。ハインドマーシュ・スタジアムで行われた第2戦、ガンバ大阪が2対0で勝利。ガンバ大阪が初のACL優勝を達成。

ガンバ大阪があっさりとアデレード・ユナイテッドに勝ってしまったことから、サッカーファンの間で「岩政さんどういうこと？」といった感じでコピペ化されネタにされるようになっていった。

ウギャル

ウギャルとは、元プロサッカー選手、内田篤人の熱狂的なファンのこと。ウギャルは、内田篤人の「う」と、若い女性を意味する「ギャル」を組み合わせた言葉。

内田篤人は、2015年5月25日に一般女性と入籍したことを発表。ツイッターなどのSNSでウギャルたちの悲鳴が上がった。

受け入れがたい
【うけいれがたい】

受け入れがたいとは、2016年にFC東京の監督を務めていたJFKこと城福浩（現・サンフレッチェ広島監督）から発せられた言葉である。

受け入れがたいは、2016年4月29日、J1第9節で誕生した。FC東京は味の素スタジアムにJ1へ昇格したばかりのアビスパ福岡を迎えたが、後半61分、ウェリントンにゴールを許す。試合終了間際のアディショナルタイムにPKを獲得したが、森重真人がPKを外し、0対1で敗戦。

試合終了後、城福浩の口から受け入れがたいが生まれた。

城福監督は「受け入れがたいが、こういう時こそ前を向かないといけない」と厳しい表情。「勝たなければいけなかった。受けとめながら前に進みたい」と絞り出した。

引用元：『スポニチアネックス』（2016年4月29日）
FC東京・城福監督「受け入れがたい」敗戦　森
重主将まさかの同点PK失敗

　ちなみに城福浩は、ヴァンフォーレ甲府の監督を務めていた2014年にも受け入れがたいという言葉を残している。

　徳島にJ1初勝利を献上した甲府の城福浩監督（53）は「受け入れがたい結果ですが、これもサッカー」と厳しい表情で敗戦を振り返った。

引用元：『スポニチアネックス』（2014年4月29日）
シュート19本も……甲府、徳島に初勝利献上　城
福監督「受け入れがたい」

牛
【うし】

　牛とは、Jリーグに加盟するサッカークラブ、ヴィッセル神戸を意味する隠語である。サッカーファンが自称する時や呼称する時に使われる。

　ヴィッセル神戸のマスコットキャラクター・モーヴィが牛をモチーフとしたデザインであることから牛と呼ばれるようになった。

渦
【うず】

　渦とは、Jリーグに加盟するサッカークラブ、徳島ヴォルティスを意味する隠語である。サッカーファンが自称する時や呼称する時などに使われている。

　徳島ヴォルティスの「ヴォルティス」は、イタリア語で「渦」を意味する「ヴォルティーチェ」をもとにした造語であることから渦と呼ばれるようになった。

宇宙開発
【うちゅうかいはつ】

　宇宙開発とは、ゴールから大きく逸れ、天高く飛んでいったシュートを意味する隠語。左右に大きく外れたシュートではあまり使われない。

　宇宙開発以外にも野球のホームランのようだと揶揄されることもある。

　ペナルティエリア外からミドルシュートを放つ場面でたまに目にすることができる。ジーコが日本代表

を率いていた頃と比べ、現在の日本人選手はシュートもうまくなっているため、あまり見られなくなった。

うっさいんじゃボケ

うっさいんじゃボケとは、セレッソ大阪に所属していた南野拓実（現・サウサンプトン＝イングランド）が同僚のカカウに対して言い放ったとされる暴言である。

うっさいんじゃボケを略して「U（うっ）S（さいんじゃ）B（ボケ）」。またUSBは、南野拓実を意味する隠語としても使われている。

2014年11月22日、ユアテックスタジアム仙台で行われたJ1第32節ベガルタ仙台対セレッソ大阪の後半81分にうっさいんじゃボケは誕生した。右サイドでパスを受けた南野拓実はドリブルでペナルティエリア内に侵入し、シュートを放った。このプレーにペナルティエリア内でフリーだったカカウが激怒し「なぜオレにパスをしないんだ？」と言わんばかりに激しいジェスチャーで南野拓実に怒りを見せた。その時、南野拓実がカカウに対して反論した言葉が「うっさいんじゃボケ」である。

ちなみにうっさいんじゃボケは、音声では記録されておらず、映像の唇の動きから判断された。そのため、あくまで推測でしかない。

うどん

うどんとは、Jリーグに加盟する

サッカークラブ、カマタマーレ讃岐を意味する隠語である。サッカーファンが自称する時や呼称する時などに使われている。

うどんとなった由来は、チーム名のカマタマーレ讃岐の「カマタマ」は釜玉うどんが元ネタであること。カマタマーレ讃岐がホームタウンとする香川県は、うどんが名産品であることなどが考えられる。

ただし、サッカーに限らずインターネット上において「香川県＝うどん」と呼ぶ傾向があるため、その流れで自然と「うどん」と呼ばれるようになったと考えることもできる。

ちなみにうどんは、インターネット上における香川真司（現・PAOKサロニカ＝ギリシャ）の隠語でもある。

馬
【うま】

馬とは、Jリーグに加盟するサッカークラブ、ロアッソ熊本を意味する隠語である。サッカーファンが自称する時や呼称する時などに使われている。

馬となった由来は、ロアッソ熊本のマスコットキャラクター・ロアッソくんが馬をモチーフとしているためである。

浦和に期待したボクが
バカでした
【うらわにきたいしたぼくがばかでした】

　浦和に期待したボクがバカでした
とは、FC東京のJ2降格が決定した
J1最終節・京都サンガF.C.戦後に権
田修一（現・清水エスパルス）の口
からこぼれた悲痛な叫びである。

　2010年、最終節、降格枠は残り1つ。
降格の可能性を残すのは、勝点38
で14位のベガルタ仙台、勝点36で
15位のFC東京、勝点35で16位の
ヴィッセル神戸の3チーム。

　ベガルタ仙台は、川崎フロンター
レと引き分け、残留を決める。FC
東京が最終節に対戦する相手は、
早々に降格を決めた京都サンガF.C.。
前半34分、ドゥトラに得点を許し、
後半90分には権田修一がPKを与え
てしまう。FC東京有利と見られて
いたが、0対2でまさかの敗北。試
合前にヴィッセル神戸の勝点を上
回っていたため、浦和が勝利してい
れば、負けてもJ1残留が決定する
試合であった。

　が、結果は浦和レッズがヴィッセ
ル神戸に0対4で敗北。

　そして、浦和が勝利してくれると
信じていた権田修一の口から名言が
誕生する。

「神戸は4－0ですか……。浦和に期
待したボクがバカでした」と守護神は
号泣した。

引用元：『SANSPO.COM』（2010年12月5日）
FC東京の悪夢……昇格以来初のJ2降格

　この発言にネットユーザーが反応
し「権田に期待した俺（瓦斯サポー
ター）がバカでした」「他力本願す
ぐるwwww」「クソワロタwwww」
「そんなんだから降格するんだよ」
とすぐさまツッコまれる事態に。

　言葉にインパクトがあり、汎用性
が高いことも相まって「浦和に期待
したボクがバカでした」を改変し「ガ
ンバに期待したボクがバカでした」
や「本田に期待したボクがバカでし
た」など、ネタ用語として使われる
ようになっていった。

　【追記】2020年に権田修一本人が
インスタライブでこの発言について
触れている。

「浦和に期待した僕がバカでした！」
なんて言ってなかった。
*　記者に期待してましたか？　と聞か*
れ
「浦和に期待するほどバカじゃないで
すよ……」って発言したのを、メディ
アにねじ曲げられた。

引用元：『ドメサカブログ』 元FC東京GK権田
修一の「浦和に期待した僕が……」発言の真実が
判明 本人がインスタライブで明かす

うんこ物語
【うんこものがたり】

　うんこ物語とは、FC岐阜に所属
するプロサッカー選手、柏木陽介を
指す蔑称である。または柏木陽介
メールアドレス流出事件を意味する。
　うんこ物語は、2009年3月11日に
誕生した。当時、柏木陽介がブログ

を投稿していた『アメブロ』に誤っ
て電話番号とメールアドレスを記載
したメールを投稿してしまったこと
がすべての始まりである。投稿用ア
ドレス（投稿アドレスに文章を書い
て送るとブログの記事になる仕組み）
を電話帳に登録していて一斉送信し
てしまったことが原因と考えられる。

　以下の文章が実際に『アメブロ』
に投稿された文章である。

※個人情報のため電話番号とメールアドレスを一
部伏せ字にしています

2009-03-11 18:21:28
番号とアドレス変更のお知らせ
テーマ：ブログ
柏木陽介です。
**電話番号とメールアドレスが変わり
ました。**
登録の変更をお願いします。
※＊＊＊-＊＊＊＊-8782
unkomonogatari @ ＊＊＊＊＊＊

　柏木陽介が投稿した記事は、すぐ
に削除されたが、時すでに遅し。すぐ
に『2ちゃんねる』にスレッドが
立てられ、うんこ物語は急速に広
がっていった。うんこ物語がサッ
カーファンに与えた衝撃は大きく
「メアドセンスに脱糞したわ」「ウン
コ物語糞ワロタwww」「もう水に流
してやれよw」など、ある意味好意
的に受け止められた。

　このうんこ物語事件がきっかけと
なり、柏木陽介のことを「うんこ王
子」と呼ぶネットユーザーも存在す
る。

エアーＫ
【えあーけい】

　エアーＫとは、CSKAモスクワ時
代に度重なる噂があったにもかかわ
らず、正式オファーが届かず移籍が
成立しないことを揶揄する本田圭佑
を指す隠語のこと。「エアー圭」「エ
ア・ケイ」とも言われる。

　エアーＫは、エアオファーの「エ
アー」と本田圭佑のイニシャル「Ｋ」
を組み合わせている。

　エアーＫは、プロテニスプレーヤー
の錦織圭がジャンプしながら打つ
ジャックナイフショットの「エアケ
イ」と掛けた言葉。

　2012年にラツィオからオファー
が届き、契約成立と思われたが、破
談となってしまった。しかし翌
2013年、ミランに移籍している。

エアオファー

　エアオファーとは、実際に選手へ
のオファーが届いていないにもかか
わらずオファーが届いているとメ
ディアに報道されること。『2ちゃん
ねる』で生まれたインターネットス
ラングである。また、「エア移籍」
とも呼ばれる。

　エアオファーは、本田圭佑が様々
なクラブからオファーと報じられる
もなかなか移籍が成立しないことを
揶揄して作られた言葉である。

　本田圭佑がCSKAモスクワに所属
していた期間に、海外メディアを含
めるとバルセロナ、セビージャ、ア

トレティコ・マドリー、アストン・ヴィラ、エヴァートン、トッテナム・ホットスパー、アーセナル、チェルシー、ブラックバーン・ローヴァーズ、マンチェスター・シティ、リヴァプール、ユヴェントス、ラツィオ、ナポリ、ボルシア・ドルトムント、ヴォルフスブルク、シャルケ、パリSG、モナコ、マルセイユ、ガラタサライ、フェネルバフチェ、ベシクタシュなどのクラブチームがオファー、または興味を示しているといった趣旨の記事がメディアにより報道された。

ただし、すべての報道がエアオファーということではなく、実際にラツィオは本田圭佑にオファーしていたがCSKAモスクワとの交渉が決裂し移籍は実現しなかった。

エジリズム

エジリズムとは、2010年にJ1へ昇格できなかったジェフユナイテッド千葉や江尻篤彦監督（現・東京ヴェルディ強化部長）の失態を揶揄するように『2ちゃんねる』へ投稿されたPerfumeの替え歌が元ネタ。ポリリズムならぬエジリズム。

2010年、J2では屈指の戦力を揃え、J1昇格候補と注目されていたが、蓋を開けてみると、勝点61で4位という結果でシーズンを終え、J2残留という屈辱を味わうこととなる。兼ねてより江尻篤彦監督の手腕が疑問視されていたのも相まってポリリズムの替え歌、エジリズムが誕生した。

♪くり返すこのエジリズム
あの采配は まるで変だね
くり返す 去年末みたいな
あの光景が 甦るの

くり返す この負のループ
ああ プラスチック みたいな 守備だ

投稿されたエジリズムの替え歌がバカウケし、ジェフユナイテッド千葉が負けるたびにAAが貼られるようになった。

エジリズムは、江尻篤彦を指す俗称としても使われている。

なお、ジェフユナイテッド千葉は、現在（2021年）もJ1へ昇格できず、泥沼から抜け出せずにいる。

エスパルス曲線
【えすぱるすきょくせん】

エスパルス曲線とは、2015年4月21日、2014年度決算報告および2015年度事業計画決算発表記者会見にて清水エスパルスが発表した勝利の法則のことである。

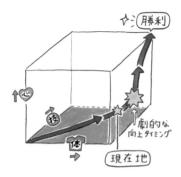

エスパルス曲線発表直後からネット掲示板では「降格あるぞ」「どうやればこんな理論が考えつくのか」「現在地が低すぎる」などとツッコまれ笑いを誘っていた。エスパルス曲線の効果なく、清水エスパルスは初のJ2へ降格した。

しかし翌2016年、エスパルス曲線の効果があったかわからないがJ1昇格を決めた。

エヒメッシ

エヒメッシとは、愛媛FCに所属していた齋藤学（現・名古屋グランパス）の愛称である。

ボールタッチ数の多いドリブルで相手を翻弄しゴールを決める姿がバルセロナのリオネル・メッシを彷彿とさせることから、愛媛FCの「エヒメ」と「メッシ」を組み合わせて「エヒメッシ」と呼ばれるようになった。横浜F・マリノスから愛媛FCにレンタル移籍した2011年から使われるようになった言葉である。

横浜F・マリノスに戻ってからは

カモメッシと呼ばれるようになった。これは、横浜F・マリノスのマスコットであるマリノス君とマリノスケのモチーフがカモメであることから「カモメ」と「メッシ」を組み合わせている。

→関連用語：タダメッシ（100P）

MSN
【えむえすえぬ】

MSNとは、バルセロナの超強力3トップ、リオネル・メッシ、ルイス・スアレス、ネイマールの南米トリオの総称。MSNは、2015年から外国のメディア発信で使われるようになったサッカー用語。

3人の頭文字からメッシ（Messi）、スアレス（Suárez）、ネイマール（Neymar）。

MSNトリオは、通常ではありえないようなゴール数を記録している。

- 2014-2015　通算122ゴール（メッシ58、スアレス25、ネイマール39）
- 2015-2016　通算131ゴール（メッシ41、スアレス59、ネイマール31）
- 2016-2017　通算111ゴール（メッシ54、スアレス37、ネイマール20）

また、ライバルチームであるレアル・マドリーのクリスチアーノ・ロナウド、カリム・ベンゼマ、ギャレス・ベイルの3人を称してBBCと呼

ぶ。

　2017年8月3日、ネイマールがフランス・リーグアンのパリSGに移籍したことでMSNは解散した。

→関連用語：BBC（131P）

エレベータークラブ

　エレベータークラブとは、1部リーグと2部リーグをエレベーターのように昇格と降格を繰り返すサッカークラブのこと。

　Jリーグでは、湘南ベルマーレ、ヴァンフォーレ甲府、北海道コンサドーレ札幌、アビスパ福岡などが該当する。以前は京都サンガF.C.がエレベータークラブと呼ばれることもあったが、2011年以降一度もJ1に昇格できていない。

黄金世代
【おうごんせだい】

　黄金世代とは、1994年アジアジュニアユース選手権（カタール）で優勝した世代「79年組（1979年生まれ）」のこと。それまで日本はアジアジュニアユース選手権で優勝経験がなく、カタール大会で初優勝したことで黄金世代と呼ばれるようになった。

【黄金世代の代表的な選手】
小野伸二（北海道コンサドーレ札幌）
稲本潤一（SC相模原）
高原直泰（沖縄SV）
播戸竜二（引退）

本山雅志（クランタン・ユナイテッド）
中田浩二（引退）
遠藤保仁（ジュビロ磐田）
小笠原満男（引退）
加地亮（引退）
酒井友之（引退）

　この世代を含めたシドニーオリンピック世代を「シドニー世代」と呼ぶ。

オ・ウンゴル選手
【お・うんごるせんしゅ】

　オ・ウンゴル選手とは、世界中のチームで活躍する点取り屋のこと。

　オウンゴールが決まるとSNSなどに「オ・ウンゴル選手が決めた」と書き込まれる。

　オ・ウンゴル選手は、オウンゴールと同義。

　ちなみに新国立競技場の初ゴール（2020年1月1日、天皇杯決勝）はオ・ウンゴル選手。

狼
【おおかみ】

　狼とは、かつて長谷部誠、大久保嘉人といった日本人選手も所属していたドイツ・ブンデスリーガに加盟するサッカークラブ、ヴォルフスブルクを指す隠語である。

　地名でもあり、チーム名でもあるヴォルフスブルクは、ドイツ語で「Wolf」が狼を意味し、「Burg」が

城を意味する。『2ちゃんねる』など
のサッカーファンから簡略化して狼
と呼ばれている。

扇谷ギャル
【おおぎやぎゃる】

　扇谷ギャルとは、横浜F・マリノ
スに所属するプロサッカー選手、扇
原貴宏の熱烈な女性ファンを意味し
ている。

　元ネタは、『2ちゃんねる』ドメサ
カのらスレ住人が扇原と扇谷を打ち
間違えたことから始まる。ちなみに
扇谷とは、Jリーグの審判としてお
なじみの扇谷健司（現・JFA審判副
委員長）のこと。

　らスレに『サッカーai』のサッカー
選手人気ランキングの画像が貼られ
る。1位・柿谷、2位・内田、3位・
本田、4位・香川、5位・遠藤、6位・

長谷部、7位・川島、8位・岡崎、9
位・吉田、10位・清武。

　この画像に反応した2ちゃんねらー
が「山口と扇谷はなんで入っていな
い」と書き込む。イケメン扇原を審
判・扇谷と間違えた書き込みに、ら
スレ住人からツッコミが入る。

「扇谷ギャル…(ﾟＡﾟ;)」
「扇谷が人気あったらすごいわ」
「扇谷フイタwww扇原だろw」

　上記の間違いから扇谷ギャルが定
着して使われるようになっていった。

**【扇谷ギャルの由来となった実際の
やりとり】**
*812
内田抜かれたか*

*854
>>812
山口と扇谷はなんで入っていない。
柿谷そろそろCMの1つや2つあるで
w*

*858
>>854
扇谷ギャル…(ﾟＡﾟ;)*

*860
>>854
扇谷が人気あったらすごいわ*

*861
>>854
扇谷フイタwww*

扇原だろw
引用元：『2ちゃんねる』

大迫半端ないって
【おおさこはんぱないって】

　大迫半端ないってとは、2009年1月5日に行われた第87回全国高等学校サッカー選手権大会準々決勝、滝川第二高校対鹿児島城西高校の試合終了後、ロッカールームにて滝川第二高校の主将、DF中西隆裕が号泣しながら鹿児島城西高校のFW大迫勇也（現・ヴェルダー・ブレーメン＝ドイツ）を大絶賛した名言である。

　ロッカールームでの映像がYouTubeやニコニコ動画にアップロードされ、たちまち『2ちゃんねる』などで話題となった。以下が映像の詳細である。

【実際のやりとり】
中西選手「大迫半端ないって！　もう～アイツ半端ないって！」
栫裕保監督「意味わからんかったな」
中西選手「後ろ向きのボールめっちゃトラップするもん！　そんなんできひんやん普通、そんなんできる？言っといてや、できるんやったら」
栫裕保監督「あいつ点とったら喜べよな」
中西選手「喜べよ！」
滝川第二の選手「カメラの前ばっか行ってな」
中西選手「応援団のところ行けよぉおおお、コーナーフラッグ行くねん」
中西選手「コーナーフラッグ行くな

よ、みんな（鹿児島）城西」
中西選手「カメラや、新聞や、もう全部新聞や、撮られたし。（大迫が）また一面やし。またまたまたまた2発（2ゴール）やし」
滝川第二の選手たち「アハハハハハハ」
中西選手「1発（1ゴール）にしとけばよかった1発に！」
滝川第二の選手「俺最初10対0かと思った」
中西選手「俺もや！　（10対0）いかれる思った。いかれたらどうしょうって！　あぁもう～」
中西選手「大迫うまいなー、どうやったら大迫止めれるんやろ？」
栫裕保監督「あれは絶対全日本（日本代表）入るな」
滝川第二の選手「入りますね！　あれはもう入りますね！」
栫裕保監督「あれはすごかった。俺握手してもらったぞ」
滝川第二の選手たち「アハハハハハハ」
栫裕保監督「サインもらおうかな思ったけどペンがなかったんよ～」

椿裕保監督「鹿児島城西を応援しよ！」

滝川第二の選手たち「おし！」

2014年4月29日放送のテレビ朝日『アメトーーク！W杯直前！ザックJAPAN応援芸人』にてペナルティのワッキーが「大迫半端ないって」動画の詳細を紹介した。

2018年6月19日に行われたロシアワールドカップ、コロンビア対日本にて、大迫勇也が半端ないゴールを挙げる活躍をしたことや試合中に大迫半端ないのゲートフラッグを持ったサポーターが映し出されたこともあって、ツイッター上などのSNSで再び注目される言葉となった。テレビメディアも「大迫半端ない」を取り上げながら大迫勇也の経歴を紹介し、サッカーファン以外にも広く知られることとなった。

ダウンタウンの松本人志はフジテレビの『ワイドナショー』で、中西選手の半端ない発言について「見ましたけどめちゃくちゃ面白い。悔しさとか悲しさの涙から、どんどんそれを言葉にすることによってどんどん笑いに浄化していくという、俺の一番好きな笑いの取り方」と絶賛している。また、椿裕保監督のことも「監督もいい。素晴らしい。全然、誰も傷つけず」と視聴した感想を語っている。

大迫勇也本人は、半端ないと言われることに対して「最初は本当に嫌でした。高校卒業するくらいから言われて、最初なんなのかなとわからん

なかったんですけど自分では。YouTubeを見せられて、こんなのあるんだと思って。消してほしいなと思いました。今はもう言ってくれるのはありがたいことなんで」と心境が変化したことを語っている。

椿裕保監督は、半端ない大迫勇也について当時のことを振り返っている。「あれはもう半端なかったと思いますね。完璧後ろから追いかけるようなディフェンスしかできなくて、もうこんな選手出すなよっていう感じで思いましたけど。（大迫に対して）君は日本を背負う選手になるはずだから、今後の活躍を期待するので頑張ってね。という話をして、一発でファンになるような雰囲気を持っていました」

椿裕保監督は、中西選手の半端ない発言について当時のことを振り返っている。

椿前監督によると、あの発言は、中西さんなりの仲間に対する思いやりだったという。「彼は明るくて真面目な主将らしい主将。カメラも入っていたので、落ち込むみんなを明るくしようと思ったのでは」。その後、椿前監督も「あれはすごかった。俺握手してもらったぞ」と名言を残している。大敗した滝川二ロッカールームは、笑い声に包まれた。

引用元：『日刊スポーツ』（2018年6月20日）「半端ない」発言者に配慮を、「握手」の監督求める

ちなみに中西選手は、滝川第二高校を卒業後、関西大学に進学した。

大学を卒業後、銀行に就職している。

『2ちゃんねる』やツイッターでは、大迫勇也が活躍した時に大迫勇也を称賛する意味を込めて「大迫半端ないって」「大迫半端ない」「半端ない」と書き込まれる。汎用性が高いこともあり、大迫勇也以外がゴールした時や活躍した時にも○○半端ないと用いられている。

また、「半端ない」は大迫勇也を意味する隠語としても使われている。

omae.jpg
【おおまえどっとじぇいぺぐ】

omae.jpgとは、2017年1月に大宮アルディージャ公式サイトが清水エスパルスに所属していた大前元紀（現・ザスパクサツ群馬）の移籍をお漏らししてしまった珍事件のこと。

大宮アルディージャ公式サイトは、URLがパターン化されており、日付と名前の部分のURLを変更すると別の選手が表示される仕様となっていた。通常これだけでは表示されないが、移籍発表前にサーバーへ画

像をアップロードしていたため、ユーザーがURLをいじって発見することが可能な状態となっていた。

そんな中、あるネットユーザーがURLを「https://www.ardija.co.jp/files/news/201701/omae.jpg」に変更すると大前元紀の画像が表示されることを発見する。

発覚後、大宮アルディージャは、すぐに画像を削除するも、時すでに遅し。ネット掲示板やSNSを中心に情報が広がり、大前元紀の移籍は既成事実化されていった。

お漏らししてしまった翌日の1月10日に、大前元紀が清水エスパルスから大宮アルディージャへ完全移籍すると発表された。

大前元紀の大宮アルディージャへの移籍は物議を醸した。大前元紀は清水エスパルスからフォルトゥナ・デュッセルドルフへ完全移籍した時に0円移籍し、その後デュッセルドルフで活躍できず、清水エスパルスに復帰する際、移籍金が発生している。そんな中またもや大宮アルディージャへ0円移籍したことから清水サポーターの怒りを買った。

岡ちゃん、ごめんね
【おかちゃん、ごめんね】

岡ちゃん、ごめんねとは、2010年南アフリカワールドカップで前評判の悪かった日本代表をベスト16に導いた岡田武史監督（現・FC今治会長）へ送ったファンからの謝罪の言葉である。

ワールドカップ前に行われた親善試合、キリンチャレンジカップでセルビアに0対3、韓国に0対2で敗北。国際親善試合では、イングランドに1対2、コートジボワールに0対2で敗北し4連敗。セルビア戦後にファンからブーイングを浴びせられるなど、ワールドカップ本戦で結果を残すのは難しいという見方が強かった。

　しかし、岡田武史監督は、ワールドカップ直前に戦術を変更。アンカーに阿部勇樹、1トップに本田圭佑を置き、堅守速攻スタイルでワールドカップ本番に臨む。この戦術が見事にハマり、初戦のカメルーンに1対0で勝利。続くオランダ戦は0対1で敗れるも、3戦目のデンマークに3対1で勝利しグループリーグ突破を決める。

　続く決勝トーナメント1回戦でパラグアイに敗れるも、誰もが難しいと考えていたグループリーグを突破しベスト16入りを果たしたことで岡田武史監督の評価は急上昇。

　カメルーン戦に勝利して以降、生まれた言葉が「岡ちゃん、ごめんね」である。インターネット上の掲示板では、「スマンかった」「今まで叩いてごめんなさい」といった謝罪の言葉で溢れ返った。

　また、『2ちゃんねる』では岡田武史監督に謝罪する土下座AAなどが貼られる事態に。

オグランパス

　オグランパスとは、小倉隆史（現・F.C.ISE-SHIMA監督）が監督に就任してから解雇されるまでの名古屋グランパスを指す隠語である。小倉隆史、個人に対して使われることもある。

　オグランパスは、小倉隆史の「オグラ」と名古屋グランパスの「グランパス」を組み合わせた言葉である。

　小倉隆史は、2015年6月1日に名古屋グランパスのゼネラルマネージャー補佐に就任。2015年11月24日には、GM兼監督に就任すると発表された。コーチ経験のない小倉隆史が全権監督を任されることになったが、Jリーグでは前代未聞の出来事である。

　2016年シーズン開幕後、第10節までは、4勝1分4敗とまずまずの成績を残していたが、第11節から18試合連続未勝利というクラブワーストとなる不名誉な記録を作った。成績不振が原因となり、2016年11月19日に監督を解任された。GM職は、双方が合意した上で契約解除することが発表された。

　名古屋グランパスの久米一正社長は、「絶対に代えません。逃げない、投げ出さない、諦めない。何が起きても代えません。今、代えてもろくなことはない。私が決断しました。私が先頭に立ちフルサポートしていきます」と全面サポート宣言をしてたが、結果的に解任される形となった。

　名古屋グランパスは、小倉隆史解任後、ボシュコ・ジュロヴスキーが監督に就任したが、惜しくもJ2降

格となった。名古屋グランパスはこれが初めてのJ2降格である。

おc
【おしい】

　おcとは、「あともう少しのところで実現できたのに残念だ」「もったいない」などを意味する「惜しい」を略した隠語である。

　サッカーファンが試合をリアルタイムで視聴している際、実況中にSNSや掲示板に書き込まれる。「惜しいシュート」「惜しいパス」「惜しい崩し」の場面で頻繁に使われる。

オシムって言っちゃったね
【おしむっていっちゃったね】

　オシムって言っちゃったねとは、当時日本サッカー協会会長を務めていた川淵三郎キャプテンが後任監督をお漏らししてしまった失言のこと。

　2006年ドイツワールドカップで、日本代表がグループリーグで敗退し、帰国の途についた2006年6月24日の記者会見上で「今後の日本代表について」聞かれた川淵三郎キャプテンが「オシムが」と口を滑らせてしまった。

【会見内容】
川淵「反町監督はあくまで反町監督でオリンピックチームを見てもらい、そしてそれのまあスーパーバイザー的な総監督としての立場でオシムが……あっオシムがじゃない、オシムっ

て言っちゃったね」
川淵「弱っちゃったね。ついなんとなく話の過程で口走ってしまって、これをまた嘘をついて取り消すのも変な具合だし。どうするかねぇ……やっぱりあんまりね、頭が整理されていない段階で次（次期監督）出てしまったんだけど。う〜ん、ここで聞かなかった話っていうにはならないだろうねぇ？」

　サッカーファンの間でもドイツ大会で惨敗したことやジーコ監督を指名した自身への批判を半減させるため、わざと失言したのでは？　など様々な憶測が飛び交った。

おっさん

　おっさんとは、松本山雅FCに所属するプロサッカー選手、橋内優也の愛称である。

　18歳でサンフレッチェ広島に入団した頃からおっさんの愛称で親しまれている。理由は、おっさん顔だったことから。

　橋内は、おっさんという愛称について以下のように語っている。

　その風貌から、サポーターからは親しみを込めて「おっさん」と呼ばれる。「18歳でサンフレッチェ（広島）に入ったときから呼ばれています。若いのに"おっさん顔"で……。でも全然悪い気はしないですよ。そういうキャラでずっと応援してもらっていますから」。本人はあっけらかんとしたものだ。

引用元：『デイリースポーツ』（2014年5月2日）
初星J1徳島救った「おっさん」ゴール

しかし、松本山雅FCに移籍した2017年には、以下のように語っている。

「皆さんも御存知のとおり、全国のサッカーファンからおっさん視されています。ちなみに三島（康平）と同い年です。昨年結婚したんですが、奥さんが悲しむので『ハシ』と呼んでください」

Q：新加入選手の皆さんへ質問です。何と呼べばいいか、ニックネームを教えてください。
橋内「おっさん以外なら何でもいいです。お父さんなら大丈夫です！」

引用元：『J'sGOAL』（2017年1月23日）【2017シーズン始動！】松本：新体制発表会でのコメント

おにぎり

おにぎりとは、レアル・マドリーに所属するプロサッカー選手、カリ

ム・ベンゼマの愛称である。「最高さん」と呼ばれることもある。

ベンゼマの髪型が、頭に海苔が乗っているように見えたため、おにぎりと呼ばれるようになった。

2011年には、ウィキペディアにてベンゼマの記事の画像がおにぎり画像に変更されていたことがある。悪戯によって改変されたが、現在は元に戻っている。

→関連用語：最高のベンゼマを約束する (69P)

お前がゴールを決めてるのは YouTube の中だけ
【おまえがごーるをきめてるのはゆーちゅーぶのなかだけ】

お前がゴールを決めてるのはYouTubeの中だけとは、かつて本田圭佑がオランダ2部リーグのVVVでプレーしていた時期に同僚のサンドロ・カラブロが本田圭佑に言った名言である。正しくは、お前が決めているのはYouTubeの中だけ。

汎用性が高いこともあり、「○○がゴールを決めているのはYouTubeの中だけ」のように丸の部分に名前を入れてネタ用語として使われている。元ネタは、以下の記事。

カラブロ「お前はいつもパスと走ってばっかりいるけどシュートを決めない。お前が決めているのはユーチューブ（動画共有サイト）の中だけ」
本田「お前はへたくそや。パスもできへん。体抑えて、振り向いてシュート打つしかない」

カラブロ「それがおれのクオリティー。おれにそれ以外求めてどうする」

本田「お前、おれにパス出せ」

カラブロ「何でお前にパス出さないといけない。おれがFWだ。お前がパス出せ。いつでもおれは待っているから」

引用元：『フットボールチャンネル』（2017年10月13日）本田圭佑のオランダ凱旋。欧州で"地元のヒーロー"から"国民的スター"になった男の軌跡

これまでの本田圭佑は、ゴールを決める選手というよりサポートする選手だったが、カラブロとの会話で発奮させられたのか本田圭佑はゴールを量産していく。最終的に2008-09シーズンは16ゴール、13アシストという結果を残しリーグMVPに輝いている。カラブロはシーズン25ゴールを挙げ得点王に輝いている。

お前らJ2行きだ
【おまえらじぇいつーいきだ】

お前らJ2行きだとは、川崎フロンターレに所属していた奈良竜樹（現・アビスパ福岡）がサンフレッチェ広島に所属していたパトリック（現・ガンバ大阪）に対して言ったとされる暴言のこと。

2017年、サンフレッチェ広島は残留争いをしており、サンフレッチェ広島対川崎フロンターレが行われたJ1第30節時点では、降格圏（16〜18位）の16位だった。

お前らJ2行きだの元ネタは、試合後にパトリック本人がツイートした内容。

川崎フロンターレ勝利おめでとうございます。でもディフェンスの奈良選手に言いたいです。「お前らJ2行きだ」なんて言われたくないです。あなたにはもっといろいろと学んでほしいです。広島というクラブをリスペクトして下さい。

オリ10【おりてん】

オリ10とは、オリジナル10の略語のこと。1993年のJリーグ発足時に参加していた10クラブ（鹿島アントラーズ、ジェフユナイテッド市原、浦和レッドダイヤモンズ、ヴェルディ川崎、横浜マリノス、横浜フリューゲルス、清水エスパルス、名古屋グランパスエイト、ガンバ大阪、サンフレッチェ広島）を指す総称。

オリ10は、1999年に横浜フリューゲルスが消滅する形で横浜マリノスと合併したため、現在は9クラブになっている。

織部【おりべ】

織部とは、2007〜2011年までJリーグの鹿島アントラーズで指揮をしていたブラジル人、オズワルド・オリヴェイラ監督を指す隠語である。「オリヴェイラ」→「オリヴェ」→「織部」

しばしば日本代表監督候補として名を挙げられるが未だ実現していない。

2018年4月19日、浦和レッズの監督に就任すると発表されたが、2019

年5月28日に契約解除となった。

俺が1番悪いですが
俺だけのせいになるのは
腹が立ちます
【おれがいちばんわるいですがおれ
だけのせいになるのははらがたちます】

　俺が1番悪いですが俺だけのせい
になるのは腹が立ちますとは、2013
年11月11日、17時から開催予定だっ
たNEWDAYS蘇我店の一日店長イ
ベントを寝坊でキャンセルした森本
貴幸（現・スポルティボ・ルケーニョ
＝パラグアイ）が2日後にツイート
した謝罪文のこと。

　ニューデイズの件来てくれたファン
の人ニューデイズ関係者に迷惑を掛け
てしまって本当にすいませんでした。
練習試合での移動で疲れて寝てしまい
ました。しかしニューデイズで一日店
長やるという事前確認はありませんで
した。俺が1番悪いですが俺だけのせ
いになるのは腹が立ちます。すいませ
んでした。

引用元：『ゲキサカ』（2013年11月13日）「移動
で疲れて寝てしまいました」千葉FW森本がイベ
ント"ドタキャン"を謝罪も……

オレが出たら違うんぞ
【おれがでたらちがうんぞ】

　オレが出たら違うんぞとは、宇
佐美貴史（現・ガンバ大阪）の口か
ら発せられた強気な発言である。
　オレが出たら違うんぞは、中国
で開催された2010年 AFC U-19選手

権、初戦のUAE戦後に生まれた。
　前半、日本はUAEを相手にシュー
ト0に終わる。後半開始から宇佐美
貴史を投入。すると後半53分にオ
ウンゴールで日本が先制。90分に
UAEのハーリルにゴールを許すも、
アディショナルタイムに指宿洋史の
ゴールで日本が2対1で逆転勝利を
収める。
　苦しい試合展開の中でスタメンか
ら外され、フラストレーションが溜
まっていた中、途中交代から勝利を
演出した宇佐美貴史の口から発せら
れたのが「オレが出たら違うんぞ」
である。

　試合後のインタビューで宇佐美貴史
は次のように語った。
　（中略）

「オレが出たら違うねんぞ、というのは出したかった。前半、本当に最悪なサッカーをしていて、自分が入って、しっかり2点入って。まだまだ内容は全然でしたけど、自分が入ったら違うねんぞ、というのは見せたかったのでそれは意識しました」

引用元：『SUPPORTISTA FOOTBALL CULTURE MAGAZINE』（2010年10月4日）　宇佐美「自分が入ったら違うねんぞ、というのを見せたかった」

俺は持ってる
【おれはもってる】

　俺は持ってるとは、2012年に本田圭佑がミンティアのCMに起用された際のキャッチコピーのこと。

　2012年から2014年まで起用され、8種類のCMが放映されていた。中でも記憶に残っているのは、本田圭佑が青シャツ・白スーツ・金髪・サングラスと派手な格好をした最初のCMだ。また、このCMに起用されたことにより、本田圭佑のシュートが外れた時やチャンスが台無しとなった場面でネットユーザーに「持ってない男」と揶揄されることもあった。ちなみに本田圭佑が初めて「持ってる」と発言したのは2010年南アフリカワールドカップの初戦カメルーン相手にゴールを決めた試合後に「昨日が（24歳の）誕生日だったので（運を）持ってるなと」とインタビューで答えている。

引用元：『日刊スポーツ』（2020年6月2日）　本田の名言トップ10選出　9位は「持ってるな」

オレ、目の前の扉で格闘してるわ。
【おれめのまえのとびらでかくとうしてるわ。】

　オレ、目の前の扉で格闘してるわ。とは、本田圭佑の名言・迷言である。

　オレ、目の前の扉で格闘してるわ。は、本田圭佑の盟友、長友佑都との会話から誕生した。当時日本代表のチームメートであった高橋秀人（現・横浜FC）が2人の会話を耳にしたことで知られることとなった。

　2012年日本代表のオマーン遠征の際、練習前の競技場の一室。「オレ、次の扉、開いたわ」と言葉を発する長友佑都に対し、本田はこんなふうに返したという。2人の会話を聞いていた高橋秀人は「何、この会話、ヤバくない？　って。耳を疑ったし、鳥肌が立ちましたよ。ドラゴンボールの世界かと思って（笑）」。

引用元：『NumberWeb』（2013年6月19日）　本田圭佑の名言

音楽隊
【おんがくたい】

　音楽隊とは、ドイツ・ブンデスリーガに加盟するサッカークラブ、ヴェルダー・ブレーメンの隠語である。

　元ネタは、グリム童話の「ブレーメンの音楽隊」。ブレーメンというチーム名がブレーメンの音楽隊を連想させるため「音楽隊」と呼ばれるようになった。

海外組
【かいがいぐみ】

　海外組とは、日本以外の国でプロサッカークラブと契約している日本国籍を有するサッカー選手のこと。主に日本代表の話題において頻繁に使われる用語。

　2018年ロシアワールドカップでは、海外リーグに所属する海外組が過去最多の15人選出された。

【2018年ロシアワールドカップ日本代表の海外組】

GK　川島永嗣　メス（フランス）

DF　長友佑都　ガラタサライ（トルコ）

DF　吉田麻也　サウサンプトン（イングランド）

DF　酒井宏樹　マルセイユ（フランス）

DF　酒井高徳　ハンブルガーSV（ドイツ）

MF　長谷部誠　フランクフルト（ドイツ）

MF　本田圭佑　パチューカ（メキシコ）

MF　乾貴士　ベティス（スペイン）

MF　香川真司　ボルシア・ドルトムント（ドイツ）

MF　原口元気　フォルトゥナ・デュッセルドルフ（ドイツ）

MF　宇佐美貴史　フォルトゥナ・デュッセルドルフ（ドイツ）

MF　柴崎岳　ヘタフェ（スペイン）

FW　岡崎慎司　レスター・シティ（イングランド）

FW　大迫勇也　ヴェルダー・ブレーメン（ドイツ）

FW　武藤嘉紀　マインツ（ドイツ）

→関連用語：国内組（65P）

海外厨
【かいがいちゅう】

　海外厨とは、海外サッカー（ヨーロッパサッカー）が好きなサッカーファンを指す蔑称である。日本国外を意味する「海外」と、中毒者を略したネットスラング「厨」を組み合わせた言葉。

　海外厨は、サッカーファンにおける三大勢力（海外厨、国内厨、代表厨）の一つである。この三大勢力は、意見が食い違い対立する傾向にある。

　海外厨は、ヨーロッパサッカーが好きなサッカーファンを見下したり、嘲笑うために使用されている。反対に海外厨は、Ｊリーグが好きなサッカーファンや日本代表が好きなサッカーファンを「国内厨」「代表厨」と呼び、見下すことがある。

→関連用語：国内厨（65P）、代表厨（97P）

替えて！　あのFW！
【かえて！　あのふぉわーど！】

　替えて！　あのFW！　とは、水戸ホーリーホックに所属していた田中マルクス闘莉王が練習中にチームメートを指差して言った監督への要求である。

　替えて！　あのFW！　と言われたのは、水戸ホーリーホックに所属

していた北川佳男（現・水戸ホーリー
ホックアカデミーサブダイレクター
兼ジュニアユース監督）。

田中マルクス闘莉王は、時々チー
ムメートに対し厳しいゲキを飛ばす
ことがある。「やる気ないなら帰
れ！」「ボランチ最悪」など。

カォドーン

カォドーンとは、かつてアトレティ
コ・マドリーやセレッソ大阪などで
活躍した元ウルグアイ代表のディエ
ゴ・フォルランを意味する隠語。

カォドーンの元ネタは、フジテレ
ビ系列で放送されている『ネプリー
グ』。5人が一文字ずつ解答するファ
イブリーグのコーナーでフォルラン
の写真が問題として出題される。

しかし正解したのは、小籔千豊と
原田泰造のみ。

これにはサッカーファンも苦笑い。
「顔ドーンwwww」「もうカォドー
ンでいいよw」などとネット掲示板
に書き込まれた。

カガアン

カガアンとは、PAOKサロニカに
所属するプロサッカー選手、香川真
司を嫌うアンチのことである。香川
真司の「カガ」とアンチの「アン」
を組み合わせた造語である。

カガアンの主な層は、本田圭佑の
信者を意味する「ホンシン」である。
当時、日本代表のダブルエースであ
り、得意なポジションが同じという
こともあり、カガシンとホンシンは
常にいがみ合っていた。

ネット掲示板での使われ方として、
香川真司が活躍した時に「カガアン
逝ったああああ」や「カガアンざ
まあああああ」などが挙げられる。
基本的にホンシンを煽る際に使用さ
れることが多い。

→関連用語：カガシン（38P）、ホンアン
（141P）、ホンシン（141P）

カガシン

カガシンとは、香川真司の熱狂的
なファンを意味するネットスラング
である。過激な発言や極端な考えを
持つ香川真司信者を指す蔑称でもあ
る。

『2ちゃんねる』から生まれた言葉
で香川のカガと信者のシンを組み合
わせてカガシン。

カガシンは、本田圭佑信者を意味
するホンシンと対立する傾向があり、
お互い常に罵倒し合っている。この
ような対立には理由があり、香川真
司と本田圭佑の得意なポジションが

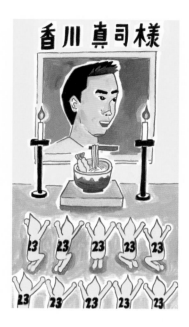

MFの真ん中「トップ下」であることが対立を深める原因となっている。2010年から2014年まで日本代表を指揮したアルベルト・ザッケローニは、トップ下のポジションに本田圭佑を起用した。香川真司がボルシア・ドルトムントで活躍をしても、日本代表では、左サイドのポジションで起用し、香川真司をトップ下で試そうとはしなかった。

　上記のような理由から徐々に関係は悪化しお互いのファン同士がネット上で罵倒するようになっていった。
→関連用語：カガアン（38P）、ホンアン（141P）、ホンシン（141P）

か
く

KAKUさん
【かくさん】

　KAKUさんとは、レガネス（スペイン）に所属するプロサッカー選手、柴崎岳を意味する隠語。

　KAKUさんの元ネタは、スペインのテネリフェに移籍後、選手ラインナップが印刷された紙にGAKUとは一文字違いのKAKUと表記されたことが由来。KAKUと表記されたことから水戸黄門の格さんになぞらえてKAKUさん。

革命サッカー
【かくめいさっかー】

　革命サッカーとは、風間八宏（現・セレッソ大阪スポーツクラブ技術委員長）が指導するサッカースタイルのことである。また「革命」は、風間八宏が現体制のサッカーを根本的に変革する意味を含む。さらに革命は、風間八宏を指す俗称としても使われている。

　リビアの革命家カダフィ大佐にかけて、風間八宏を「カザフィ大佐」と呼ぶ者もいる。

　風間サッカーが革命サッカーと呼ばれるようになったのは、サッカーライターの木崎伸也と共著した著書『革命前夜 すべての人をサッカーの天才にする』（カンゼン）が元ネタ。

　風間八宏が率いるチームは「革命軍」と呼ばれている。

カゴメッシ

カゴメッシとは、香川真司を指す蔑称である。大手食品メーカーのカゴメとメッシを組み合わせた言葉である。

2013年7月23日、横浜F・マリノス対マンチェスター・ユナイテッドのプレシーズンマッチが行われた。結果は3対2で横浜F・マリノスが勝利した。マンチェスター・ユナイテッドに所属していた香川真司は、後半61分から出場したが、特に目立った活躍はなかった。しかし、最も活躍した選手を決めるMOM（マン・オブ・ザ・マッチ）には、敗戦チームであり、得点に絡むことがなかったマンチェスター・ユナイテッドの香川真司が選ばれた。

この試合のマッチスポンサーが食品メーカーのカゴメであったことから「大人の事情で選ばれたのではないか？」という憶測を呼ぶ事態となった。

上記のことから、ネット掲示板にて「カゴメ」と「メッシにプレースタイルが似ている香川」を組み合わせてカゴメッシという蔑称が生まれた。

菓子杯
【かしはい】

菓子杯とは、Jリーグのカップ戦「ナビスコカップ」の隠語である。

Jリーグカップは、1992年から製菓会社のヤマザキナビスコが冠スポンサーとなっており、Jリーグヤマザキナビスコカップと呼ばれる。通称ナビスコカップである。

ナビスコが製菓会社であることから、お菓子を連想させるため菓子杯と呼ばれる。

2016年にヤマザキナビスコがナビスコとのライセンス契約を終了したため、ナビスコカップからYBCルヴァンカップに変更されている。

鹿島る
【かしまる】

鹿島るとは、試合終了目前に「コーナーフラッグ付近で体を張りながらボールをキープ」「相手にボールを当ててスローインやコーナーキックに逃れる」などの時間稼ぎのこと。

鹿島るは、鹿島アントラーズだけでなく、他チームが時間稼ぎをした時にも使われている。

鹿島るの由来は、鹿島アントラーズが「試合に勝つため（引き分けの場合もある）」の逃げ切り手段とし

て多用するため、他サポーターのネットユーザーから「鹿島る」と皮肉られるようになった。裏を返すと鹿島が試合巧者で時間稼ぎがうまいということにも繋がる言葉である。

瓦斯
【がす】

　瓦斯とは、Ｊリーグに加盟するサッカークラブ、FC東京を意味する隠語である。サッカーファンが自称、呼称する時などに使われる。

　FC東京の前身は東京ガスサッカー部であり、この名残からネット上のサッカーファンから「ガス」→「瓦斯（漢字）」と表記されるようになった。

　また他には「東京」「FC」「F東」のように略して呼ばれることもある。

ガチャ

　ガチャとは、一般的にソーシャルゲーム用語で大量のラインナップの中からランダムにアイテムを入手できるシステムのこと。サッカーファンの間では、まだＪリーグでプレーしたことがない未知数の外国人選手を補強する際に使う。Ｊリーグではブラジル国籍の選手を補強することが多いため、「ブラジル人ガチャ」と呼ばれることも。

　補強した選手が活躍した場合は「当たり」、活躍しなかった場合は「はずれ」のような言われ方をすることもある。

【例：ヴァンフォーレ甲府の外国人ガチャ】

2013年	パトリック
	マルキーニョス・パラナ
	レニー
	ウーゴ
	ホセ・オルティゴサ
	ポッチケ
	ジウシーニョ
2015年	アドリアーノ
	ブルーノ・ジバウ
	ウィリアム・エンリケ
	マラニョン
	バレー
2016年	マルキーニョス・パラナ
	ダヴィ
	クリスティアーノ
	ジウトン
	ブラゴヤ・セレスキ
	ニウソン
	デリック・チュカ・オクブ
	ドゥドゥ
2017年	ウイルソン
	エデル・リマ
	オリヴァー・ボザニッチ
	ヴァシリオス・コンスタン

ティニディス
ガブリエル
ジュニオール・バホス
リンス

カツ丼食ったからね
【かつどんくったからね】

カツ丼食ったからねとは、2013年11月16日に行われた、国際親善試合ベルギー対日本を解説していた松木安太郎から飛び出した名言である。

ベルギー対日本は、ベルギー・ブリュッセルのボードゥアン国王競技場で現地時間13時15分（日本時間21時15分）に行われた。前半15分にミスからケヴィン・ミララスに先制点を決められてしまうも、前半37分、右サイドの酒井宏樹からのクロスに柿谷曜一朗が頭で合わせて同点。後半8分には遠藤保仁からのボールを本田圭佑がミドルで決めて逆転。続く後半18分には、柿谷曜一朗からのボールを岡崎慎司がダイレクトで合わせて1対3。

世界ランク5位（当時）のベルギーから3点目を取り上機嫌になった松木安太郎がうれしさのあまり発した言葉が「カツ丼食ったからね」。

【書き起こし】
実況「岡崎いいい!!　決めました！日本！　なんとベルギーを相手に3点目！」
松木「よーし、よしよしよし」
松木「いやぁー、今日ねカツ丼食っ

たからね俺たちも」
一同「ウエッヘッヘ」

この発言により、現地ベルギーで験担ぎのためにカツ（勝つ）丼を食べたことが判明。カツ丼効果かどうかわからないが、日本はベルギーに3対2で勝利している。

松木安太郎は「俺たちも」と発言していることから、同じ解説の中山雅史（現・ジュビロ磐田コーチ）、テレビ朝日の進藤潤耶アナウンサー、テレ朝のスタッフ、ピッチ解説の名波浩の誰かしらと一緒に食べたことが推測できる。

加藤絶望
【かとうぜつぼう】

加藤絶望とは、2018年の途中に柏レイソルの監督に就任した加藤望（現・明治学院大学監督）を揶揄した蔑称のこと。

2018年5月に下平隆宏が解任され、ヘッドコーチを務めていた加藤望が監督に就任した。就任した直後の試合こそ勝利したが、その後は4連敗。低調な成績が続き、11月10日に解任された。リーグ戦18試合を指揮し、5勝1分12敗だった。柏レイソルはこのシーズンJ2へ降格している。

勝てない加藤望監督を揶揄するように用いられるようになったのが加藤絶望である。加藤望の名前をもじり絶望。他にも「加藤望まない」「加藤望めない」と揶揄するネットユーザーもいた。また、加藤望が指揮す

る柏レイソルが勝った時はネット上に「加藤有望」「加藤希望」などといった言葉が並んだ。

カトQ
【かときゅう】

カトQとは、現役時代に東京ヴェルディの前身、読売サッカークラブでプレーし、京都サンガF.C.などで監督を務めた加藤久（現・京都サンガF.C.強化育成本部長）を意味する隠語。

加藤久の久（ひさし）を音読みしてキュウ。「加藤久」→「カトキュウ」→「カトQ」。

画伯
【がはく】

画伯とは、川崎フロンターレに所属するプロサッカー選手、小林悠を意味する隠語である。

画伯は、インターネットスラングで「常人では描けない個性的な絵」を描く人のこと。画伯と呼ばれる有名人に声優の小林ゆうがいる。この小林ゆうと同じ名前であったことから小林悠が画伯と呼ばれるようになった。

紙フィジカル
【かみふぃじかる】

紙フィジカルとは、フィジカルが弱いことを揶揄した言葉。ここで使われるフィジカルとは、当たり負け

しない体などで使われる身体的な強さを意味している。

紙フィジカルは、紙のようにペラペラで「すぐに倒れる」「球際の競り合いで負ける」ような選手に対して用いられる。

ガヤる

ガヤるとは、2012年にガンバ大阪の正GKとしてプレーしていた藤ヶ谷陽介（現・ガンバ大阪ジュニアユースGKコーチ）が、シーズン中、失点に繋がるミスを何度も繰り返したことから揶揄して作られた言葉。「ガヤった」とも。

もともと藤ヶ谷陽介のミスに対して使われていたが、現在では定着し、GKのミスを意味している。

ガヤるは、「サッカー流行語アワード2012」にノミネートされ、本田圭佑のケチャップ発言が大賞を受賞したが、Facebook投票の結果では見事1位に輝いている。

カレー

　カレーとは、イエローカードを意味する隠語である。カレーがイエローカードの黄色を連想させるため。

　他にもイエローカードは「カレー券」「黄紙」「黄色」「イエロー」と呼ばれることもある。

→関連用語：キムチ（46P）

関係ないです。
オバさんですから
【かんけいないです。おばさんですから】

　関係ないです。オバさんですからとは、藤原紀香に対する大久保嘉人（現・セレッソ大阪）の感想である。

　2002年に横浜FCとクラブパートーナーを結んでいた藤原紀香が、横浜FC対セレッソ大阪の試合を観戦する予定だった。当時セレッソ大阪に所属し、21歳と若くやんちゃだった大久保嘉人が藤原紀香のことを記者に質問される。その答えが「関係ないです。オバさんですから」である。

　元ネタは以下の記事。

　2試合の出場停止処分が解け、2日の横浜C戦（三ツ沢）から先発復帰するJ2、C大阪MF大久保がタレント・藤原紀香を"無視"した。横浜Cのチームスポンサーを務め、観戦予定だが「関係ないです。オバさんですから」とフェロモン女王をバッサリ。21歳の大久保にしてみれば、10歳年上の女性に色気は感じない？

引用元：『SANSPO.COM』（2002年11月1日）　C大阪の大久保、J1昇格の決意表明

完腐脳
【かんぷのう】

　完腐脳とは、バルセロナに心酔し過度に美化してしまうバルセロナのサポーター（ファン）に対して使われる蔑称のこと。バルセロナが有利になるのなら肯定し、不利になるのなら否定するように、都合よく解釈してしまう盲目的なファンの脳内を揶揄した言葉。

【完腐脳と呼ばれるサポーター例】

- バルセロナに有利な判定は騒がないのに相手が有利だと八百長と騒ぎ立てる
- バルセロナの選手が審判を欺く行為（ダイブなど）をしても正当化

　バルセロナのホームスタジアム、カンプ・ノウを漢字に変換し、完全に腐った脳と書いて完（カン）腐（プ）脳（ノウ）。

　バルセロナのことを快く思わないアンチが使うサッカーネット隠語。主にライバルチームであるレアル・マドリーのファンが使用する。

危険なスコア
【きけんなすこあ】

　危険なスコアとは、サッカーの試合中において「2対0は危険である」と警鐘を鳴らす際のありふれた言

回しである。危険なスコアを略して
「キケスコ」とされることも。

　2対0でリードしているからといっ
て、相手に1点取られると、勢いに
乗って「同点に追いつかれる」「逆
転される」試合が多いと言われるこ
とからよく実況や解説が試合中に使
う言葉である。

　実際に2対0が危険なスコアかど
うかは、あまりよくわかっておらず、
逆転された試合が印象的で記憶に残
りやすいだけでは？　という意見も
ある。

　以下に実際に危険なスコアかどう
か検証した記事がある。

　『Opta』によれば、プレミアリーグの
歴史上、差が2点以上ついた試合は全
部で4144あったのだそうだ。これに
はもちろん昨夜のWBA対エヴァート
ン戦も含まれているわけだが、そのう
ちその点差をひっくり返して逆転勝利
したケースはわずか71件のみであっ
たという。

　これは割合でいうと、1.71％である。
さらに、この71回のうちエヴァート
ンは2度2点差以上をひっくり返して
いるのだそうだ。

引用元：『Qoly』（2015年9月29日）　2点差は危険
なスコアなの？ Optaがプレミア対象4144試合を
調査してくれた！

　2018年ロシアワールドカップ、
ベスト8を懸けた決勝トーナメント
1回戦、ベルギー対日本で危険なス
コアの危険性を味わうこととなった。
後半48分、右サイドで柴崎岳から
のスルーパスを受けた原口元気が

フェイントを入れ、名手ティボー・
クルトワからゴールを奪う。続く後
半52分にも香川真司のパスを受け
た乾貴士が無回転シュートで鮮やか
にゴールを奪い、2対0の危険なス
コアに。後半69分、ヤン・フェル
トンゲンにヘディングゴールを許す
と、74分にもアフロことマルアン・
フェライニにヘディングで決められ
てしまう。延長戦かと思われた、後
半アディショナルタイムに日本は
FKを獲得。本田圭佑が蹴るも、クル
トワに弾かれCK。CKを本田圭
佑が蹴るもクルトワにキャッチされ
てしまい、ベルギーの高速カウンター
が発動し、ナセル・シャドリにゴール
を決められ試合終了。

　危険なスコアは、逆転勝ちのよう
な劇的な試合になり、印象的で記憶
に残りやすいことが原因で危険なス
コアと呼ばれるのかもしれない。

雉
【きじ】

　雉とは、Jリーグに加盟するサッ
カークラブ、ファジアーノ岡山を意
味する隠語である。サッカーファン
が自称する時や呼称する時などに使
われている。

　ファジアーノ岡山の「ファジアー
ノ」はイタリア語の「ファジャーノ」
が由来である。ファジャーノは鳥類
のキジを意味していることから雉と
呼ばれるようになった。

技師
【ぎし】

技師とは、かつて浦和レッズに所属していたプロサッカー選手、山岸範宏（現・JFAアカデミー福島男子U-18GKコーチ）を意味する隠語。「山岸」→「岸」→「ギシ」→「技師」。

主にネット上で浦和レッズファンが使う言葉。

山岸範宏は、浦和レッズからモンテディオ山形に移籍し、2018年にはギラヴァンツ北九州へ完全移籍している。

北Q
【きたきゅー】

北Qとは、Jリーグに加盟するサッカークラブ、ギラヴァンツ北九州を意味する隠語である。サッカーファンが自称する時や呼称する時などに使われている。

ギラヴァンツ北九州は、福岡県北九州市をホームタウンとしているため「北九州」→「北九」→「北Q」と略した呼び方である。

キムチ

キムチとは、レッドカードを意味する隠語である。レッドカードの赤色がキムチを連想させるため。

主に『2ちゃんねる』のサッカー実況スレで選手にレッドカードが掲示された時に使われる。イエロー

カードの場合はカレー。

→関連用語：カレー（44P）

キャバクラ7
【きゃばくらせぶん】

キャバクラ7とは、2004年2月、2006年ドイツワールドカップアジア1次予選を戦うため茨城県鹿嶋市で合宿を行っていた期間中に、無断で宿舎を抜け出し、キャバクラで大暴れをした7選手（大久保嘉人、久保竜彦、小笠原満男、奥大介、山田卓也、茂庭照幸、都築龍太）の集団を指す。また、スキャンダル事件そのものを指す。

当時の報道では、キャバクラ嬢の胸を鷲掴みにしたり、デブなどと暴言を吐いたり、出前で取った握り寿司を他の客に投げつけて口論になったりしたなどと報じられた。

スキャンダル事件が問題となり、上記の選手たちは代表から外されることになった。その後、久保竜彦、都築龍太、小笠原満男、茂庭照幸は、ジーコジャパンに再び招集されてい

るが、その他の選手が呼ばれることはなかった。

実はキャバクラ7には、顔だけ出してすぐに宿舎へと帰って行ったもう1人のメンバーがいる。浦和レッズの山田暢久である。飲酒もせずに戻ったのだが、無断外出をしたことが咎められキャバクラ7と同じく代表から落選した。キャバクラ7は山田暢久を加えて「キャバクラ7＋1」と呼ばれることもある。

久保竜彦は、『サッカーキング』が主催したユーザーからの質問を答えるツイッター企画でキャバクラ7について触れ「寿司を投げたかどうかは覚えていないんですが、まあ、投げたんでしょうね。お寿司を握った人には申し訳なかったと思っています。でもとにかく楽しかった。またいつかあのメンバーで、反省会をしたいです」と語っている。

牛丼
【ぎゅうどん】

牛丼とは、マンチェスター・シティに所属するプロサッカー選手、イルカイ・ギュンドアンを意味する隠語。

2011年にニュルンベルクからボルシア・ドルトムントへ移籍してきた頃にドルトムントや香川真司のファンから牛丼と呼ばれるようになった。「ギュンドアン」と「ぎゅうどん」の音の響きが似ているため用いられるようになった。

2015年にギュンドアンが来日した際、『サッカーキング』のニコニコ生放送に出演。番組内でギュンドアンが牛丼を食べるコーナーを設け、牛丼を初体験している。ギュンドアンは「おいしい」という言葉を残している。

QBK
【きゅーびーけー】

QBKとは、鹿島アントラーズなどで活躍した柳沢敦（現・鹿島アントラーズユース監督）の名言である。柳沢を指す俗称として使われることもある。また、QBKが定着した現在では決定機を外すことを意味している。

「急にボールが来たので」を略してQBK。急に（Q）ボールが（B）来たので（K）。

QBKは、2006年ドイツワールドカップで誕生した。日本は初戦のオーストラリア戦に敗れ、1敗も許されない状況で挑んだクロアチア戦の最中、その瞬間が訪れた。

0対0で迎えた後半51分、加地が高原とのワンツーで右サイドに侵入し、柳沢の足元へ絶妙なクロスを送る。あとは柳沢が触ればゴールという場面。いわゆる決定的チャンスである。しかし柳沢は、この絶好のチャンスで右足のインサイドではなく、難易度の高いアウトサイドで合わせてしまい、ボールはGKの股を抜けてゴール枠外へ。

直後に、ジーコ監督の通訳・鈴木國弘氏の「嘘だろおい……」と言わんばかりの表情がお茶の間に流れた。

QBK
急に　ボールが　来たので

　試合後、柳沢はインタビューに答えた。

　声はか細く、目はうつろ。柳沢は試合後、沈痛な面持ちで、この日最大の決定機を振り返った。

「ぼくのシュートチャンスはあの一本だけだった。急にボールが来たので。足の内側でければよかったが、外側でけってしまった」

引用元：『中日スポーツ』（2006年6月19日）　柳沢、沈痛　目うつろ　好機にFW金縛り

　この発言にネットユーザーがいち早く反応し「ボールは急に来るものだろwww」「急に来たボールが悪い」「急にパスする方が悪いに決まってる！」などとツッコまれネタにされるようになっていった。「急にボールが来たので」を改変して「急に○○が来たので」と派生ネタも生まれた。

　また、『2ちゃんねる』では、様々なネタコピペや改変AAが作られた。

　ボールを持てば私が主役だ。決定するのは私で、だから創造するのは私だ
～ヨハン・クライフ～

　サッカーに人種はない
～ミシェル・プラティニ～

　私はありとあらゆる悪いことを行った、しかし、フットボールを汚したことは、一度も無い
～ディエゴ・マラドーナ～

　いつまでも試合が終わらず、このままプレーしたいと思うときがある
～ジネディーヌ・ジダン～

　強いものが勝つのではない……勝ったものが強いのだ
～フランツ・ベッケンバウアー～

　今日の試合が雨上がりのピッチならば僕の左足で、虹を描いてみせるよ
～アルヴァロ・レコバ～

　今を戦えない者に次とか来年とかを言う資格はない
～ロベルト・バッジョ～

　急にボールがきたので
～柳沢敦～

＊＊＊＊【　急　募！！】＊＊＊＊
仕事内容：FW（主にボールを枠内に入れるお仕事、軽作業です）
期間：6月20日〜6月23日
勤務地：ドイツ
給与：応相談（結果に応じてボーナスあり）
採用条件：日本国籍を持っていて国内

外プロ1部リーグ在籍者、または1部リーグに在籍経験のある人。

シュートチャンスでパスを出さない方、チャパツでない、派手なスパイクをはかない方。ガムをかまない方。

年齢：19～33歳まで。

※一応サッカーなので、急にボールがくることもあります。

申し込み先：財団法人日本サッカー協会（担当：中田英）

引用元：『2ちゃんねる』

きよきよしい

きよきよしいとは、清々しい（すがすがしい）の同義語。本田圭佑が清々しいを「きよきよしい」と誤読したことが由来。

きよきよしいは、日本テレビが放送している『NEWS ZERO』内で流れたインタビュー映像が元ネタ。

【書き起こし】
－W杯を終えて
「まあ自分自身、本当に子供の頃からこのワールドカップのためだけに、ええ、サッカーをやってきたと言っても過言ではない。本当にそういう大会であったんですけど、まあ今はすごく、なんというんですかね、ええ、きよきよしいというか、すごく自分の中では気持ちの切り替えが出来てる部分があります」

放送後、すぐにネットユーザーの間で「清々しい」を誤読しているのでは？と話題になった。誤読が

ニュースになると、本田はツイッターで「お恥ずかしい。漢字が苦手で。でも、もうしっかり覚えました」と間違いを認めている。

ロシアワールドカップから帰国し『2018 FIFA ワールドカップロシア感動をありがとう!!日本代表（秘）裏話SP!!』に出演した長谷部誠は「もう日本語を変えちゃったらいいんじゃないですか。それが正しい日本語っていうことで」と冗談交じりに答えている。

拒点力
【きょてんりょく】

拒点力とは、サッカーの試合中において点を取ることを拒否する力のこと。

拒点力は、チーム全体、または特定の選手が何度もポストやバーに阻まれた時やシュートを打てども打てども入らない時などに使われている。また、特定の選手が何試合もゴールを決められない時に決定力の低さを嘆いて「○○の拒点力半端ない」と

書き込まれたりする。

キングカズは神だと思っている。
【きんぐかずはかみだとおもっている。】

キングカズは神だと思っている。とは、三浦知良（現・横浜FC）に関する『2ちゃんねる』で有名なサッカーコピペである。キングカズ伝説の一つとなっている。コピペが実話なのかどうかいまだによくわかっていない。

キングカズは神だと思っている。
7年ほど前の正月休みに両親と静岡市のカズ実家（もんじゃ焼き屋）に食べに行った時の話。
両親と3人で鉄板を囲んで食事をしているといきなりキングカズが玄関から入ってきた。もんじゃ焼き屋に似合わないイタリアンないでたちで。
カズが「俺いつもの〜」と言って二階へ上がろうとすると、店内にいた高校生集団が「カズさん！」「カズさんかっけー！」などと騒ぎ出し、カズが戻ってきてくれて即席サイン会になった。
店内に13、4人ほど居合わせた客全員に店内にあった色紙を使いサインをしてくれた。
高校生達がカズの母校静岡学園のサッカー部だとわかったカズはいい笑顔で会話を交わしていた。
そしてカズは「またな〜」と二階に上がっていき、店内は静かになった。
私と両親はカズの気さくさとかっこ

よさに興奮しつつ食事を終え、会計を済ませようとレジに向かうと、店員さん（カズ妹）が階段の上を指差しながら
「今日のお客さんの分は出してくれましたから。また来てくださいね」と。
あれには本当にびっくりした。

引用元：『mixi』（2007年5月19日）　もんじゃ焼き好きな人集まれ〜！コミュのキングカズは神だと思っている。

2007年に記者が真相を確かめるために、もんじゃ焼き屋まで行き、エピソードについてカズの妹に質問しているが「聞いたことないですねえ」と返答されている。

実際、もんじゃ焼き屋に行き、このエピソードについて聞いた雑誌記者がいた。「カズの妹さんにこの話を聞いたら、『聞いたことないですねえ』と笑っていました。妹さんは超ベッピンでしたね」

妹が忘れているだけなのか、それとも、事実ではないのか……。いずれにしても、このようなエピソードを信じさせる力を持つところに、カズの"キング"たる所以を垣間見た。

引用元：『Ameba News』

2013年には「スーツが汚れるから」を理由にもんじゃ焼きは食べないというエピソードが紹介されている。

授業参観日、キング・カズは派手なスーツとサングラス姿で学校へ。息子に「サングラスだけは外して！」と怒られるも、キング・カズはブレない。

子供がもんじゃ焼きを食べたいと言っても、「スーツが汚れるから」と拒否。それが、キング・カズの流儀なのだ。

引用元：『週プレNEWS』（2013年3月6日）「あんな大人になりたい！ キング・カズの生き様に学べ！」

ただし、カズがまだブラジルのサントスに所属していた23歳の頃に放送された『ブラジルの宝石KAZU』というドキュメンタリー番組内で、母が作ったもんじゃ焼きを食すシーンが映っているため、若い頃はもんじゃ焼きを食べていたと考えられる。

金満クラブ
【きんまんくらぶ】

金満クラブとは、豊富な資金力（オーナーの資金力、放映権料、入場料、スポンサー収入など）を使って他クラブから即戦力（ビッグネーム）の選手を獲得し、大型補強を行う、お金持ちサッカークラブのこと。

代表的なチームは、マンチェスター・ユナイテッド、マンチェスター・シティ、チェルシー、レアル・マドリー、バルセロナ、パリSGなどが該当する。

Ｊリーグでは、積極的に補強を行う浦和レッズやヴィッセル神戸などが金満クラブと揶揄されることがある。

グアリン砲
【ぐありんほう】

グアリン砲とは、かつてセリエＡのインテルに所属していたコロンビア代表のフレディ・グアリン（現・ミジョナリオス＝コロンビア）が放つ、シュートスピードの速い強烈なミドルシュートのこと。

グアリン砲は、ゴールが決まった時は、スカッとするが、撃てども撃てども枠内へ飛ばない。強烈すぎるゆえ、コントロールが定まらないのか、宇宙開発する確率も高い。利き足は右足。左足でもグアリン砲を放つことができるが、右足と比べると威力は劣る。

くぅ～ん

くぅ～んとは、ジェフユナイテッド千葉に対する煽り用語のこと。ジェフユナイテッド千葉が敗戦した時やゴールを決められた時に他チームのファンにより用いられる。くぅ～ん（笑）とカッコ笑いを付けることも。

ジェフユナイテッド千葉は、マス

コットキャラクターのジェフィとユニティが犬であることから、ネットスラングで犬と呼ばれており、くぅ～んは犬が弱っている時の鳴き声を表現している。

→関連用語：犬（18P）

愚将
【ぐしょう】

愚将とは、「愚かな」「無能」な監督のこと。

本来は、長い期間、結果を出せない監督に対して使われる言葉だが、『2ちゃんねる』のサッカー実況スレなどでは、「ゴールを決められた時」や「誤った采配をした時」や「負けた時」に愚将と書き込まれる。

→関連用語：名将（156P）

薬屋
【くすりや】

薬屋とは、ドイツ・ブンデスリーガに加盟するサッカークラブ、バイヤー・レヴァークーゼンを意味するネットスラングである。

薬屋の語源は、レヴァークーゼンのメインスポンサーが製薬会社バイエル・アクツィーエンゲゼルシャフトであることが元ネタ。レヴァークーゼンは、製薬会社バイエルの元従業員によって設立された経緯がある。

糞サッカー
【くそさっかー】

糞サッカーとは、視聴者が見ていて面白くないサッカーのこと。かなり曖昧な言葉で、使う側の好むサッカーによって定義が変わる。

日本では、一般的にボールを保持して、何本もパスを回しながら相手を崩すサッカーが好まれる傾向にあるため、引きこもりのカウンターサッカーを糞サッカーと呼ぶことが多い。引きこもってボールを奪った瞬間にFWへロングパスを送るサッカーのことである。

→関連用語：縦ポン（100P）

くたばれレッズ！

くたばれレッズ！　とは、政治家の上西小百合がツイッター上で浦和レッズに吐いた暴言である。

ことの発端は、2017年7月15日に行われた国際親善試合、浦和レッズ対ボルシア・ドルトムントの試合。2対3で逆転負けした浦和レッズに対しツイッター上で「浦和酷い負けかた。親善試合は遊びなのかな。」と呟いたことから浦和レッズサポーターを含むサッカーファンなどから批判が殺到した。

さらに上西小百合の暴走は止まらず、「サッカーの応援しているだけのくせに、なんかやった気になってるのムカつく。他人に自分の人生乗っけてんじゃねえよ」と浦和サポーターやサッカーファンを挑発し、ま

たもや批判殺到。ネット上では「それを代議士が言ったら終わりだよね」「お前に投票した人に同じこと言ってみろよ」「こんなのが議員とか日本オワタ」「炎上芸人」「議会制民主主義全否定しててワロタ」など辛辣な言葉が並んだ。

このツイートに当時Jリーガーの石川直宏（現・FC東京クラブコミュニケーター）も「人生乗っけてくれる皆の想いを胸にピッチで戦える事がこの上なく幸せだと感じる選手がいることもご理解ください。」と反応。このような経緯から上西小百合議員事務所に殺害予告が届くようになり、警察に被害を相談。上西小百合は浦和レッズとの話し合いの場を希望するも、浦和レッズに断られてしまい、さらに挑発してしまう。

その後、上西小百合の事務所に浦和レッズファンを名乗る男性2人が直接訪れトラブルがあったと報道され、以下の内容をツイート。

週刊誌から〝企画として〟レッズの試合を観にいきませんか、と言われて

断ったけれど、レッズサポーターがこの程度のレベルなら行ってもいいと思う。

続けて、上西小百合がツイートしたのが「くたばれレッズ！」である。

この騒動を受けて浦和レッズは冷静な対応をするようファンに呼びかけた。

本日、上西小百合議員の公式アカウントから、浦和レッズファンを名乗る方が上西議員の事務所を訪れたとのツイートがありました。

現時点で事実かどうかはわかりませんが、浦和レッズとしましては、上記の事務所に行かれた方が、浦和レッズのファンであっても、なくても、この時点では関われる案件ではございません。警察から捜査協力など要請がございましたら、十分に協力させていただきます。

ファン・サポーターのみなさまにおかれましては、心情は十分にお察ししますが、こうした動きに反応することは、浦和レッズはもちろんのこと、Jリーグやサッカー界、スポーツ界にとってもマイナスになりますので、ぜひ自重いただきますよう、お願い申し上げます。

引用元：『浦和レッドダイヤモンズオフィシャルWEBサイト』（2017年7月22日）　ファン・サポーターのみなさまへ

口田圭佑
【くちだけいすけ】

口田圭佑とは、ビッグマウスで

あった本田圭佑を揶揄する蔑称のこと。本田が口だけで結果が伴わない時やビッグクラブへ移籍できない様を揶揄する時に使われていた。

口田圭佑は、名前をもじり、本田圭佑は「口だけ」だと強調している。本田圭佑は、昔からビッグマウスであり、人々が無理だと思うような大きな目標をメディアで口にすることによって自分を追い込む手段を取ることがたびたびある。そのため目標を達成できなかった場合に、本田圭佑をよく思わないアンチから叩かれることが珍しいことではなかった。

くっそ! 長谷部くっそ!
【くっそ! はせべくっそ!】

くっそ! 長谷部くっそ! とは、長谷部誠（現・フランクフルト＝ドイツ）とフジテレビアナウンサー（当時）本田朋子が交際していると知った、サッカーファンの怒り、羨み、悲しみが入り混じった感情表現のこと。

サッカー選手が「〇〇と交際」というニュースが流れると用いられるネタ用語となっている。長谷部誠以外で代表的なのは、チューリッヒのCMでおなじみの松木里菜と結婚した谷口博之（現・サガン鳥栖強化部）の「くっそ! 谷口くっそ!」。

当時は、『2ちゃんねる』に長谷部誠関連のスレが立つたびに「くっそ! 長谷部くっそ!」と書き込まれていたが、本田朋子と破局して以降、使われなくなっていった。しかしモデ

ルの佐藤ありさと結婚するという報道が流れて以降、再び書き込まれるようになる。

熊
【くま】

熊とは、Jリーグに加盟するサッカークラブ、サンフレッチェ広島を意味する隠語である。サッカーファンが自称する時や呼称する時などに使われている。

熊は、サンフレッチェ広島のマスコットキャラクター・サンチェがツキノワグマをモチーフにしたデザインであることから「熊」と呼ばれている。カタカナやひらがなで表記で「クマ」「くま」と表記する者もいる。

組長
【くみちょう】

組長とは、2020年まで浦和レッズの監督を務めていた大槻毅を意味する隠語。

大槻毅は解任された堀孝史（現・東京ヴェルディコーチ）の代わりに2018年4月、浦和レッズの暫定監督に就任した。髪型をオールバックで固め、スーツ姿、強面の表情でベンチに座る姿を見たサッカーファンから「ヤクザのようだ」「アウトレイジかな?」「どこの組長だよ」などの言葉が並んだ。また、メガネをかけていたことから「インテリヤクザ」と呼ぶ者もいた。このような外見から組長という呼称が定着した。

組長は、暫定監督の間、公式戦4勝2分と好成績を残したが、後任のオズワルド・オリヴェイラ監督就任が発表された。2019年5月29日にオリヴェイラ監督が解任されると、再び浦和レッズの監督に就任した。

クルクル

クルクルとは、DAZNを視聴中「試合の途中で動画が止まる」「試合ページに飛んでも動画に繋がらない」時に表示されるローディングアニメーションのこと。またはDAZN側のトラブル、視聴者側の環境によって起こる「動画が止まる」現象を意味する。

動画が止まった時に円型の回るロード画面が表示されるためクルクル。

苦ピー
【くるぴー】

苦ピーとは、ガンバ大阪の山内隆司社長が発言した自虐的な親父ギャグのこと。レビー・クルピ監督(現・セレッソ大阪監督)と苦しいを掛けている。

ガンバ大阪は、2018年、過去にセレッソ大阪を指揮していたクルピ新監督を迎えた。しかしリーグ戦で開幕3連敗。ルヴァンカップを含めると、公式戦4連敗という状況の中、社長の口から飛び出したのが苦ピーである。

元ネタは、以下の記事。

セホーン体制時だった12年は公式戦開幕5連敗を喫した時点で解任。クルピ体制では公式戦4連敗となった。山内社長は「苦ピー」と自虐的な冗談を飛ばしながら「12年とは違う。当時の話を聞くと、チーム一丸ではなかった。選手もクルピさんのサッカーの考えに信頼を置いている」と体制の支持を明言した。

引用元:『スポニチアネックス』(2018年3月11日)
G大阪3連敗……18チーム制で初の単独最下位 社長自虐「苦ピー」

ガンバ大阪は、その後も調子が上がらず、ロシアワールドカップによる中断までに4勝3分8敗と苦ピー結果に。ワールドカップが終わり、J1が再開するも、第16節のサンフレッチェ広島に0対4、第17節の清水エスパルスには0対2で敗戦。リーグ中断期間を活かせず、勝点15の16位と低空飛行。7月23日、クルピ監督を解任し、後任にガンバ大阪U-23の監督を務めていた宮本恒靖が就任すると発表している。

くんさん

くんさんとは、かつてバルセロナの育成組織に所属し、16歳5カ月22日でJ1デビューを果たした久保建英（現・ヘタフェ＝スペイン）を意味する隠語。久保くんさんを略してくんさん。

KLM
【けいえるえむ】

KLMとは、浦和レッズに所属していた興梠慎三・李忠成（現・京都サンガF.C.）・武藤雄樹のトリオを意味する総称。バルセロナのMSNになぞらえて選手発信から使われるようになったサッカー用語で、興梠（Koroki）・李（Lee）・武藤（Muto）の頭文字からKLM。

3人が同時に出場する時のポジションは、興梠が1トップに入り、李と武藤が2シャドーを形成するパターンが多かった。

興梠・李・武藤が同時にゴールを決めた日に、メディアが記事を書く際「KLM揃い踏み」のようにタイトルなどで使われる。

ケイスケホンダ

ケイスケホンダとは、プロフェッショナルのこと。

ケイスケホンダの元ネタは、2018年5月14日にNHKで放送された『プロフェッショナル 仕事の流儀「ラスト・ミッション 本田圭佑のすべて」』内での発言が由来。

プロフェッショナルでは、番組の最後に「プロフェッショナルとは？」と出演者に問うてから終了するという流れがあり、そこでの答えがケイスケホンダ。

【書き起こし】
テロップ「プロフェッショナルとは、」
本田「プロフェッショナルとは……ケイスケホンダ」
本田「どういうことか、プロフェッショナルを今後ケイスケホンダにしてしまえばいいんです」
本田「お前ケイスケホンダやなみたいな」
本田「そういう今ハッと思ってる人が、自然と言えるくらいの生き様を見せていきたいという自分への抱負も込めてこの答えにします」

また、この放送では、ケイスケホンダ以外の名言も誕生している。「ホームシックにならないですか？」と尋ねられた本田は「（出身地は）アース、地球出身っていう」と答えている。出身地アースは、ロシアワールドカップ前のフジテレビ『ジャンクSPORTS』で本田圭佑がどんな人物なのか紹介する際に番組内で以下のエピソードが語られていた。

【書き起こし】

スタッフ「ホームシックにならないですか？」

本田「ホームシックにはなったことないですね」

本田スタッフ「（海外生活が長くて）ホームシックもなにもどこがホームかよくわかんないというか」

本田「どこがホームなんだか、質問に対して出身地は、もはやもう"アース"っていう、"地球出身"っていう」

ちなみに2011年、南アフリカワールドカップの翌年に『プロフェッショナル』に出演した際に「プロフェッショナルとは？」と問われた時は、

「自分らしく今後も生き続けることがなんかプロフェッショナルなのかなって。自分と向き合って、自分と格闘して、自問自答して、弱い自分に打ち勝って、自分らしく生き続けることが自分に与えられた使命……自分っていうかみんなですよね！そういう意味で俺はまだプロフェッショナルになれたんかどうかちょっとわかってないというか、まあ今自分の形が見えてきたっていうんやったら何を始められそうなのか、そしてそれをずーっと自分に打ち勝っていくことでプロフェッショナルというものを、こう……続けて自分の人生を通して続けていくもんなんかなって（スゥー）。かなり……偉そうに言ってますね」

と答えている。

芸スポ
【げいすぽ】

芸スポとは、『2ちゃんねる』の「芸能・音楽・スポーツ　ニュース速報＋」板を略して芸スポ。

芸スポでは、サッカーニュースやリーグ・カップ戦の結果などのスレッドが立てられる。サッカーファンの住人も多く、議論や煽り合いが盛んに行われている。サッカー関連では、日本代表・Jリーグ・海外でプレーする日本人選手の試合後に人が集まり盛んになる。

また、サッカーに限らず様々なスポーツ競技のニュース・芸能ニュー

ス・音楽ニュースなどのスレッドが立てられている。

サッカー以外には、野球の試合後・芸能人の炎上ネタなどのスレッドが盛り上がる。

毛糸
【けいと】

毛糸とは、ジュニアーズ○○に所属するプロサッカー選手、中村敬斗を意味する隠語のこと。

毛糸は、「けいと」と入力し変換しようとしても「敬斗」と変換できなかったため、定着したと考えられる。毛糸という漢字に特に意味はない。

劇団○○
【げきだん】

劇団○○とは、足がかかっていないのにわざと転んだり、大げさに痛がるフリをすることで審判を欺いて、PKやFKを獲得しようとする行為のこと。○○にはチーム名や選手名が入る。

劇団とは、劇を上演する団体を意味している。つまり、試合中に選手が演技をしていると揶揄している言葉。

代表的な蔑称として劇団バルサが使われている。主に、ライバル関係にあるレアル・マドリーのファンがバルセロナやファンを蔑む時に頻繁に使う。

また、『2ちゃんねる』などの掲示板で実況中、スロー再生が流れた時に、相手の足がかかっていないのにダイブしたプレーなどで頻繁に使われる。

けさい

けさいとは、Jリーグに加盟するサッカークラブ、ベガルタ仙台を意味するインターネットスラングである。主に他クラブのサポーターが呼称として使用している。

『2ちゃんねる』で作られた以下のAAが元ネタである。

仙台の方言で「待ってけさい」と

は「待ってください」を意味している。2003年にJ2へ降格して以降、あともう一歩のところで昇格を逃すシーズンが続いた。これを揶揄するように元ネタのAAが作られ、次第に「けさい」と呼ばれるようになった。

上記のような経緯から、使う者によって「けさい」は蔑称でもある。

また、過去には胸スポンサーが「カ

ニトップ」であったことから「蟹」と呼ばれていたが、けさいと呼ばれるようになってからは、使われることが少なくなっていった。

けさいスコア

　けさいスコアとは、ベガルタ仙台が横浜F・マリノスに2対8で大敗したスコアのこと。J1同士の対戦としては、なかなかお目にかかれないレアなスコア。

　けさいスコアは、隠語でベガルタ仙台を意味するけさいと競技の得点を意味するスコアを掛け合わせたサッカーネット隠語。

　けさいスコアは、2018年7月18日にユアテックスタジアム仙台で開催されたJ1第16節、ベガルタ仙台対横浜F・マリノスの試合で誕生した。

　前半2分、天野純にゴールを決められ先制を許す。前半11分、伊藤翔に決められ0対2。31分に仲川輝人、33分には再び伊藤翔に決められてしまう。前半を0対4で折り返し、後半52分、山中亮輔に美しいミドルシュートを決められ0対5。59分には、またもや伊藤翔が決めハットトリック達成。70分に金井貢史に決められるも、ベガルタ仙台のジャーメイン良が1点を返し1対7とする。しかし81分、オリヴィエ・ブマルに決められ8失点目。90分にベガルタの蜂須賀孝治が1点を返すも試合終了。最終スコアは2対8でベガルタ仙台が大敗。

　8失点目の直後、カメラに抜かれたベガルタ仙台のサポーターは、もう

笑うしかないといった表情で笑顔を浮かべたり、相手選手のゴールに拍手をしていた。

　ベガルタ仙台にとってクラブ史上最多失点記録となった。

　ちなみに横浜F・マリノスは、過去にも8得点で勝利したことがある。2007年8月11日に日産スタジアムで開催されたJ1第19節の試合で横浜FCに8対1で勝利している。

ケチャップドバドバ

　ケチャップドバドバとは、大量のゴールが生まれた時に使われる言い回しのこと。ケチャップ＝ゴールの同義語。ケチャドバと略して用いられることも。

　元ネタは、2012年9月11日に埼玉スタジアムで行われたブラジルワールドカップアジア最終予選イラク戦後に本田圭佑がインタビューで語った内容。「誰か名ストライカーが言っていたが、ゴールはケチャップみないなもの。出ない時は出ないし、出る時はドバッと出る」と発言したことが由来。

　本田圭佑の言う名ストライカーとは、ルート・ファン・ニステルローイのこと。ルート・ファン・ニステルローイがレアル・マドリーに所属していた時にゴンサロ・イグアインへ送ったアドバイス。

　ここ一番の勝負強さで言えば世界ナンバーワンのイグアイン。冬まではチームメートだったオランダ人ゴール

ゲッターのファン・ニステルローイからゴールについて興味深い説明を受けたそうだ。「ルート（ファン・ニステルローイ）は、ゴールって言うのはケチャップみたいなものだって言っていたよ。いくら頑張っても出ないと思ったら、一気にたくさん出たりする。ゴールもそういうもの」と先輩からのアドバイスを受けたとスペインのテレビ局 "La Sexta" のインタビュー内で明かした。

引用元：『livedoor NEWS』（2010年3月6日）　スペイン通信「ゴールはケチャップ同様と伝授された絶好調FW」

　ちなみにここで言われるケチャップとは日本で使われるようなチューブタイプではなく、瓶タイプのケチャップのこと。チューブタイプであれば押す力を強弱することで出てくる量を調整できるが、瓶タイプの場合、ひっくり返してもなかなか出てこない。出てこないと思って振ると急にドバドバ出てきて調整しづらい。

　クリスチアーノ・ロナウドもルート・ファン・ニステルローイの言葉を借りて以下のような発言をしている。

　ゴールはケチャップのようなものだ。ビンを必死に叩いても出てこないかと思えば、一気に全てが出てくる。

引用元：『スペイン代表やリーガ・エスパニョーラ情報を100倍楽しむブログ』（2010年6月14日）

　本田圭佑は、ケチャップ発言から5日後、CSKAモスクワ対アラニヤ

の試合に出場し、2得点を決める。試合後、取材エリアを通り過ぎる際に「ケチャップ出た」とつぶやいている。

　また、ハインツ社の広報担当は、本田圭佑の発言を受けてケチャップ1年分をプレゼントしたいと語っている。

　ケチャップ大手のハインツ社（本社・米国）の日本本社広報担当は「日本代表の選手がケチャップという言葉を使ってくれるのはうれしい。リクエストがあれば、ケチャップ1年分をプレゼントしたい」と感激。「いつか（本田選手と）コラボレーションできたらいいなと思います」と続けた。

引用元：『スポニチアネックス』（2012年11月13日）本田にケチャップ業界注目！「いつかコラボできたらいいなと思う」

結局は1対1だよな
【けっきょくはいったいいちだよな】

　結局は1対1だよなとは、プロサッカー選手、中村俊輔（現・横浜FC）の名言（迷言）のこと。また

は三浦知良（カズ）の名言でもある。

　結局は1対1だよなの元ネタは、2009年に中村俊輔が受けたインタビューの内容。カズと食事に行った際のエピソードを紹介している。

――日本は点が取れないと言われるが？
中村俊　カズさんと食事に行った時に「結局は1対1だよな」って言ってた。オレは違うと思うけど（笑い）。オレの意見が全部、合っているとも思わないからね。最後の最後は、本当にそうなのかな……。それは奥が深い言葉ですよね。
引用元：『ニッカンスポーツ・コム　SOUTH AFRICA 2010』（2009年11月20日）俊輔、奥深いカズの言葉「結局1対1」

　結局は1対1だよなは、汎用性が高く、使い勝手が良いため、ネット上のサッカーファンの間で定番の表現として用いられている。結局は〇〇だよなと丸の部分に選手名やチーム名を入れて使用する。

ケンゴヘ ニイガタキトク スグカエレ

　ケンゴヘ　ニイガタキトク　スグカエレとは、川又堅碁（現・ジェフユナイテッド千葉）に対するアルビレックス新潟ファンのメッセージのこと。

　川又堅碁は、2012年、J1のアルビレックス新潟からJ2のファジアーノ岡山へレンタル移籍していた。レンタル先のファジアーノ岡山で大活躍し、結果的に得点ランキングで2位となる18得点を挙げた。一方、アルビレックス新潟は成績が低迷していた。そんな時に『2ちゃんねる』に書き込まれるようになったのが「ケンゴヘ　ニイガタキトク　スグカエレ」である。ファジアーノ岡山で得点を量産していた川又堅碁にアルビレックス新潟を救ってもらいたいというメッセージである。

　「ケンゴヘ　ニイガタキトク　スグカエレ」の元ネタは、電話が発達する前まで使われていた電報。電報では文字数が増えると課金されるため、できるだけ短く独特の言い回しが用いられていた。また、当初はカタカナと一部の記号しか使えなかった。その電報を象徴するような文体の代表的な例が「チチキトクスクカエレ」。

玄米法師
【げんまいほうし】

　玄米法師とは、現役時代はレアル・マドリーやユヴェントスなどのビッグクラブでプレーし、2017年にジェフユナイテッド千葉の監督に就任したフアン・エスナイデルを意味する隠語。玄米と略して用いられることも。

　玄米法師の元ネタは、らスラーがサッカー音楽に関する雑談をしていた時に、ミュージシャンの米津玄師を玄米法師と書き間違えたことが由来。

【実際の書き込み】

324

おぢさんは玄米法師とかいう歌手らスレで初めて聞いたし最近の歌はわからん。

348

>>324

誰だよwwww

玄米法師ってwwwwww

米津玄師なら知っとるけどwww

365

>>348

エスナイデルの和名か？

382

玄米法師ワロタw

392

>>382

玄米法師が頭から離れんw

エスナイデルの二つ名や異名にしたい。

引用元：『2ちゃんねる』

エスナイデルは、ジェフ千葉の監督に就任し、沖縄キャンプ中に食事改革を断行したことで知られており、それまでの主食であった白米を玄米へ変更した。

きっかけは、シーズン開幕前の沖縄キャンプだった。

「なぜこんなに味付けが濃くて、脂っこいものが多いんだ！」

エスナイデルは、宿泊ホテルのビュッフェ形式のレストラン会場であ然とした。

（中略）

「これはアスリートの食事ではない！」

（中略）

「私が要求するフィジカル的な負荷に対応できるようにするためには、食事から改善しないといけない。食事の質をもっと上げるべきだ。栄養価の高いものを摂り、無駄な脂肪は摂る必要はない」

食事の手配をするマネジャーの福島佑馬は、監督に言われるがままにホテル側へ細かくオーダーした。

「肉の脂身を全てカットし、素焼きでお願いします。豚肉は一切なし。パスタはゆでるだけで大丈夫です。ソースはなしで、粉チーズとタバスコだけを置いてください。フルーツ、ドライフルーツ、ナッツ、ヨーグルトは用意してほしいです」

主食の白米も玄米へ変更。これが大変だった。ホテルには用意がなく、自

前で調達することに。*福島マネジャーは高橋GMと一緒に沖縄のスーパーマーケットを駆け回り、数日かかって3軒からキャンプ全日程分の玄米を購入した。*

引用元：『NumberWeb』（2017年9月8日）　ジェフ千葉から消えた脂身と白米。監督が持ち込んだ食事革命が凄い。

このエピソードを知っていたらスラーには、玄米法師という文字面がエスナイデルの和名にしか見えないことがきっかけで定着した。

降格請負人
【こうかくうけおいにん】

降格請負人とは、在籍するチームを降格させてしまう可能性を高める選手や監督に与えられる汚名である。明確な回数は決まっていないが、所属するチームが3回以上降格すると降格請負人と呼ばれる傾向が強い。

Jリーグで降格請負人と呼ばれる選手は、山下芳輝、和田拓三、山田卓也、今野泰幸などが挙げられる。また、清武弘嗣も大分トリニータ・ニュルンベルク・ハノーファーで降格を経験している。

攻撃ポイント
【こうげきぽいんと】

攻撃ポイントとは、ゴール数とアシスト数を足した数字のこと。スコアポイントと呼ばれることもある。

ゴール4、アシスト3だと攻撃ポイント7。

主に『2ちゃんねる』のサッカーファンの間で使われる隠語。攻撃的なポジションの選手を比較する際に使われることが多い。

強奪
【こうだつ】

強奪とは、「暴力行為などで他人の物を奪うこと」であるが、サッカーファンの間で使われる場合は、「資金力が豊富な強豪クラブ」が他クラブから選手を引き抜く行為を意味している。資金力関係なく選手を引き抜く行為に対して使われることもある。

強豪クラブが選手を引き抜く際によく使われる言葉で、選手を引き抜かれたクラブを応援するファンが不満を込めて使う。

【例】

「金に物を言わせて強奪するなんてひどい」「また○○が強奪したのか」

ただし強奪は、「レギュラーで活躍していた選手」に対して使われるが、「出場機会の少ない選手」に対してはあまり使われない傾向がある。理由としては、あまり出場しない選手に移籍されても困らないなどが考えられる。

日本国内で強奪と言われやすいチームは浦和レッズである。資金力も豊富で他チームから獲得する選手も多いため。そのためアルビレックス新潟やサンフレッチェ広島から多

くの選手を獲得した際は「アルビレッズ浦和」や「サンフレッズ浦島」などと揶揄された。

ゴエモン

ゴエモンとは、元日本代表のプロサッカー選手、駒野友一（現・FC今治）を意味する隠語。

ゴエモンの元ネタは、コナミデジタルエンタテインメントが製作するビデオゲーム『がんばれゴエモン』シリーズの主人公、ゴエモンに容姿が似ていることからネットユーザーにゴエモンと呼ばれるようになった。

ゴールちょっと
ずらしたいよね

ゴールちょっとずらしたいよねとは、2013年11月16日に開催された国際親善試合のオランダ対日本戦にて、解説の松木安太郎から発せられた願望である。

後半7分、遠藤保仁からのパスを受けた本田圭佑がワンタッチで浮かしアウトサイドでミドルシュートを放ったが惜しくもバーに弾かれてしまう。シュートのリプレイ映像を見ている時に松木安太郎から「んあー、ゴールちょっとずらしたいよね。ね？　ほんのちょっとでいいんだもんね」とお気持ちを表明した。

松木は当時のことを「あんま覚えてないんだよな」と振り返っている。
松木は「あんま覚えてないんだよな」

と笑いつつ、「やっぱりそれぐらい、ゴールをずらしてでも入れたかったっていう（気持ち）」と解説。

引用元：『ABEMA TIMES』（2017年7月26日）「ゴールちょっとずらしたいよね」　サッカー解説者・松木安太郎が過去の"名語録"を解説

ごくごくタイム

ごくごくタイムとは、気温の高い日に熱中症対策として導入されている飲水タイム（給水タイム）のこと。前半と後半それぞれ1回ずつ設けられている。

ごくごくタイムの元ネタは、2018年の平昌オリンピックで注目を浴びたもぐもぐタイムが由来。もぐもぐタイムとは、カーリング女子日本代表チームがハーフタイムに栄養補給のためにお菓子やフルーツを口にしていた時間のこと。

国内組
【こくないぐみ】

国内組とは、Jリーグのクラブと契約している日本国籍を有するプロ

サッカー選手のこと。主に日本代表の話題において頻繁に使われる用語。

→関連用語：海外組（37P）

国内厨
【こくないちゅう】

国内厨とは、国内サッカー（Jリーグ）が好きなサッカーファンを指す蔑称である。日本国内を意味する「国内」と、中毒者を略したネットスラング「厨」を組み合わせた言葉。

国内厨は、サッカーファンにおける三大勢力（国内厨・海外厨・代表厨）の一つである。この三大勢力は、意見が食い違い対立する傾向にある。

国内厨は、Jリーグが好きなサッカーファンをバカにしたり、嘲笑うために使われている。反対に国内厨は、海外サッカーが好きなサッカーファンや日本代表が好きなサッカーファンを「海外厨」「代表厨」と呼び、見下すことがある。

特に国内厨と海外厨の溝は深く、争いの歴史は長い。争う理由として、Jリーグを愛する国内厨とヨーロッパサッカーを愛する海外厨では、把握してる選手・サッカー観・生観戦経験の有無・競技経験の有無などに違いがあるからと考えられる。

一方、代表厨のことは、国内厨・海外厨ともに代表戦しか見ないニワカと判断し、あまり相手にしていないようだ。

→関連用語：海外厨（37P）、代表厨（97P）

ここですか？

ここですか？　とは、『2ちゃんねる』の国内サッカー板（ドメサカ）で使われる煽り言葉。

チームが敗戦・不祥事を起こした時などに他クラブのサポーターが当該チームの本スレまで出向き、全力で煽る際に使われている。専用のAAまで存在する。

元ネタは、不明。SNKから発売されたビデオゲーム『KOF96』にゲーニッツというキャラが登場する。ゲーニッツは「ここですか」と言いながら技を放つため、元ネタは『KOF96』かもしれない。

個人昇格
【こじんしょうかく】

個人昇格とは、下のカテゴリーで活躍した選手が上のカテゴリーに所属するクラブへ移籍し個人で昇格すること。JリーグでよくあるパターンとしてJ2で活躍した選手がJ1の

チームに引き抜かれることが挙げられる。

所属するチームが下のカテゴリーから上のカテゴリーへ昇格した場合は、チームが昇格しているため個人昇格の定義から外れる。

Ｊリーグでは近年、DAZNマネー効果もあり、昇格できなかったチームから上のカテゴリーに属するチームへ移籍する例が増えている。

ごっつぁんゴール

ごっつぁんゴールとは、「あとは触るだけ」「押し込むだけ」の状況で決めたゴールのことである。ゴールを決めた選手がアシストした選手に感謝したくなるゴールのこと。GKがシュートを弾いたボールを押し込んだ場合にも使われることもある。

ごっつぁんゴールは、「ごちそうさまです」「いただきます」「ありがとうございます」を意味するごっつぁんと、得点することを意味するゴールを組み合わせた言葉。

骨盤パニック
【こつばんぱにっく】

骨盤パニックとは、宇佐美貴史が名付けたドリブルテクニックのこと。ドリブルで対峙する選手の骨盤がパニックに陥るから骨盤パニック。

骨盤パニックの語源は、2010年にテレビ朝日で放送されている『Get Sports』へ出演した宇佐美貴史がド

リブルのコツについて質問された際に生まれた言葉。

骨盤パニックの具体的なテクニックは、ドリブルで相手をかわす際に相手の骨盤を見る。自身が抜きたい方向とは逆の方向へ一度細かくボールタッチをする。相手の骨盤が抜きたい方向の逆を向いた時に抜きたい方向へ切り返す。つまり意図的に相手の逆をとるドリブルテクニックのことである。

小林4
【こばやしよん】

小林4とは、東京ヴェルディやジュビロ磐田で活躍した小林祐希（現・アル・ホール＝カタール）を意味する隠語のこと。

小林祐希は、ジュビロ磐田に所属していた2013年に背番号50から背番号4へ変更した。背番号の4と名字を掛け合わせて小林4。同姓同名の小林裕紀（現・大分トリニータ）などと区別するために小林4と呼ばれるようになった。

誤報じゃないよ！
ほんトーレス！
来てくれてありがトーレス！
【ごほうじゃないよ！ ほんとーれす！
きてくれてありがとーれす！】

　誤報じゃないよ！　ほんトーレス！　来てくれてありがトーレス！とは、アトレティコ・マドリー、リヴァプール、チェルシーなどで活躍した元スペイン代表のフェルナンド・トーレスがサガン鳥栖へ入団することが決まった時にタオルマフラーに書かれていたメッセージのこと。

　トーレスが「誤報じゃないよ！ほんトーレス！」と書かれたタオルを持っていた。これは直前に破談したという報道が流れ、心配していたサガン鳥栖のファンに対して送られたメッセージだと考えられる。

　一方、サガン鳥栖の竹原稔社長は「来てくれてありがトーレス！」と書かれたタオルを持っていた。トーレスに対する感謝の気持ちである。

駒野なんて
大したことはない。
【こまのなんてたいしたことはない。】

　駒野なんて大したことはない。とは、プロサッカー選手、駒野友一が歩んできたサッカー人生をまとめたコピペのこと。

　2010年南アフリカワールドカップ決勝トーナメント1回戦、パラグアイと対戦した日本はPK戦にもつ

れ込み、第3キッカーの駒野友一が外してしまい負けてしまう。ネット上では「駒野のせいで負けた」などの批判の声が上がったが、コピペの登場により駒野友一を擁護する意見も多くなっていった。

【全文】
　駒野なんて大したことはない。
　中三のときに父親を無くして、私立初芝橋本高、ガンバ大阪、サンフレッチェ広島などからスカウトされたが、寮住まい出来て経済的負担が最も少ない広島ユースに入り休日でも友人と遊びに行かず、寮に残ってトップチームのビデオを見て研究しプロ契約してから現在まで欠かさすことなく母親に仕送りをし続け弟の大学の学費まで全額負担し性格は純朴そのもので、森崎和幸曰く「今時珍しい生き物」で左膝前十字靭帯損傷の療養中にエコノミークラス症候群にかかり生命の危機に陥ったが、不屈の闘志で復活し、アテネ五輪代表に選出されアテネ五輪ガーナ戦で鎖骨骨折、一ヵ月後ブドウ膜炎まで発症し失明の危機もあったがそれすら乗り越えて日本代表になった。
　そんなドコにでもいるプレーヤー、それが駒野。

ゴミラン

　ゴミランとは、イタリア・セリエAに所属するサッカークラブ、ミランを指す蔑称である。蔑称のため使う際には、注意が必要。
　物のクズ・廃棄物を意味する「ゴ

ミ」とチーム名である「ミラン」を組み合わせた言葉。ミランのパフォーマンスがひどく、見るに耐えない試合や負けた試合での煽りとして使われている。

小山田
【こやまだ】

小山田とは、プロサッカー選手の山田直輝（現・湘南ベルマーレ）を指す隠語である。

小山田は、山田直輝が浦和レッズに入団した頃、浦和レッズファンによって名付けられた。当時、浦和レッズには、タリーこと山田暢久が所属していた。山田暢久より年齢が若く身長が小さいという理由で「小山田」と呼ばれるようになっていった。

主に『2ちゃんねる』で使われる言葉である。

ゴラッソ

ゴラッソとは、スペイン語でスーパーゴールが決まった時に使われる「素晴らしいゴール」を意味するサッカー用語のこと。スペイン語表記にすると golazo。スーパーゴールやビューティフルゴールやファンタスティックゴールなどが同義語として用いられる。

リーガ・エスパニョーラなどスペイン語・ポルトガル語圏でスーパーゴールが決まった際に海外実況が「ゴラッソォォオ」と絶叫する。冷静な実況者の場合、静かに「ゴラッソゴラッソ」と言うパターンも。また、日本のサッカー放送でも好んで口にする実況者・解説者もいる。

コロマール

コロマールとは、ブラジル代表ネイマールの蔑称のこと。コロマール以外にもコロゲマールと呼ばれることも。他にもネイマールがダイバーであることを揶揄したダイバールと用いられることもある。

コロマールの元ネタは、ネイマールがファウルを受けた際、大げさにコロコロと転がり回ったことが由来。転がる様を意味するコロコロとネイマールの名前を掛け合わせたサッカー隠語。

ネイマールは以前から大げさに転がったり、痛いフリをする顔芸などが原因でコロマールと揶揄されることはあったが、決定的にしたのは、

2018年ロシアワールドカップ、グループリーグ第3節のブラジル対セルビア。ネイマールがセルビアのアデム・リャイッチにスライディングを受けた際の高速ローリングは世界中のサッカーファンの間で話題となり、様々なコラ画像やネタ動画などが作られた。

ロシアワールドカップでのネイマールの痛がりっぷりにネット掲示板には「ネイマールは一体どうやってタトゥーを入れたんだ……」「まるでハリウッドスターのようだ」「風に吹かれるビニール袋かよwww」「フィギュアスケートのトリプルルッツかよw」などと書き込まれた。

→関連用語：痛いンゴ（16P）、ダイバー（97P）、ダイバール（97P）

サイゲマネー

サイゲマネーとは、2015年7月からサガン鳥栖とスポンサー契約を結んだゲーム開発会社、Cygames（サイゲームス）から支援されるスポンサー料のこと。

サイゲームスは、サガン鳥栖のユニフォームの背中上部にロゴを掲出している。

サイゲマネーは、Cygames のサイゲと英語でお金を意味する Money（マネー）を掛け合わせた言葉。

サイゲマネーは、サガン鳥栖が年俸の高い選手へオファーした時や獲得した時に用いられる言葉で、サッカーファンの間では、元スペイン代表フェルナンド・トーレスをサイゲマネーで獲得したのではないかと噂されている。

最高のベンゼマを約束する
【さいこうのべんぜまをやくそくする】

最高のベンゼマを約束するとは、レアル・マドリーに所属するカリム・ベンゼマがファンに対して行った決意表明である。

リヨンで2007-08シーズン31得点、2008-09シーズン23得点としっかりと結果を出し、満を持してレアル・マドリーに移籍したが、2009-10シーズンは、輝きを見せることができず9得点と物足りない成績となった。

そこで翌シーズン始め、クラブの公式インタビューにて「ファンに最高のベンゼマを披露すると約束する。今年こそ、僕の年になるだろう。多くのゴールを挙げたい」と決意表明を行った。

この発言が『2ちゃんねる』のネットユーザーにある意味好意的に受け止められ、「最高のベンゼマ」というフレーズを切り取り、何度も書き

込まれる事態となった。

この発言の効果かどうかわからないが、2010-11シーズンは26ゴールという好成績を残している。しかし本人は満足していないのか、シーズン終了後に「来シーズンは、本当のベンゼマを見ることになるよ」というメッセージを残している。

ちなみに「最高のベンゼマ」は俗称としても使われている。

→関連用語：おにぎり（33P）

サウジスコア

サウジスコアとは、8対0のスコアのこと。定義は8点取り、無失点で試合を終えること。8対1や9対1はサウジスコアではない。

サウジスコアの元ネタは、2002年6月1日に札幌ドームで開催された日韓ワールドカップ、グループE第1節のドイツ対サウジアラビアの試合。前半20分、ドイツ代表ミロスラフ・クローゼの先制点を皮切りにゴールショーが始まる。

【ドイツ　8対0　サウジアラビア】

クローゼ 20分、25分、70分

バラック 40分

ヤンカー 45分

リンケ 73分

ビアホフ 84分

シュナイダー 90分

クローゼにハットトリックを許すなど、最終的に8対0で試合を終える。ワールドカップのような舞台では、

これほど点差が開くのは珍しく、印象に残る試合となった。

サカつくスコア

サカつくスコアとは、9対0のスコアのこと。サカつくスコアの元ネタは、SEGA（セガ）から発売されたサッカークラブ経営シミュレーションゲーム『プロサッカークラブをつくろう！』のスコア上限が9対0であったことから。

サカつくスコアという言葉が使われる前に、1994-95シーズンのプレミアリーグ、3月4日にオールド・トラフォードで開催されたマンチェスター・ユナイテッド対イプスウィッチ・タウンとの試合で9対0のスコアを記録していた。

【マンチェスター・ユナイテッド 9対0　イプスウィッチ・タウン】

キーン 16分

コール 24分、37分、53分、65分、89分

ヒューズ 54分、59分

インス 73分

桜
[さくら]

桜とは、Jリーグに加盟するサッカークラブ、セレッソ大阪を意味する隠語である。サッカーファンが自称する時や呼称する時などに使われている。

セレッソ大阪の「セレッソ」とは、スペイン語で「桜」を意味している。チーム名が由来となって「桜」と呼ばれるようになった。

桜という名前からネタにされやすく、負けた時に「桜散る」など掲示板やSNSにおいて書き込まれることが多々ある。

雑魚専
[ざこせん]

雑魚専とは、「弱い相手（格下・下位チーム）にしかゴールを決めない選手」「弱い相手にしか活躍できない選手」に対して使われる蔑称である。

小物を意味する「雑魚」と特定の者を意味する「専用」を組み合わせた言葉。つまり雑魚専用選手。

雑魚専が使われる定義は曖昧であるが、強豪相手にゴールを決めずに得点を重ねる選手に対して使われている。また、「決勝などの重要な試合で活躍できない選手」に対して使われることもある。

前提としてアンチが選手を誹謗中傷する時に使われる言葉なので、リオネル・メッシやクリスチアーノ・ロナウドに対して使う者もいる。

サッカークラスタ

サッカークラスタとは、広義的にツイッター上のサッカーファンを意味しているが、狭義的にはツイッター上の戦術に強いこだわりを持ち、議論を活発に行うサッカーファンに限定されることも。

サッカークラスタは、サッカーと似た趣味を持つグループを意味するクラスタを掛け合わせた呼称。

さっぽこ

さっぽことは、北海道札幌市を本拠地とする北海道コンサドーレ札幌を指す蔑称である。

北海道の地名である「さっぽろ」と技術が劣っていることを意味する「へっぽこ」を組み合わせた言葉。弱い北海道コンサドーレ札幌を揶揄するようにして使われる。北海道コンサドーレ札幌のファンが自チームの弱さを嘆いて自虐的に使う場合もある。

札幌誇らしい
[さっぽろほこらしい]

札幌誇らしいとは、北海道コンサ

ドーレ札幌を「自慢したい」「称賛したい」時に使われるとても誇らしい言葉。

主に『2ちゃんねる』などで北海道コンサドーレ札幌がゴールを決めた時や勝利した時に使用されている。

元ネタは、2006年頃からしお韓住人が『2ちゃんねる』の芸スポに立てられたコンサドーレ札幌スレで「誇らしさ」を使い出したことが由来と言われている。以下が実際に書き込まれていた内容。

【実際の書き込み】
【サッカー/天皇杯】ナビスコ杯王者の千葉が札幌に破れる大波乱 鹿島は順当に勝利
887
<ヽ｀∀´> 一夜経っても誇らしさだけが残る...本日は良い日になりそうです

引用元：『2ちゃんねる』

ザルッソ大阪
[ざるっそおおさか]

ザルッソ大阪とは、Jリーグに加盟するサッカークラブ、セレッソ大阪を指す蔑称である。蔑称のため使用する際には注意が必要。

下手くそな守備やミスの多い守備を意味する「ザル」とチーム名の「セレッソ大阪」を組み合わせた言葉である。セレッソ大阪の守備陣が簡単に点を決められるため、ザルッソ大阪と呼ばれるようになった。

主にセレッソ大阪が簡単に点を決

められた場面や大量失点で負けた試合などで使われる言葉である。

さわやかヤクザ

さわやかヤクザとは、元日本代表でジュビロ磐田などで活躍したサッカー解説者、福西崇史の俗称である。

さやわかな顔をして平気で肘打ちや蹴りなどの荒っぽいプレーをすることからネット上でさわやかヤクザという異名が付けられた。

また、審判に見つからないようにさわやかファウルを実行するため、敵に回すと恐ろしいが味方にすると頼もしい選手であった。

サンキュー坂田
[さんきゅーさかた]

サンキュー坂田とは、2002年10月31日にカタールで開催されたAFCユース選手権決勝、日本対韓国の試合中に大熊清監督（現・清水エスパルスGM）から坂田大輔に贈られた感謝の言葉である。

韓国のセットプレーのあと、成岡翔が自陣ペナルティエリア付近からクリアするも、坂田大輔の目の前にいたイ・ホジンにボールをカットされる。坂田大輔は、すかさずイ・ホジンを追いかけ、うまく体を入れてファウルをもらい自分たちのボールとする。

FWである坂田大輔の献身的な守備に対して大熊清監督がピッチに響き渡るほどの声で称賛の言葉を贈っ

た。

「おぉ！　坂田！　サンキュー！坂田！　サンキュー坂田！」

大熊清監督から発せられた感謝の言葉は、テレビで観戦していた視聴者の耳にもはっきりと聞こえ、『2ちゃんねる』などの掲示板でネタにされるようになっていった。

坂田大輔が活躍をした試合のスレッドでは、「サンキュー坂田」と書き込まれるのが定番となっている。

坂田大輔は、2018年3月15日に現役引退を発表。サンキュー坂田。

残念、そこはシジクレイだ
【ざんねん、そこはししくれいだ】

残念、そこはシジクレイだとは、

堅い守備に対して送られる称賛のこと。シジクレイの部分を改変して「残念、そこは○○だ」とGKやDFの選手の名前を入れて使われている。また、サッカー以外のスポーツでも用いられている。

残念、そこはシジクレイだの元ネタは、2005年11月3日に国立競技場で開催されたナビスコカップ決勝、ジェフユナイテッド千葉対ガンバ大阪戦。ガンバ大阪のDFシジクレイが何度もヘディングで跳ね返す様を実況が「そこはシジクレイだ！」と表現したところ、ドメサカ住人にウケ、「残念、そこはシジクレイだ」というスレッドが立てられ、定番の言い回しとなっていった。

ちなみにスレタイの由来は、『週刊少年ジャンプ』で1992年42号から1993年46号まで掲載されていた『究極!! 変態仮面』の「残念、そこはわたしのおいなりさんだ」というセリフが元ネタ。

また、スレッドでは、横浜ベイスターズの監督だった山下大輔のAAを元にヘディングでボールを防ぐ

AAが作られ、シジクレイが活躍した試合のスレッドに貼られるのが定番となった。

サンフレッズ浦島
【さんふれっずうらしま】

サンフレッズ浦島とは、サンフレッチェ広島に所属していた選手を次々と獲得しサンフレッチェ広島化する浦和レッズを揶揄した呼び方。略してサンフレッズや浦島と呼ばれることも。

サンフレッズ浦島は、サンフレッチェ広島と浦和レッズを掛け合わせた言葉。

浦和レッズがサンフレッチェ広島の選手を次々と獲得する経緯にはミハイロ・ペトロヴィッチ監督（現・北海道コンサドーレ札幌監督）の存在が関係している。ペトロヴィッチはかつてサンフレッチェ広島の監督を務めていた。しかしサンフレッチェ広島は、高年俸となった監督との契約延長を断念。2012年にペトロヴィッチ監督は、浦和レッズの監督に就任。浦和レッズの監督に就任後、毎シーズン、サンフレッチェ広島に所属していた教え子たちを獲得していく。

【かつてサンフレッチェ広島に所属し浦和レッズが獲得した選手たち】
柏木陽介：2009年12月15日、サンフレッチェ広島から浦和レッズへ完全移籍
槇野智章：2012年1月11日、ケルンから浦和レッズへレンタル移籍。2012年12月4日に完全移籍（ケルンの前はサンフレッチェ広島に所属）
森脇良太：2012年12月17日、サンフレッチェ広島から浦和レッズへ完全移籍
西川周作：2014年1月5日、サンフレッチェ広島から浦和レッズへ完全移籍
李忠成：2014年1月16日、サウサンプトンから浦和レッズへ完全移籍（サウサンプトンの前はサンフレッチェ広島に所属）
石原直樹：2014年12月16日、サンフレッチェ広島から浦和レッズへ完全移籍

ただし柏木陽介は、ペトロヴィッチ監督が就任する前から浦和レッズに移籍していた。

上記のようにかつてサンフレッチェ広島に所属していた選手たちが浦和レッズに移籍していったことからサンフレッズ浦島という言葉が生まれた。

仕上げのリンス
【しあげのりんす】

仕上げのリンスとは、ガンバ大阪に所属していたブラジル人プロサッカー選手、リンス・リマ・ヂ・ブリットの愛称である。

リンスが後半途中出場し、試合終了間際の限られた時間でゴールを決め、チームを勝利に導くことから「仕上げのリンス」と呼ばれるようになっ

た。「リンスが決めて試合を締める」という意味が込められている。

洗髪後に髪の毛をサラサラに仕上げるリンスと掛けている。

シーチケ

シーチケとは、シーズンチケットの略語。シーズンシートや年間パスなどと呼ばれることもある。

シーズンチケットとは、同じスタジアム（ホーム）で行われる入場券をシーズン分まとめて購入することにより、割引された価格でリーグ戦やカップ戦の試合を観戦することができる。クラブによっては、購入特典として先行入場やグッズなど様々なサービスが受けられる場合もある。

ジーニアス

ジーニアスとは、名古屋グランパスに所属する柿谷曜一朗を指す俗称である。

ジーニアスは、英語で天才（genius）を意味している。

ジーニアスと呼ばれるようになった由来は、スポーツライターの金子達仁がMBSラジオのコラムで書いたポエムが元ネタ。2006年AFC U-17選手権と2007年U-17ワールドカップで衝撃的なゴールを決めたジーニアス柿谷に対して送った称賛の言葉である。

その言葉を安易に使うことの虚しさも、危うさも、十分にわかっているつ

もりではある。

いや、わかりすぎていたがゆえに、最近では、使おうという思い自体が浮かばなくなってきていた。

それでも、彼のプレーを初めて見たとき、真っ先に浮かんできたのはあの言葉だった。

中田英寿に対しても、小野伸二に対しても、中村俊輔に対しても浮かんでこなかったあの言葉だった。

ジニアス──天才。

引用元：『VS金子達仁「ゲストコラム」』第11回放送（2008年1月14日）　セレッソ大阪　柿谷曜一朗選手

このコラムがネットユーザーにバカウケし、柿谷＝ジーニアスが定着した。柿谷曜一朗が活躍するたび、『2ちゃんねる』などのネット掲示板に「ジーニアス」と書き込まれるのが定番となっている。

JFK
【じぇいえふけい】

JFKとは、現役時代に川崎フロンターレの前身、富士通サッカー部でプレーし、FC東京、ヴァンフォーレ甲府などで監督を務めた城福浩を指す隠語である。

城福浩の名字をローマ字に当てはめて「じょう（J）ふ（F）く（K）」。

→関連用語：JFKポーズ（75P）

JFKポーズ
【じぇいえふけいぽーず】

JFKポーズとは、JFKこと城福浩

が雄叫びを上げながら喜びを爆発させた時に披露する勝利のガッツポーズのこと。

JFKポーズは拳を握っただけの普通のガッツポーズとは違い、腰を大きく反った状態で顔は空を見上げるような角度でガッツポーズをすることが特徴。記号で表すと「●┴┐」や「┌┴●」になる。

→関連用語：JFK（75P）

Jリーグ無理
【じぇいりーぐむり】

Jリーグ無理とは、当時、東京ヴェルディに所属していたブラジル人プロサッカー選手、フッキ（現・アトレチコ・ミネイロ＝ブラジル）の暴言である。

フッキは、2008年4月12日に行われたJ1第6節・FC東京戦で退場処分を受けてしまう。FC東京戦後、高山啓義主審に暴言を吐いたとされ、3試合（1試合は退場による処分）の出場停止処分を受けた。この頃よりJリーグの審判に対して不信感を抱くようになる。

2008年5月10日に行われた第12節・大分トリニータ戦で途中交代させられたフッキの不満が爆発。興奮した表情でテレビカメラに向かって「Jリーグ無理」と3回連呼した。この映像がスポーツニュースでも流れ、話題となった。

結局フッキは東京ヴェルディを退団することになり、ポルトへ移籍した。

THE END OF LOVE
【じ・えんど・おぶ・らぶ】

THE END OF LOVEとは、2011年5月19日、ドイツ・ブンデスリーガのシーズン終了に伴い帰国した長谷部誠が身に着けていたTシャツにデザインされていたメッセージのことである。「THE END OF LOVE」は「愛の終わり」を意味する。

当時、交際していたフジテレビアナウンサー・本田朋子との破局報道がされていたため、長谷部誠からの「マスコミやファンに対する破局宣言」「本田朋子への直接的なお別れのメッセージ」では？　と話題になった。

その後、福田正博がインタビューで「あのTシャツは何か意味あんの？」と長谷部誠に質問し「何が書いてるか気にせず買って、気にせず着てましたからね」と答えているため、特に意味はなかった模様。

長谷部誠は、2016年にモデルの佐藤ありさと結婚したと報告している。

じぇじぇじぇJ2
【じぇじぇじぇじぇいつー】

じぇじぇじぇJ2とは、清水エスパルスのサポーターからジュビロ磐田に対して掲げられた煽りゲートフラッグのこと。パロディ元は、NHKの連続テレビ小説『あまちゃん』で有名となった岩手県の方言「じぇじぇじぇ」。

2013年10月27日、J1第30節、ヴァンフォーレ甲府がFC東京に勝利し、ジュビロ磐田が清水エスパルスに負けるとジュビロ磐田の自動降格が決定してしまう状況で「じぇじぇじぇJ2」は誕生した。

ジュビロ磐田の相手は、くしくも同じ静岡を本拠地とするライバルの清水エスパルス。後半80分、大前元紀にゴールを許すと、そのまま0対1で試合終了。ヴァンフォーレ甲府はFC東京と引き分け、首の皮一枚つながる。この試合で掲げられたのが「じぇじぇじぇJ2」である。

結局、ジュビロ磐田は、第31節にサガン鳥栖に0対1で敗れ降格している。2年後の2015年に清水エスパルスもじぇじぇじぇJ2へ降格している。

しお韓
【しおかん】

しお韓とは、『2ちゃんねる』海外サッカー板にあるスレッド「ようやく、しおらしくなってきた韓国サッカー」の略語である。

しお韓は、韓国サッカーの情報が集まるスレッドである。その中でも元韓国代表アン・ジョンファンに関する情報が貴重とされる。

また、韓国サッカー情報だけに限らず、日本人選手の移籍情報など幅広くサッカーに関する話題が語られるスレッドである。

塩試合
【しおじあい】

塩試合とは、つまらない試合を意味する。略して「塩」と呼ばれることも。

塩試合はもともとプロレス用語であるが、サッカーに限らず様々なスポーツファンの間で使われている。

プロレスラーの平田淳嗣が試合後のマイクパフォーマンスで「こんなしょっぱい試合ですみません」と言ったことから知られるようになっていった。「しょっぱい」→「塩」→「塩試合」。

プロレス界のレジェンド力道山をはじめ、相撲からプロレスに転向する選手も多かったため、相撲界で使われていた隠語がプロレス界に輸入された。輸入された言葉の一つが「しょっぱい」である。相撲界では、

しょっぱいは「弱い」という意味で用いられていた。

塩田兄さん
【しおたにいさん】

　塩田兄さんとは、プロサッカー選手、塩田仁史（現・浦和レッズ）のこと。ポジションはGK。塩田兄さんを略して塩兄と呼ぶこともある。

　塩田兄さんの元ネタは、鹿島アントラーズに所属する韓国人GKクォン・スンテが韓国メディアに語った内容が由来となっている。

　以下が実際のインタビュー内容。

　また、「日本GKはほとんどが小さく、精神的にも韓国GKに比べて強いと見るのは難しい。粘り強さがやや落ちる感じ」として、「Jリーグの日本人主戦GKよりKリーグのバックアップGKの技量のほうが良いだろう」と指摘した。

　彼は「韓国人GKが厚遇を受けているというのを実感している。まず日本GKは身長が低くて精神力が弱い。私たちのチームの曽ヶ端準兄さんも良いGKだが、がっしりとして粘り強い部分では弱い。主戦GKと争っているサブGKも韓国選手が良い」と診断した。

引用元：『塩韓スポーツ』（2017年4月27日）【ACL】鹿島アントラーズ守門将クォン・スンテ「日本人主戦GKよりKリーグのバックアップGKの技量のほうが良い

　このインタビューがらスレに貼られ、曽ヶ端準兄さんというおもしろワードに注目が集まる。前節、大宮

アルディージャの正GK加藤順大の怪我があり、塩田兄さんが代わってスタメンで出場していた。しかし塩田兄さんのミスもあり、ガンバ大阪に0対6で敗れていた事実もあって、クォン・スンテに反論できないという雰囲気になり、らスレ住人が塩田兄さん塩田兄さんと塩田のパフォーマンスを揶揄するように書き込むようになる。

【大まかな流れ】
塩田がGKを務め大宮アルディージャがガンバ大阪に0対6で敗戦
↓
韓国人GKのほうがレベル高い
↓
クォン・スンテに反論できねえ……！
↓
塩田兄さん！　塩田兄さん！

鹿
【しか】

　鹿とは、Jリーグに加盟するサッカークラブ、鹿島アントラーズを意味するインターネットスラングである。アントラーズのサポーターが自称する時などに使われている。

　鹿島アントラーズの「アントラー」は英語で枝角を意味している。また、鹿島アントラーズのマスコットキャラクターも鹿がモデルとなっており自然に「鹿」と呼ばれるようになった。

師匠
【ししょう】

　師匠とは、長い期間ゴールを決められないFWに対して用いられる汚名である。○○師匠のように丸の部分に名前を入れて使われるのが一般的となっている。

　代表的な選手に鈴木隆行、フェルナンド・トーレスがいる。師匠＝鈴木隆行、またはフェルナンド・トーレスを指すことも。

　師匠の元ネタは、テレビ朝日『やべっちFC』に出演した小野伸二が鈴木隆行のことを師匠と呼んでいたことが始まり。なかなかゴールを決められない鈴木隆行のことを2ちゃんねらーがノーゴール師匠と揶揄し始めたことからゴールを決められない選手に対して使われるようになっていった。鈴木隆行は、2002年6月4日のベルギー戦でゴールを決めて以降、46試合連続1790分間連続ノーゴールという驚異的な記録を作って

いる。ただし、前線で体を張ってファウルをもらったり、守備をするなどしてチームには多大な貢献をしている。元祖師匠、それが鈴木隆行である。

　一方、トーレス師匠は、チェルシーに移籍後、デビューから10試合目にして待望の初ゴール。時間にすると903分ノーゴールというまずまずの記録を作っている。結局チェルシーでは、110試合に出場し20ゴールというFWとしては物足りない成績に終わっている。ちなみにリヴァプール時代は、102試合で65ゴール。

　他にもマリオ・ゴメス師匠、オリヴィエ・ジルー師匠などが存在している。

史上最攻
【しじょうさいこう】

　史上最攻とは、2014年にセレッソ大阪が掲げたスローガンのこと。正式には「史上最攻　～時は、来た。～」である。史上最攻以外にも「目指すのは優勝じゃない。観客を魅了しての優勝や！」といったメッセージが書かれた広告やポスターが貼り出されていた。

　かつてマンチェスター・ユナイテッドに所属し、ビジャレアルやアトレティコ・マドリーで活躍したウルグアイ代表ディエゴ・フォルランを獲得。さらに柿谷曜一朗、山口蛍、扇原貴宏、南野拓実などフル代表や年代別代表でも活躍してきたメンバーを擁し、飛躍することが期待されて

いた。さらにセレ女効果もありイケ
イケ状態であった。

　しかし、蓋を開けてみるとシーズ
ンの折り返し地点で15位に沈み、セ
レッソ大阪のフロントも空気を読ん
だのか、シーズン途中にはポスター
から「史上最攻」の文字を外してし
まう。その後も勝点を伸ばすことが
できずJ2へ降格する。

　セレッソ大阪の不調は、他サポー
ターの格好の餌となり、もっともい
じりやすかった「史上最攻」を「史
上最攻（笑）」「史上最降」「史上最低」
などと揶揄する書き込みが増えてい
くようになっていった。

地蔵
[じぞう]

　地蔵とは、積極的に走らない選手
に送られる汚名のこと。具体的な例
として「守備を放棄」「パスをした
あと突っ立っている」「味方のフォ
ローをしない」「カウンターの場面
で守備の人数が足りないのに追わな
い」「走行距離が少ない」選手に対
して用いられる。極端に運動量が少
ない選手を指す。

　地蔵と呼ばれる代表的な選手は、
海外であればリオネル・メッシ。J
リーグでは家長昭博（現・川崎フロ
ンターレ）などが挙げられる。

　実際にメッシの走行距離は、極端
に少ないと言われている。ちなみに
多い選手でだいたい1試合で12、
13km走ると言われている。

　今シーズンのリーガでのメッシの1
試合平均走行距離は7.9kmであり、こ
れはクリスティアーノ・ロナウドの
9kmをだいぶ下回る。全試合の合計
走行距離はメッシが31,265km、ロナ
ウドが61,085kmだ。

引用元：『SPORT.es』（2016年2月26日）　メッシ
走行距離で天才と証明

　家長昭博は、もともと運動量が少
なく、一部のサッカーファンから地
蔵と呼ばれていたが、広く知れ渡る
ようになったのは、2010年J1第30
節に行われたモンテディオ山形対セ
レッソ大阪戦がきっかけである。乾
貴士からのパスを受けた家長昭博が
アドリアーノへパスを送る。家長昭
博はパスをしたあとにまるで電柱の
ように一歩も動かずその場に立ち尽
くす。このプレーがサッカーファン
の間で広がり、地蔵のお手本のよう
だと話題となった。

ジダンが地団駄
【じだんがじだんだ】

　ジダンが地団駄とは、2002年日韓ワールドカップが行われた時期に放映されていた日清カップヌードルのCMにフランス代表のジネディーヌ・ジダン（前・レアル・マドリー監督）が出演し、その際に、使われていた駄洒落キャッチコピーである。

　地団駄は、怒ったり悔しがったりして足踏みをすることを意味している。

　CMは、ジダンがアテレコされながら「手に入らない……ワールドカップのチケットが手に入らない。俺はジダンなのに」と地団駄を踏み「ジダンがじだんだ」とテロップが表示されるという内容になっている。

　もう一つのパターンは、続編となっており「ワールドカップのチケットが当たった。でも、これ俺が出る試合だ。見れないじゃん」と地団駄を踏み「ジダンがまたじだんだ」とテロップが表示される内容。

　ジダンが地団駄は、フィギュア化もされている。日清は、ワールドカップチケットが合計1,500組3,000名に当たるというプレゼント企画をしていた。チケットがはずれた人へのダブルチャンスとして「ジダンだアクションフィギュア」が3,000名に当たるというキャンペーンを実施している。

　ちなみにジダンが地団駄というフレーズを最初に使ったのは、ダジャレ解説でお馴染みの早野宏史。1998年6月18日に行われたフランスワールドカップ、グループC第2節のフランス対サウジアラビアの試合、ジダンが後半71分にレッドカードを提示され退場してしまう。この時に解説の早野宏史が「ジダンが地団駄踏んでます」とダジャレを披露したことが元祖。

→関連用語：早野乙 (129P)、はやや (130P)

自動ドア
【じどうどあ】

　自動ドアとは、簡単に点を取られてしまうDF陣やGKを比喩した表現のこと。

【例】
まるで自動ドアのようだ。

　自動ドアの元ネタは、2014年ブラジルワールドカップで韓国がアルジェリアに2対4と敗れたことが由来。この敗戦を『朝鮮日報』が「4バック崩壊。まるで自動ドア」と表現したことから使われるようになっていったサッカー隠語。

　川崎フロンターレに所属する韓国代表GKチョン・ソンリョンのパフォーマンスを揶揄して呼ぶ者もいる。

自分たちのサッカー
【じぶんたちのさっかー】

　自分たちのサッカーとは、日本の選手たちが追い求めるサッカースタ

イルのこと。インタビューで選手が多用する言葉として知られている。例として「自分たちのサッカーができなかった」「自分たちのサッカーを見せたい」「自分たちのサッカーをすれば勝てる」など。ザックジャパンの選手たちが何度も口にしていた自分たちのサッカーとは、ボールを保持しながら戦うポゼッションサッカーのこと。

2014年ブラジルワールドカップでザックジャパンが結果を残せず、グループリーグで敗退したことで、ファンやメディアから槍玉に挙げられ注目されるようになった言葉。ファンからは「格下にしか通用しないサッカー」「勝てば自分たちのサッカーができた、負ければ自分たちのサッカーができなかった」「困った時の合言葉になってないか?」「ただの理想でしかない」などワールドカップ直後は辛辣な言葉が並んだ。

ザックジャパンのメンバーである内田篤人は、ワールドカップ後に「自分たちのサッカー」について独自の見解を述べている。

—今回のW杯では日本代表の選手から「自分たちのサッカー」という言葉が何度も出ました。

「『自分たちのサッカー』と言いますけど、普段どおりのサッカーでいいと思うんですよね。言葉が勝手に歩いて行った気がします。そんんじゃないと思うんですけどね」

—言葉が一人歩きしたとは?

「プレースタイルがあるのは良いと思います。スペインみたいなパス回しとか、アフリカ勢のように前線に体の大きな選手がいたりとか、そういうスタイルがあるのは良いと思うんです。ただ、言い方は難しいのですが、今の日本は他の国のようにできないからパス回しをやっているというような気がするんです。実際、スペインほど僕らはうまくない」

—スタイルを追求することには賛成しているが、違和感もある?

「(中略)

『日本って何だろう』と考え始めたのはすごく良いと思うんです。だけど、スペインが優勝したら『じゃあスペインみたいなパスサッカー』という消去法で行くのは違うと思うんです」

引用元:『ゲキサカ』(2014年7月18日) 内田篤人インタビューVol.2「自分たちのサッカーという言葉が一人歩きした」

ジャキン

　ジャキンとは、元サッカー日本代表でセレッソ大阪、FC東京、ガンバ大阪などでプレーした加地亮を指す隠語である。加地亮は、ジャキン以外に「キングカジ」「加地さん」「ロベカジ」と呼ばれる。

　ジャキンと呼ばれるようになった由来は、2007年3月、日本代表と試合をするために来日したペルー代表を率いるフリオ・セサル・ウリベ監督が会見で加地亮を「ジャキン」または「ジャキ」と呼び間違えたことがきっかけである。

　一方、日本に対してはサウジアラビア戦（昨年11月）の試合を視察したためか要注意選手は「我那覇、アレックス、ジャキ（加地のこと）」と今回不在の選手の名を挙げるなど情報不足を露呈。

引用元：『スポーツ報知』（2007年3月24日）　ペルー要注意人物に不在の「我那覇、三都主、ジャキ!?」

──日本の監督、それから選手を知っているか？
サウジ戦で2ゴールを決めた我那覇、アレックス（三都主）、鈴木（啓太）、闘莉王、それから右で素早い動きを見せていた選手がいた。ジャキンという名前だったと思うが（※加地のことらしい）それくらいを記憶している。

引用元：『スポーツナビ』（2007年3月23日）　監督会見　試合前日　ペルー代表ウリベ監督会見　キリンチャレンジカップ2007

　上記の呼び間違えがネットユー

ザーの笑いを誘い、ネット掲示板には「キングジャキwwwwww」「どう間違えればこんな呼び方になるんだよw」「JAPANのKING略してJAKIN」など書き込まれ大ウケしたことから定着した。

鯱
【しゃち】

　鯱とは、Jリーグに加盟するサッカークラブ、名古屋グランパスを意味するインターネットスラングである。

　鯱と呼ばれるようになった由来は「グランパス」が英語で鯱を意味するからである。ちなみに名古屋グランパスのマスコットキャラクターであるグランパスファミリー（グランパスくん・グランパコちゃん・グランパスくんJr.・グララ）は鯱がモデルとなっている。

シャルケ07
【しゃるけぜろなな】

　シャルケ07とは、ドイツ・ブンデスリーガに加盟するサッカークラブ、シャルケ04を意味する蔑称、または語源となるきっかけとなった試合そのものを指す。

　シャルケ07の元ネタは、2019年3月12日に行われたチャンピオンズリーグ決勝トーナメント1回戦2ndレグでマンチェスター・シティに0対7で大敗したことに起因する。マンチェスター・シティに大敗を喫し

たことでチーム名のシャルケ04の
数字をスコアに改変し、シャルケ
07と揶揄されるように。

1stレグは2対3で敗戦していたが、
2ndレグの結果により2戦合計スコ
ア10対2でマンチェスター・シティ
が勝ち進むこととなった。2日後、
シャルケの監督を務めていたドメニ
コ・テデスコは解任された。

塾サボってやる
[じゅくさぼってやる]

塾サボってやるとは、名古屋グラ
ンパスに敗戦し10戦未勝利となっ
たザスパクサツ群馬へ抗議するため
に若者が叫んだ声のこと。

ザスパクサツ群馬は、J2開幕から
第9節まで1分8敗と低迷していた。
迎えた第10節の名古屋グランパス戦。
山岸祐也のゴールで先制するも後半
4ゴールを奪われ敗戦。監督や社長
に抗議するため、居残っていたザス
パクサツ群馬のサポーターが怒りの
声を上げる中、ひとりの若者が「俺
は帰んねーぞ！　塾サボってやる！」
と声を上げる。すると周囲にいた大
人たちがすかさず「塾は行きなさい」
「塾は行け！　自分の人生かかって
るぞ！」「お父さんがお金払ってる
んだ。お金もったいないぞ」「塾高
いから行ってくれ！　お願いだか
ら！」「おっちゃんたちに任せて塾
は行ってくれ」といった声が続き、
若者はたじたじになりながらも「す
みません！」「行きます（笑）」「わ
かりました（笑）」と素直に答えて

いる。このやり取りを若者がツイッ
ターに動画を上げたことによって、
ネットメディアに取り上げられるな
ど話題となった。

ちなみにこの若者は、ちゃんと塾
に行き、3年後、第一志望の大学に
合格したことをツイッターで報告し
ている。

昇格請負人
[しょうかくうけおいにん]

昇格請負人とは、在籍するチーム
を昇格させる可能性を高める選手や
監督のこと。

Jリーグで昇格請負人と呼ばれる
代表的な監督は、小林伸二（現・ギ

ラヴァンツ北九州スポーツダイレクター兼監督）である。2002年に大分トリニータ、2008年にモンテディオ山形、2012年に徳島ヴォルティス、2016年に清水エスパルスを昇格させている。このような成績から昇格請負人は、小林伸二を意味する俗称としても使われている。

また、3回以上昇格経験のある石崎信弘（現・カターレ富山監督）や反町康治（現・JFA技術委員長）も昇格請負人と呼ばれることがある。

尚既神断
【しょうきしんだん】

尚既神断とは、「尚、既に神戸には断りを入れた」の略である。
「尚、既に神戸には断りを入れた」
→「尚既神断」

ヴィッセル神戸が知名度のある選手にオファーをしまくっていた時期に作られた言葉。複数のチーム（ヴィッセル神戸含む）からオファーを受け取った選手がまず最初にヴィッセル神戸にお断りの連絡を入

れるという事態が何度も起こったことが元ネタ。「とりあえずオファー→お断りされる」という悲しきループが生んだ悲劇の言葉。

現在は、ヴィッセル神戸からのオファーにかかわらず選手からお断りされた場面で使われている。例えば鹿島アントラーズが断られたら「尚既鹿断」、ガンバ大阪が断られたら「尚既脚断」など。

ヴィッセル神戸は知名度の高い選手にオファーするもなかなか移籍成立しなかったが、2017年に元ドイツ代表ルーカス・ポドルスキを獲得。翌2018年には、バルセロナで活躍したスペイン代表のアンドレス・イニエスタを獲得している。

翔さん
【しょうさん】

翔さんとは、横浜FCに所属するプロサッカー選手、伊藤翔の愛称である。またの名を「和製アンリ」。

グーグル検索によると2007年から翔さんと呼ばれるようになっている。

新世代の翔さんこと新翔さん（中島翔哉）も誕生している。
→関連用語：新翔さん（87P）

笑福亭ルカク
【しょうふくているかく】

笑福亭ルカクとは、ツイッターで使われるロメル・ルカク（現・インテル＝イタリア）を意味する隠語。

笑福亭ルカクは、ルカクと聞くたびに落語家の笑福亭仁鶴（にかく）を思いだすということで笑福亭とルカクを掛け合わせて用いられるようになった。

笑福亭ルカクは、2018年ロシアワールドカップ開催中にルカクが話題になったことで定着した言葉。

ショウヘイ

ショウヘイとは、かつてアウストリア・ウィーン、ケルンの監督を務めたオーストリア人のペーター・シュテーガーを指す隠語である。

ペーター・シュテーガーは普段からメガネをかけており、その姿が笑福亭笑瓶とそっくりなため、ショウヘイと呼ばれるようになった。

ショウヘイと呼ばれるようになった時期は、長澤和輝（現・名古屋グランパス）がケルンに移籍し、試合に出場するようになってからである。

女子校
【じょしこう】

女子校とは、Jリーグに加盟するセレッソ大阪を指す隠語である。「さくら女学院」と呼ばれることもある。

女子校は、2013年に鹿島アントラーズからセレッソ大阪に移籍してきた、新井場徹の発言が元ネタ。

*Q: 新加入の新井場選手と楠神選手にお伺いします。前所属クラブから契約更新の話しもあったと聞きますが、そ*のなかでセレッソを選んだ理由と、セレッソのチームのイメージのなかで、自分がどのようにプレーしたいか、お聞かせください。

新井場徹選手：「（前略）セレッソの印象ですが、前にいたチームが、僕みたいな年齢の選手が多くて、結構のんびりしていた雰囲気なのですが、このチームに来ると、若い、キャピキャピした選手が多く、ちょっと女子校に来たみたいな感じなので（笑）。早くそれに馴染めるように頑張りますので、よろしくお願いします！」

引用元：「セレッソ大阪公式HP」（2013年2月1日）新体制発表会見を行いました（2）質疑応答

女子校は、「セレッソ大阪の環境がぬるい」ということを揶揄して蔑称としても使われる。これは、2014年にセレッソ大阪がJ2降格危機に瀕していた時期にカカウがインタビューで苦言を呈したことなどが関係している。

（降格圏を抜け出すために必要なことは？）我々はこんな状況にいるようなチームでないということをプレーで示さなければいけない。自分のキャリアの中においても、降格なんてしたくない。それは僕だけではなく、みんなも当然思っていると思いますが、その意識、危機感を、もっともっと感じなければいけない。練習の中では、そういうところを出せていると思いますが、ただ、本当の勝負のかかった公式戦で、まだ出せていないように思うし、目を覚まさなければいけない。

（中略）

もちろん、勝ち負けはサッカーの中ではあると思いますが、プライドにかけて闘うという気持ちがぬるくなってしまっては、プロとは呼べない。人生、何かを勝ち取ろうと思えば、みんなが気持ちを1つにして、チームとして結果を出さなければいけない、闘わなければいけないわけで、そこはみんな1人ひとりが考えていかなければいけない」

引用元：『J's GOAL』（2014年9月23日）【J1：第25節 C大阪 vs 名古屋】試合終了後の各選手コメント

2014年、セレッソ大阪はJ2へ降格した。このような発言もあり、他サポーターにセレッソの環境はぬるいのでは？ と印象を与えるようになり、女子校の新たな意味が生まれた。

資料読み
[しりょうよみ]

資料読みとは、主に日テレ（日本テレビ）のスポーツ中継において、実況アナウンサーが準備してきた資料を読む行為のこと。箱根駅伝や高校サッカー中継において、よく耳にすることができる。試合中にアナウンサーが準備してきた豆知識を紹介したり、選手の家族や友人に関するエピソードが紹介される。

試合中に資料読みをするため、試合の実況が聞きたい一部のスポーツファンから「目の前の試合を実況してほしい」としばしば非難される。

また、家族などのエピソードを紹介し、安易に感動路線に走ろうとするため、「ポエム」や「ポエマー」と揶揄されることも。

日テレのスポーツ中継といえば資料読みだとスポーツファンの間でも定着しており、特に河村亮アナウンサーが代表格と言われる。

新・黄金世代
[しんおうごんせだい]

新・黄金世代とは、シンガポールで開催された2006年AFC U-17選手権で12年ぶりの優勝を果たした1990年生まれの日本のサッカー選手のこと。

柿谷曜一朗が決勝の北朝鮮戦でスーパーゴールを決め、MVPに輝くなど期待値の高かった世代である。

12年ぶりに大会優勝したことで新・黄金世代と呼ばれるようになったが、2007年U-17ワールドカップではグループリーグで敗退するなど徐々に新・黄金世代と呼ばれなくなっていく。

その後、アテネ世代と北京世代を中心とした2010年南アフリカワールドカップにて、北京世代の選手が活躍したことで谷底世代と呼ばれた選手たちが新・黄金世代と呼ばれるようになっていく。

【新・黄金世代の代表的な選手】
柿谷曜一朗（名古屋グランパス）
山田直輝（湘南ベルマーレ）
水沼宏太（横浜F・マリノス）
齋藤学（名古屋グランパス）
米本拓司（名古屋グランパス）

新城
【しんじょう】

新城とは、イングランド・プレミアリーグに加盟するサッカークラブ、ニューカッスル・ユナイテッドを意味する隠語。

ニューカッスル（Newcastle）を直訳すると「New（新しい）」「Castle（城）」になるため新城。

新翔さん
【しんしょうさん】

新翔さんとは、かつて東京ヴェルディやFC東京に所属し、現在はUAEのアル・アインで活躍するプロサッカー選手、中島翔哉の俗称である。

もともと翔さんは伊藤翔の愛称であるが、新世代の翔さんという意味で新翔さんと呼ばれるようになった。

世代別代表でも活躍してきた新翔さんは、2018年3月24日のマリ戦で日本代表デビューを果たし、代表初ゴールを決めている。

→関連用語：翔さん（85P）

吹田
【すいた】

吹田とは、Jリーグに加盟するガンバ大阪を指す蔑称である。蔑称のため使う際には注意が必要。

現在ガンバ大阪のホームタウンは、吹田市・茨木市・高槻市・豊中市・池田市・摂津市・箕面市であるが、2011年までは吹田市のみであった。同じ大阪を本拠地としている、セレッソ大阪は、大阪市・堺市をホームタウンとしている。そのため、都会側のセレッソ大阪ファンがガンバ大阪ファンを煽る際に「田舎の吹田」という意味を込めて使用する。

スクロールスコア

スクロールスコアとは、2014年ブラジルワールドカップ準決勝、ブラジル対ドイツ戦のスコアのこと。スコアは1対7。ブラジル代表がドイツ代表に歴史的惨敗を喫したスコアである。通常、サッカーにおいてホームチームが右側、アウェーチームが左側にスコア表示されるため正しくは1対7であるが、7対1と表記されることも。2対8のような6点差がついた試合がスクロールスコアではない。

スクロールスコアの元ネタは、ド

イツが大量得点を奪った結果、テレビ中継に映し出されたスコアテロップがスクロールしたことが由来。

2014年7月8日にエスタジオ・ゴベルナドール・マガリャンイス・ピントで行われたブラジル対ドイツ。前半11分にミュラーのゴールを皮切りに、23分クローゼ、24分・26分クロース、29分ケディラと前半30分経たずに0対5にされてしまう。後半69分・79分にもシュールレにゴールを許し0対7。オスカルが90分にゴールするも焼け石に水。

ワールドカップ準決勝のような力が拮抗したチーム同士の対戦で起きた悲劇に、ブラジルサポーターも衝撃を受け、試合中に号泣する少年がカメラに抜かれるなど、悲しい雰囲気が漂っていた。

また、この悲劇のことを通称ミネイロンの惨劇とも。

スペ

スペとは、スペランカーの略語である。スペランカーは、怪我をした選手に使われる言葉である。また、怪我をしやすい選手のことを「スペ体質」と呼ぶ。

スペランカーの元ネタは、1985年に発売されたファミリーコンピュータ版アクションゲーム『スペランカー』である。主人公がすぐに死んでしまうため「スペランカー＝ひ弱」というネタが広がりサッカー界でも使われるようになった。

近年、日本サッカー界において

もっとも「スペ体質」と呼ばれた代表的な選手は、山田直輝と米本拓司である。山田直輝は、2010年に右脚亀裂骨折、右腓骨亀裂骨折、2012年には左膝靱帯損傷。米本拓司は、2010年に左膝前十字靱帯損傷および左膝外側半月板損傷、2011年に左膝前十字靱帯を負傷している。「スペ体質」は比較的短い期間で連続して怪我をする選手に対して使われやすい傾向がある。

スペシャル・ワン

スペシャル・ワンとは、かつてポルト、チェルシー、インテル、レアル・マドリーなどを指揮し、2016年にマンチェスター・ユナイテッドの監督に就任したジョゼ・モウリーニョ（現・ローマ監督）のことを指し、特別な存在を意味している。

スペシャル・ワンは、2004年にモウリーニョがチェルシーの監督に就任した際の会見が元ネタ。自身の口から公言している。

「ここには一流の選手と、そしてせんえつながら、一流の監督がいる。横柄な男と呼ばないでほしい。私がしゃべっているのは事実なのだから。私は欧州チャンピオンだ。ほかの有象無象の連中とは違う。私は自分を特別な男（スペシャル・ワン）だと思っている」

引用元：『AFP』（2015年12月18日）「スペシャル・ワン」から独特の比喩まで、モウリーニョ監督がチェルシーで残した5つの言葉

2012年には、自身をスペシャル・ワンではなくオンリー・ワンだと公言している。

「幸運にも物事はこれまで自分にとって良い方向に進んできた。周囲から好まれるかどうかはともかく、私は世界で最も重要な3つのリーグを全て制した唯一の監督となった。それゆえ、人々はもはや私のことを"スペシャル・ワン"ではなく"オンリー・ワン"と呼ぶべきとも言えるだろう」

引用元：『サッカーキングWeb』（2012年8月15日）モウリーニョ「もはや私は"スペシャル・ワン"ではなく"オンリー・ワン"」

2013年、再びチェルシーの監督に就任したモウリーニョは、古巣に戻れた幸福感を表現して、自身をハッピー・ワンと称している。

「現在の私にあだ名をつけるならば、"ハッピー・ワン"となるだろう。インテルで2年、レアル・マドリーで3年を過ごしたが、この世界ではとても長い時間だった。私のキャリアにおいて、愛するクラブに入団したのは初めてのことだ。とても幸せな人間だと思う」

引用元：『GOAL』（2013年6月10日）チェルシー復帰のモウリーニョ、「現在の私は"ハッピー・ワン"」

ズルズルやん！ズルズルやんか！

ズルズルやん！　ズルズルやんか！とは、ガンバ大阪サポーターの悲痛な叫びである。

2012年にガンバ大阪がJ1最終節のジュビロ磐田戦で敗れ、J2降格が決定。試合後に、ガンバ大阪の社長に抗議するために居残ったサポーターがなぜか対戦相手であるジュビロ磐田の社長に抗議を始める。ジュビロ磐田の社長は帰りそうにないガンバ大阪サポーターを説得するために出てきたと言われている。

社長「お気持ちはお察しします、ただそれをうちに言われても如何ともできませんので」
サポ「でもここで俺らが引いたらズルズルやん！　ズルズルやんか！」←大事なことなので2回言ったみたい
社長「ええ、ただ、それをうちに言われてもですね……」
サポ「（さえぎるように）じゃあ誰に言えばええん！？？　前田か！　前田か！」←アサシンのせいにしたいらしい
社長「（聴き取れず）」←前田と叫ぶサポの声で聴き取れず
サポ「引かんで！　俺らは引かんで！」
社長「これから気温も下がりますし、うちのホームゲームで風邪引かれても

困りますし」
サポ「余計なお世話や！（聴き取れず）」

　上記のやり取りは目撃者と思われるガンバサポーターがFacebookに投稿した文と言われている。ネタで投稿したのか実際に上記のようなやり取りがあったかどうかは不明。
　上記のやり取りが『2ちゃんねる』に投稿されたことで話題となり「ジュビロ磐田の社長関係ねえw」「社長が可哀想w」などの声が並んだ。

正解じゃない
【せいかいじゃない】

　正解じゃないとは、2009年アジアカップ予選香港戦の試合後に岡崎慎司（現・ウエスカ＝スペイン）との会話から生まれた中村俊輔（現・横浜FC）の名言である。
　香港戦の後半45分、岡崎慎司はドリブル突破でペナルティエリア内に侵入するところで相手の足が掛かりPKを獲得。通常は、キッカーの中村俊輔が蹴るところだが、岡崎慎司に譲る。岡崎慎司は、左隅に蹴り込みゴール。試合後の通路で「正解じゃない」は誕生した。

　後半39分に意地のFK弾を決めた中村は、終了間際のPKを岡崎に譲った。年内最終戦で、点が取れないFW陣に「気分良く終わって欲しかった」と振り返った。
　（中略）
　俊輔なりの「儀式」だった。終了間

際、岡崎が得たPKを1度は自分で蹴ろうとボールを持った。次の瞬間、岡崎へ歩み寄り「お前が蹴れよ」とボールを渡した。
　（中略）
　試合後の通路、中村俊と岡崎との2人だけのやりとりがあった。
中村俊　何で（PKを）蹴らしたんだと思う？
岡崎　（決定機を）外したからですか？
中村俊　正解じゃない。
岡崎　じゃ、点を取って欲しいからですか？
中村俊　オレは（FW）みんなに点を取って欲しいんだよ。

引用元：『ニッカンスポーツ・コム　SOUTH AFRICA 2010』（2009年11月19日）　俊輔、FWもっと点取れ／アジア杯予選

　この発言がネットユーザーの笑いを誘いネタとして使われるようになった。自分と違う意見に対して「正解じゃない」とツッコむために書き込まれる。

せ
い

ゼイワン

　ゼイワンとは、ジャパネットたかたの創業者として知られ、V・ファーレン長崎の代表取締役社長を務めていた高田明社長による「J1」の独特な発音のこと。「ジェイワン」ではなく高田社長の甲高い声で「ゼイワン」と発音する。

　ゼイワンは、2017年、V・ファーレン長崎がクラブ史上初のJ1昇格を決めたことで、高田社長のイントネーションに注目が集まり、話題となった。

　V・ファーレン長崎に所属していた鈴木武蔵（現・ベールスホト＝ベルギー）は、高田社長のモノマネに定評があり、アルビレックス新潟時代にテレビ朝日『やべっちFC』でモノマネを披露している。V・ファーレン長崎へ移籍した2018年には、高田社長本人の前でモノマネをした。

セクシーフットボール

　セクシーフットボールとは、滋賀県立野洲高等学校のサッカースタイルを表すキャッチフレーズのこと。

　第84回全国高等学校サッカー選手権大会、観客を魅了するテクニック・個人技を重視したパスサッカーで旋風を巻き起こし、高校サッカーの話題の中心となった。のちにプロサッカー選手となる乾貴士、楠神順平、青木孝太などを擁し大会初優勝を達成。

　セクシーフットボールの語源は、

1998-99シーズンにニューカッスル・ユナイテッドの監督に就任した、ルート・フリットが掲げたスローガン「セクシーフットボール」が語源。

セビリアは
どうしたのかな？

　セビリアはどうしたのかな？　とは、2009-10シーズン、CSKAモスクワが本田圭佑の直接FKからの決勝ゴールで、セビージャを2対1で下し、CLベスト8進出を決めたことを知った中村俊輔の名言である。

　以下の記事が元ネタ。

　横浜のMF中村俊輔（31）が、本田の欧州CL8強進出を祝福した。「アウェーでよく勝ったね。いいことじゃん」。

　（中略）

　エスパニョールに所属した昨年10月25日にはアウェーでのセビリア戦に先発して0-0の引き分け。昨季リーグ3位の強さを身を持って知っただけに、「セビリアはどうしたのかな？」とも話していた。

引用元：『スポニチアネックス』（2010年3月18日）
スペインを知る俊輔「セビリアはどうしたのかな」

　本田圭佑と中村俊輔は、オランダ・エンスヘーデのデ・フロルーシュ・フェステ・スタジアムで行われた国際親善試合オランダ対日本でFKの奪い合いをするなど、不仲説が囁かれていた。

　そんな状態で「セビリアはどうし

たのかな？」発言は、サッカーファンから「まるでセビリアが力出し切れてなかったかの様な言い方w」「本当に不仲なんだな」「悔しいんだな」など様々な憶測を呼ぶこととなった。

セル爺
[せるじい]

　セル爺とは、日系ブラジル人二世の元プロサッカー選手、セルジオ越後の愛称である。現在は解説者・評論家・指導者として活躍している。

　セル爺は、セルジオ越後の「セル」と年寄りの男性を意味する「爺」を組み合わせた言葉である。

セレ女
[せれじょ]

　セレ女とは、セレッソ大阪を応援する熱烈な女性サポーターのこと。セレ女は、セレッソ女子を略してセレ女。

　セレ女は、2013年から用いられるようになった言葉。元ネタは、『毎日新聞』が「女性ファン急増中　『イケメン』おもてなし」というタイトルでセレッソ大阪の女性サポーターが急増中と紹介したことから世間に知られるようになった。

　以下が実際の記事。

　「カープ女子」ならぬ、「セレッソ女子」が急増中－－。サッカー・Jリーグ1部、セレッソ大阪の若手選手に女性ファンが熱い視線を送っている。練習場には

若い女性を中心に、多い時で500人超が訪れ、「セレ女（じょ）の舞洲（まいしま）詣で」と呼ぶ人も。プロ野球・広島の応援席で赤いユニホームをおしゃれに着こなした「カープ女子」が目立つように、スタジアムで「セレ女」が男性サポーターを圧倒する日も近い？

引用元：『毎日新聞』（2013年10月26日）　セレッソ大阪：女性ファン急増中　「イケメン」おもてなし

　セレ女がメディアで取り上げられた2013年には、1日4000人集めたとされるが、現在では落ち着いているようだ。

　C大阪が、J2降格余波で寂しいバレンタインデーを迎えた。宮崎合宿初の週末となった14日、午後の練習に集まったサポーターは約100人。フォルランや柿谷に注目が集まって大勢のギャルが訪れ「セレ女」という社会現象まで起きた1年前の週末は1日で約4000人が集まったが、実に40分の1に減少した。

引用元：『日刊スポーツ』（2015年2月15日）　C大阪サポ激減、寂しいバレンタインデー

先生
[せんせい]

　先生とは、元日本代表で鹿島アントラーズやファジアーノ岡山などでCBとして活躍した岩政大樹を意味する隠語。岩政先生と呼ぶ者もいる。また、高橋秀人も先生と呼ばれることがある。

　先生の元ネタは、岩政大樹が中学校、高校の数学の教員免許を取得しているため。両親が教員で大学入学当初は、プロサッカー選手ではなく、教員を目指していた。

　ちなみにサッカー選手で教員免許を持っている選手は、意外と多い。高校を卒業後、大学へ進学して教員免許を取得したプロサッカー選手の中には、中山雅史、田中順也、高橋秀人、千代反田充、山岸範宏、谷口彰悟、羽生直剛、橋本和、竹内彬、兵働昭弘など他にも数多くいる。

それはごもっともだけど
オレの考えは違った
【それはごもっともだけど
おれのかんがえはちがった】

　それはごもっともだけどオレの考えは違ったとは、2008年北京オリンピック、グリープリーグ第3戦のオランダ戦後に本田圭佑が発言した名言である。

　元ネタは以下の記事。

男子1次L最終節（13日、瀋陽五輪センター体育場）

　すでに1次リーグ敗退が決まっていた日本はオランダに0対1で敗れ、3連敗で大会を終えた。

（中略）

　反町監督は「選手の動き自体は悪くなかった」。本気のオランダ相手に善戦したと評価した。

　ところが、選手からは思わぬ言葉が続出。

　「監督から"オランダは巧いから深追いしなくていい"といわれた。それはごもっともだけどオレの考えは違った。そんなに怖くない。圧倒できると思ったから前から行こうと。他の選手に話したら全員、それでいくとなった」とMF本田圭。

引用元：『SANSPO.COM』（2008年8月14日）3戦全敗1次L敗退、反町監督に選手造反

　受け止め方によっては、監督批判に聞こえる発言にネットユーザーから「口田圭（口だけ）」「代表の問題児だな」「ゆとりジャパン」などと批判を浴びた。

　また、発言にインパクトがあったことから他者の意見に対して「それはごもっともだが俺の考えは違った」と返信するネタとして使われるようになっていった。

ゾンビ磐田
[ぞんびいわた]

　ゾンビ磐田とは、名波浩が率いていたジュビロ磐田のこと。略してゾンビと呼ばれることも。

　2019年新体制発表会の場で名波

浩がゾンビ磐田と口にしたことがきっかけでサッカーファンの間で広がっていった。

　昨季はリーグ戦で16位に終わり、プレーオフで東京Ｖを下し、辛くもＪ1残留を決めた。「2017シーズンであれば自動降格」だったこともあり、名波監督は自身の子どもから「ゾンビ磐田だね」と言われたという。
　「一度死んでも這い上がるゾンビだと子どもが言っていたので、それをそのまま活用させてもらうのですが、そのゾンビなる我々がどう強豪に立ち向かっていくか」
引用元：『サッカーダイジェストWeb』（2019年1月12日）【磐田｜新体制】「名波党の支持率が下がったなかで──」“ゾンビ磐田”の反転攻勢に期待

　名波浩は、この年、第17節終了後、成績低迷を理由に監督を辞任している。ゾンビ磐田は、2019年11月30日、J2への降格が決まった。

ターク・ハル

　ターク・ハルとは、ジュビロ磐田・ハンブルガーSV・フランクフルトなどで活躍した元サッカー日本代表、高原直泰（現・沖縄SV）を意味する隠語である。
　ターク・ハルの元ネタは、2005年3月30日に埼玉スタジアムで行われたドイツワールドカップアジア3次予選、日本対バーレーンの試合で誕生した。
　この試合、高原直泰は決定機に

シュートを決められなかったことやバックパスがあわやオウンゴールかというような悪目立ちするプレーが多かった。結局この試合は、バーレーンDFサルミーンのオウンゴールで日本が1対0で勝利したのだが、ミスが目立った高原直泰のプレーをまるでバーレーンの鉄壁DFのようだと皮肉を込めてターク・ハルと名付けられた。高原直泰の苗字を外国人風に改変している。反対にオウンゴールを献上したバーレーンDFサルミーンは、日本人風に猿見と名付けられる。発祥は『2ちゃんねる』の日本代表蹴球板。

大佐
【たいさ】

　大佐とは、かつてPSVで活躍しシャルケでは内田篤人とともに右サイドを形成したペルー代表ジェフェルソン・ファルファンを意味する隠語である。
　大佐の元ネタは、フジテレビで放送されていた『とんねるずのみなさんのおかげです』内のコメディドラマ「仮面ノリダー」に登場するキャラクター、ファンファン大佐。演じていたのは岡田真澄。
　ファンファンとファルファンの文字面が似ていたことから大佐と呼ばれるようになっていった。内田篤人が鹿島からシャルケに移籍し右サイドをともに形成するようになった頃から使われるようになった言葉。

大自然
【だいしぜん】

大自然とは、横浜F・マリノスに所属するプロサッカー選手、前田大然を意味する隠語。

大自然は、2017年、前田大然が松本山雅FCからJ2の水戸ホーリーホックへレンタル移籍し、京都サンガF.C.戦から4試合連続ゴールを決めた頃に定着した言葉。

ちなみに2017年7月22日のNHKBS1『Jリーグタイム』で前田大然の名前は、大自然から取ったと紹介している。ネット上の一部のサッカーファンは意図せず大自然と呼んでいたが、本当に元ネタが大自然だった。

大切な君へ
【たいせつなきみへ】

大切な君へとは、元バドミントン日本代表で小椋久美子とダブルスを組みオグシオと呼ばれ人気を誇った潮田玲子が、柏レイソルに所属していた元プロサッカー選手、増嶋竜也へ送ったポエムのこと。

大切な君へは、ロンドンオリンピックに出場する潮田玲子が、試合を翌日に控える前日に、自身のブログに投稿した。この時はまだ恋人同士であって結婚はしていない。

大切な君へ
夢の舞台を明日に控えて想う事は君への感謝の気持ち…

『北京から4年ようやくたどり着いた舞台みんな楽しみにしてるよ。玲ちゃんの周りの皆は4年間見てきたんだもんね。皆が側に付いてるよ。俺はほんの1年間しか見てきてないけど心から応援してるから』

君はそう言ったけれど、この1年間一番苦しいときに側にいてくれたのは君だから。

君の活躍は何よりも刺激になった。
君の優しさは何よりも癒しになった。
君の励ましは何よりも救いになった。
時にはぶつかり大げんかする日もあったけど
いつも君の存在が支えになってた。
この1年間海外遠征や試合、離ればなれの時間も多かったけど
良い時も悪い時もどんな時も心はいつも側に居たよね。
いっぱい心配かけたけどようやくたどり着いた夢の舞台、
私らしく精一杯戦ってくるよ。
苦しくても逃げずにちゃんと戦ってくるから。。。
こんなことここで書いて大丈夫なの？？
君はきっとまたいつもの心配をするだろうけれど
照れたように微笑む顔が眼に浮かぶよ。(笑)
大舞台を前に君に伝えたかったこと。
ありがとうの感謝の気持ちを込めて…

玲子より

この甘すぎるポエムをネットユー

ザーが放っておくわけがなく、「メールでやれよwww」「痛い痛すぎる」「結婚への追い込み漁だろこれ」「増嶋公開処刑」「鳥肌たった」とツッコまれる事態に。

ポエム効果かどうかわからないが、2012年9月30日に大切な君（増嶋竜也）との結婚を発表。2015年には、第1子も誕生している。

ダイバー

ダイバーとは、本来、水に飛び込むを意味するが、サッカーにおいては、ファウルではない場面（足がかかっていない・体が触れていない状態）において「意図的に倒れてファウルをもらおうとする選手」に対して使われる蔑称である。

ダイバーは、PKがもらえるペナルティエリア内や直接FKを狙える位置において頻繁に現れる。

わざと倒れるダイブ行為は、一般的に嫌がられる行為であるため、批判の対象になりやすい。ただしマリーシア（ポルトガル語でずる賢さを意味する）の一部と考える者もおり、勝つためであれば問題ないといった意見もある。

→関連用語：痛いンゴ（16P）、コロマール（68P）、ダイバール（97P）

ダイバール

ダイバールとは、プロサッカー選手、ネイマールを指す蔑称である。

ダイバールは、わざと転んでファウルをもらおうとする行為「ダイブ」と「ネイマール」を組み合わせた言葉。ネイマールがダイバーだと揶揄している。

直接FKを狙える位置やペナルティエリア内で「大げさに転んだ時」や「相手と体が少ししか触れていなくても倒れた時」「スローモーション映像が流れ実際にダイブだったシーン」などで使われている。

→関連用語：痛いンゴ（16P）、コロマール（68P）、ダイバー（97P）

代表厨
【だいひょうちゅう】

代表厨とは、日本代表が好きなサッカーファンを指す蔑称である。日本代表を意味する「代表」と、中毒者を略したネットスラング「厨」を組み合わせた言葉。

代表厨は、日本代表の国際試合しか観ないサッカーファンに対して使われる。代表戦の試合しか観ないため、サッカーに関する知識が浅く国内厨や海外厨からニワカ扱いを受け

見下される傾向がある。

→関連用語：海外厨（37P）、国内厨（65P）

タイメッシ

タイメッシとは、北海道コンサドーレ札幌に所属するプロサッカー選手のタイ代表チャナティップ・ソングラシンを意味する隠語。鯛飯や鯛メシと用いられることも。

チャナティップがタイのメッシという愛称で呼ばれていたことから、タイメッシの文字面が鯛飯っぽいということでタイメッシ。

ダヴィだこりゃ

ダヴィだこりゃとは、かつてコンサドーレ札幌、名古屋グランパス、ヴァンフォーレ甲府、鹿島アントラーズに所属していたブラジル人FWダヴィ・ジョゼ・シルヴァ・ド・ナシメントが決定機を外したり、活躍できなかったり、ダヴィの体型について不満を感じている時などに使われる表現のこと。

ダヴィが所属するクラブを応援するファンが諦めたり、投げやりになった時などに用いられる。

【例】
ダヴィだこりゃ＼（＾o＾）／

ダヴィだこりゃの元ネタは、『ドリフ大爆笑』のコントの最後にいかりや長介が「だめだこりゃ」と呟く締めの言葉になぞらえてダヴィだこ

りゃ。

タカシオメデトタカシ

タカシオメデトタカシとは、2011年10月27日、DFBポカール2回戦に出場し、バイエルン・ミュンヘンで公式戦初ゴールを決めた宇佐美貴史へ送られたフランク・リベリーからの祝福の言葉である。

タカシオメデトタカシは、宇佐美貴史が試合後にメディア対応する最中に、リベリーが「タカシオメデトタカシ」と笑いながら通り過ぎて行く様子がテレビのニュースで放送されたことが元ネタ。

ネット上のサッカーファンの間では、宇佐美貴史がゴールを決めた時などに「タカシオメデトタカシ」と書き込むのが定番となっている。

田坂クラス
【たさかくらす】

田坂クラスとは、元プロサッカー選手、田坂祐介（現・川崎フロンターレ強化部）の実力を基準とした物差し代わりの言葉。田坂祐介を指す隠語としても使われている。

田坂クラスは、「ドイツ2部に移籍できるレベル」「J1ではレギュラー」「チームを代表するような選手ではない」「日本代表未経験」「年齢は中堅クラス」などが挙げられるが、具体的な定義は決まっておらず曖昧な言葉。

田坂クラスの語源は、ドイツ2部・

ボーフムへ移籍が決まった田坂祐介に、らスレ住人が「まさか田坂クラスでも海外か……」と書き込んだことがきっかけと言われている。

他サポだけど、そんなに悲観するほど悪いサッカーじゃないだろ
【たさぽだけど、そんなにひかんするほどわるいさっかーじゃないだろ】

　他サポだけど、そんなに悲観するほど悪いサッカーじゃないだろとは、『2ちゃんねる』発祥のサッカーコピペのこと。

　他サポーターが連敗中のチームやうまくいっていないチームのスレッドに出向き、煽ったり励ましたりする際に皮肉交じりに用いられる定番コピペ。

【全文】
他サポだけど、そんなに悲観するほど悪いサッカーじゃないだろ
内容的には良かったよ 選手の質も高いし、監督も悪くない サポも熱いし

今は歯車がちょっと噛み合ってないだけじゃないかな
先は長いんだから、このまま焦らずじっくりいけば残留問題なしだと思うよ

タシコール

　タシコールとは、ハーフナー・マイク（現・FC Bombonera）を意味する隠語。

　元ネタは、フジテレビで放送されている『ネプリーグ』。5人が一文字ずつ解答するファイブリーグのコーナーで、サッカー日本代表の選手を当てる問題が出題される。

　解答者は、ネプチューンの三人（名倉潤・堀内健・原田泰造）と千原ジュニアと押切もえ。ハーフナー・マイクの画像がモニタに表示され「□□□□□・マイク」の文字を埋める問題。サッカーファンには、ディドの息子で長身FWとしてお馴染みのハーフナー・マイクである。

　が、解答は一文字も一致せず「タシコール」

　これを見ていたネットユーザーから「誰だよwww」「これはひどいwww」「その間違いはねーよw」と書き込まれる。

　上記の出来事からハーフナー・マイク＝タシコールが一部のネットユーザーに定着していく。

DAZNマネー
【だぞーんまねー】

　DAZNマネーとは、イギリスに本

社を置くパフォーム・グループが立ち上げたインターネット動画配信サービスDAZNとJリーグが10年間2100億円の大型放映権契約を結んだことでJリーグに流れてきたお金のこと。また、大幅に増額されたJリーグの賞金（均等配分金・理念強化配分金）のことも意味している。

タダメッシ

タダメッシとは、横浜F・マリノスから川崎フロンターレへ移籍した齋藤学を意味する蔑称。エヒメッシ→カモメッシの系譜。

タダメッシは、2018年1月、齋藤学が横浜F・マリノスから同じ神奈川県を本拠地とするライバルチームの川崎フロンターレへ0円移籍したことから用いられるようになった。0円＝タダ（無料）。細かいドリブルタッチがメッシと似ていることから以前より○○メッシと呼ばれていたことからタダメッシ。

横浜F・マリノスでキャプテンを務め、中村俊輔から10番を受け継ぎ、

チームの顔として活躍していた齋藤学のライバルチームへの0円移籍は衝撃が大きく物議を醸した。所属していた横浜F・マリノスのファンから裏切り行為と非難を浴びた。

2018年4月8日、日産スタジアムで開催された横浜F・マリノス対川崎フロンターレの試合で"川崎の齋藤学"としてデビューした際に、横浜F・マリノスサポーターから大ブーイングを浴びた。

→関連用語：エヒメッシ（25P）

縦ポン
【たてぽん】

縦ポンとは、相手からボールを奪ったあとにすぐさまFWにロングパスを送るサッカーの戦術のことである。「縦一本」を略した略語。

縦ポンと言っても一つの戦術を意味するわけではない。例えば「スピードの速いFWをトップに置き、短時間で一気に攻めるカウンターサッカー」や「身長が高いFWをトップに置き、ヘディングで競らせるパワープレー」や「FWがポストプレーで時間を作り、その間に他の選手が追い越してゴールを狙う」など、様々な戦術がある。

縦ポンは、中盤でショートパスを繰り返し、ボールを持ちながら相手を崩すポゼッションサッカーを好むサッカーファンからは、「縦ポンかよ」「縦ポンつまらん」など、しばしば批判されがちな戦術である。これは、ポゼッションサッカーと比べると、

すぐにボールを蹴り出すため、攻める時間が短いことや自陣で守る時間が長くなることが原因と考えられる。

→関連用語：糞サッカー（52P）

谷底世代
【たにぞこせだい】

谷底世代とは、1986年から1988年に生まれたサッカー選手の世代のことである。北京オリンピックに参加する資格を持った年代のことで「北京世代」と呼ばれることもある。

谷底世代は、年齢別世界大会の2005年ワールドユース選手権でオランダに敗戦し、ベナンとオーストラリアと引き分け、勝点2でグループリーグこそ突破するも決勝トーナメントでモロッコに敗戦。結果的に1勝もできずに大会を去った。また、2008北京オリンピックでも、1勝もできずにグループリーグを敗退。

谷底世代（北京世代）と谷間世代（アテネ世代）が中心となった2010年南アフリカワールドカップでは、グループリーグを突破したことで評価が一変し、その後も何人もの選手が海外クラブへ移籍したことにより新・黄金世代と呼ばれるようになった。

また、カナダで行われた2007年U-20ワールドカップに参加した調子乗り世代と呼ばれる選手たちも含まれている。

【谷底世代の代表的な選手】

本田圭佑（ネフチ・バクー）

家長昭博（川崎フロンターレ）
水野晃樹（はやぶさイレブン）
香川真司（PAOKサロニカ）
岡崎慎司（ウエスカ）
森本貴幸（スポルティボ・ルケーニョ）
豊田陽平（サガン鳥栖）
李忠成（京都サンガF.C.）
細貝萌（バンコク・ユナイテッド）
青山敏弘（サンフレッチェ広島）
柏木陽介（FC岐阜）
梶山陽平（引退）
内田篤人（引退）
安田理大（ジェフユナイテッド千葉）
森重真人（FC東京）
槙野智章（浦和レッズ）
長友佑都（マルセイユ）
吉田麻也（サンプドリア）
西川周作（浦和レッズ）

谷間世代
【たにませだい】

谷間世代とは、アテネオリンピックに参加する資格を持つ1981年から1984年生まれまでのサッカー選手を指している。「アテネ世代」とも呼ばれる世代である。

谷間世代は、中田英寿、小野伸二、稲本潤一、高原直泰、中村俊輔などを輩出したシドニー世代と比べて見劣りすることやU-17世界選手権の出場権を逃し、育成年代での国際経験に乏しいことから使われるようになっていった。

この世代の中から海外でプレーする選手も増えたことやアテネ世代を中心として挑んだ2010年南アフリ

カワールドカップでは、ベスト16という結果を残したことで谷間世代とは呼ばれることは少なくなった。

【谷間世代の代表的な選手】

大久保嘉人（セレッソ大阪）
松井大輔（未所属）
阿部勇樹（浦和レッズ）
今野泰幸（ジュビロ磐田）
駒野友一（FC今治）
石川直宏（引退）
田中達也（アルビレックス新潟）
長谷部誠（フランクフルト）
前田遼一（引退）
川島永嗣（ストラスブール）
山瀬功治（愛媛FC）
鈴木啓太（引退）

○○頼みの糞サッカー
【○○だのみのくそさっかー】

○○頼みの糞サッカーとは、特定の一人の選手に依存したサッカーのこと。○○の中には選手名が入る。

【例】
ロナウド頼みの糞サッカー

Jリーグでは、点取り屋の選手がゴールを決めて勝った試合や特定の選手が総得点の大部分を占める場合に使われている。また、守備を固めてカウンター狙いの一発を外国籍選手が狙う戦術を取っているチームも言われやすい傾向がある。他にも○○人と入れ、ブラジル人頼みの糞サッカーなどと言われることもある。

旅人
【たびびと】

旅人とは、ベルマーレ平塚、ペルージャ、ローマ、パルマなどで活躍した元日本代表、中田英寿を意味する隠語である。

中田英寿は、引退後に自分探しの旅に出たいという趣旨の発言をしていたことから旅人と呼ばれるようになった。引退後、世界各国を旅し、2014年時点で100カ国近く旅をしている。また、日本全国47都道府県を巡る旅を完結している。

W酒井
【だぶるさかい】

W酒井とは、プロサッカー選手、ヴィッセル神戸に所属する酒井高徳とマルセイユに所属する酒井宏樹の総称。

2人とも同じ名字でSBを本職としている。さらにロンドンオリンピック世代で日本代表では、酒井宏樹が右、酒井高徳は左で両翼として出場することもあった。

また、海外へ移籍した時期も近く、酒井高徳が2011年にドイツ・ブンデスリーガのシュトゥットガルトへ移籍。酒井宏樹は、2012年にハノーファーへ移籍している。共通点が多く、何かと一緒にされる2人。

黙って見ましょう
【だまってみましょう】

黙って見ましょうとは、2011年アジアカップで松木安太郎が発した実況を黙らせるひと言である。

黙って見ましょうは、2011年1月13日にカタールSCスタジアムで行われたグループリーグ第2戦、シリア対日本の最中に解説・松木安太郎の口から誕生した。

前半35分に長谷部誠のゴールで先制するも、後半にGKの川島永嗣が退場。さらにPKを献上し、同点にされてしまう。苦しい展開の中、後半80分に岡崎慎司がペナルティエリアで倒されPKを獲得。キッカーは本田圭佑。ここで実況が松木安太郎に対してコメントを求める。

【黙ってみましょうまでの書き起こし】
実況「PKが、まあ獲得した瞬間からボールを自分で掴んで離しませんでした、本田圭佑。これは自信があると見て松木さんよろしいですか？」
松木「黙って見ましょう……！」

まるで解説を放棄するかと思われるひと言に視聴者の笑いを誘った。「松木仕事しろ」「クソワロタｗｗｗｗ」「頼むから解説してくれｗ」などとネット上では書き込まれた。

また、このシリア戦では、審判の判定がめちゃくちゃだったこともあり、他にも「ふざけたロスタイム」や「なんなんすかこれ」などの名言

が誕生している。

→関連用語：なんなんすかこれ（119P）、ふざけたロスタイム（134P）

タリー

タリーとは、浦和レッズ一筋で1994年から2013年までプレーした山田暢久（現・イトゥアーノ横浜FC監督）の愛称である。「タリーさん」と呼ばれることもある。主に浦和レッズのファンが親しみを込めて使用する。顔文字の（｀〜´）はタリーを意味する。

何事も「かったるそう・ダルそう」

にこなすことからタリーと呼ばれる
ようになった。

誰が時計は片腕って
決めたん？
【だれがとけいはかたうでってきめたん？】

　誰が時計は片腕って決めたん？
とは、本田圭佑の名言である。

　誰が時計は片腕って決めたん？
は、本田圭佑のガンバ大阪ジュニア
ユース時代の後輩である安田理大が
書いたブログから世の中に知られる
ようになった名言である。

　安田理大が自身の公式ブログに
「本田圭佑という男。」というタイト
ルの記事をアップした。内容は本田
圭佑がオランダへ移籍し年俸が上
がったことで成金本田スタイルに進
化した姿を紹介する内容となってい
る。その中で本田圭佑の私物を着込
んだ安田理大の画像が貼り付けられ
ており、よく見ると両腕に時計が付
けらている。安田理大によると、

　そして写真を見て気付いた方もいる
と思いますが、基本的に成金圭佑は超
高級腕時計を両腕にはめています。

　左がオランダ時間、右が日本時間、
と思った方がいると思いますが、成金
圭佑は去年からこのスタイルでした。

　そこで「何で両腕にはめてるの？」
と聞いたところこのような答えが返っ
てきました。

　「誰が時計は片腕って決めたん？」と
逆に質問されました。

　さすがの俺も何も言い返せませんで

した。

引用元：『MICHIHIRO YASUDA OFFICIAL SI
TE BLOG』（2008年6月19日）　本田圭佑という男。

　安田理大が本田圭佑を面白ろおか
しく紹介したことでサッカーファン
の間で話題となった。

→関連用語：成金ゴリラ（118P）

誰が残ってんだよ！
俺かよ！
【だれがのこってんだよ！ おれかよ！】

　誰が残ってんだよ！　俺かよ！
とは、当時ガンバ大阪に所属してい
た中澤聡太がレフェリーに向けた叫
びである。

　誰が残ってんだよ！　俺かよ！
は、2009年5月20日に開催された
ACLグループリーグ第6節ガンバ大
阪対FCソウルの試合で誕生した。

　ガンバ大阪が1対0でリードする中、
後半29分にFCソウルから一本のロ
ングパスがイ・スンヨルに出される。
ガンバ大阪のDF陣は手を上げてア
ピールをするが、オフサイドなしの
判定。そのままイ・スンヨルが中へ
折り返し、ダミヤノヴィッチにゴー
ルを許してしまう。ゴール後に中澤
聡太が副審のもとへ猛ダッシュし抗
議。しかし主審にイエローカードを
掲示されてしまう。それでも怒りが
収まらない中澤聡太は「誰が残って
んだよ！　誰が残ってんだよ！　俺
かよ！　おい！」と視聴者の耳に
はっきり聞こえる声で副審に抗議。
その後、ガンバ大阪はアディショナ

ルタイムに追加点を決められ1対2で敗戦している。

ちなみにこの試合は、宇佐美貴史が公式戦デビューし、プロ初得点を記録した試合でもある。

炭鉱スコア
【たんこうすこあ】

炭鉱スコアとは、7対0で試合を終えた時のスコアのことである。定義は、7点取り完封した試合のみ。7対1や8対1の試合は、炭鉱スコアではない。

炭鉱スコアは、2010年6月21日、南アフリカワールドカップのポルトガル対北朝鮮の試合が元ネタ。前半29分にポルトガルのラウル・メイレレスが先制すると、53分、56分、60分、81分、87分、89分と立て続けにゴールが生まれた。最終的なスコアは7対0。この残酷な結果により、炭鉱スコアは誕生した。

試合中に悲しげな表情をしたダウンタウンの浜田雅功似の選手が映し出されたことも相まって「北朝鮮の選手たちが炭鉱送りにされるのでは？」と心配する声が上がった。

チームが
バラバラじゃねえか

チームがバラバラじゃねえかとは、大分トリニータサポーターが選手に言い放った忠告のこと。熱狂的な大分トリニータサポーターと大分トリニータの選手、高松大樹（現・大分

市議会議員）、上本大海（現・大分トリニータスカウト）のやり取りから2009年に誕生した。

ネット上でよく使われる関連用語の「みんなちゃんとまとまてるよ」「次は絶対勝つ」「その言葉、信じていいんだな」もこのやり取りから生まれた。

チームがバラバラじゃねえかは、大分トリニータが極度の成績不振に陥ったことや大口スポンサーの撤退により経営危機が表面化したことでサポーターの不平不満が募ったことが背景としてある。

リーグ戦では、第4節から第14節まで11連敗。そんな状況の中、6月28日J1第15節、ホームに鹿島アントラーズを迎える。後半54分、清武弘嗣のゴールで先制するも、後半61分、小笠原満男にゴールを許し追いつかれてしまう。続く後半72分、岩政大樹に決められ逆転されてしまい、このまま試合終了。大分トリニータは泥沼の12連敗。

鹿島アントラーズに敗戦後、選手たちがゴール裏サポーターへ挨拶をする中、大分トリニータの選手とサポーターのやり取りが始まる。

【大分トリニータの選手とサポーターのやり取り】
大分サポーターが水をかける
高松「あっ、ちょ水！　水をかけるのはやめてよ。そういうの★◎■△○」
ここで大分の選手が怒鳴る
大分の選手「★◎■△○だろうがぁ゛ぁ゛ぁ゛ぁ゛ぁ゛」

高松「ここで喧嘩しても意味ないから落ち着いて話そう！　意味ないでしょ！」

高松「ちょ、みんな負けてんの悔しいよそりゃ。サポーターもみんな悔しいと思う。俺らも悔しい。でもここでみんなが逃げたら意味ないと思う。また1から0からみんなで戦うしかないんだから、しっかりみんなで頑張ろうよ。選手もみんな頑張るし。みんな大分のためにやろうって気持ちは一緒なんだから。そこがみんなバラバラになったらJ2へ落ちると思うし」

サポ「いい。喋らんでいい」

高松「いやいやいやいいよ。みんながバラバラになるのが悪いと思うんだよ」

サポ「あのさあのさあのさ、ちょっとちょっとさちょっと聞き返してほしいんだけどさ。選手はちゃんとまとまってんの？」

高松「選手はみんなチームのために頑張ると思ってるよ」

サポ「ほんとにまとまってんの！？」

高松「まとまてるよみんなで！」

サポ「俺たちは！　俺たちは！　それを信じて応援するしかねーんや。ほんとにお前らひとりひとりまとまってんの！？」

高松「いや俺たちはみんな頑張ってグラウンドで結果出そうとしてるよ」

サポ「お前は絶対言えるんやな！？」

高松「言えるの！　みんな頑張ってるよ」

サポ「信じてそれを信じて応援していいんやな！？　じゃあ」

高松「いい、いい。それは信じてもらうしかない。グラウンドで結果出すしかない」

サポ「★◎■△○じゃねぇ、それはもう確実やな！　じゃあ！　みんなまとまって、勝利のためにみんながチームがまとまってやってんだな？」

高松「みんなまとまてやってるよ。だからこうやってみんなでまとまてるし」

ここで高松大樹が上本大海にメガホンを渡す

上本「お互いが〜信じ合えなかったら、大分自体がまとまんないってことじゃん。だから俺らもサポーターも信じるし、サポーターも信じてほしいじゃん。そのために俺らがこれからピッチで証明するから」

サポ「じゃあ信じていいんやな？　お前」

上本「信じていいよ」

サポ「じゃあ次の試合どうするんや？　次の試合、大海、次の試合どうする？」

上本「絶対勝つって。おいみんな頼むよじゃあ応援」

ここで大分サポーターが沸き立つ

上本「次は絶対勝つぞー！！」

サポ「絶対勝ってくれよー！！！」

ここでトリニータ合唱が始まる

サポ「ババンババンバン（手拍子）トーリニータ！（大合唱）ババンババンバン（手拍子）トーリニータ！（大合唱）ババンババンバン（手拍子）トーリニータ！（大合唱）ババンババンバン（手拍子）トーリニータ！（大合唱）ババンババンバン（手拍子）トーリニータ！（大合唱）……」

　翌週行われた第16節、大分トリニータは、ジェフユナイテッド千葉に1対2で敗戦している。続く第17節、ジュビロ磐田に1対3で敗戦し14連敗となった。第18節の浦和レッズ戦で勝利し連敗を止めるが、この年J2へ降格している。

　このサポーターと選手のやり取りがネット上で話題となり、チームが連敗した時などに改変して使われるネタとなっていった。

　ネット上で貼られる以下のコピペは上記のやり取りを簡略化したもの。

サポ「チームがバラバラじゃねえか」
高松「みんなちゃんとまとまてるよ」
サポ「やる気あんのか！」
上本「次は絶対勝つ」
サポ「その言葉、信じていいんだな」
上本「次は絶対勝つ」
サポ「トーリニータ（大合唱）」

チマ

　チマとは、長崎県立国見高等学校出身で横浜F・マリノスやFC東京で活躍し、横浜FCに所属する渡邉千真を指す隠語。

　チマは、渡邉千真の名前を訓読みでチマ。由来は不明だが、キーボードでカズマ（kazuma）と入力するよりチマ（tima）と打ったほうが早いからなどが考えられる。

中位力
【ちゅういりょく】

　中位力とは、中位に収まる力のこと。毎年のように最終順位を中位で終える名古屋グランパスエイトを揶揄して作られた言葉。毎年のように8位前後でリーグ戦を終えるため、「エイトの呪い」と呼ぶ者もいる。

　アーセン・ヴェンゲル監督が退任した1996年以降、見事なまでの中位力を発揮。1997年（9位）、1998年（5位）、1999年（4位）、2000年（9位）、2001年（5位）、2002年（6位）、2003年（7位）、2004年（7位）、2005年（14位）、2006年（7位）、2007年（11位）と大きく変動することがない順位で終える。

　しかし2008年にピクシーことドラガン・ストイコビッチが監督に就任すると、リーグ戦を3位と好成績で終えている。続く2009年には9位と中位力を発揮したが、2010年にはリーグ初優勝を達成。2011年には2位と好成績を残しているが、2012年以降は中位力を発揮し、8位前後をうろうろ。2016年には、16位と低迷し、初のJ2降格を経験している。

中東戦法
【ちゅうとうせんぽう】

中東戦法とは、中東のサッカーチームが「リードしている」または「このまま試合を終わらせたい」状態において行われる露骨な時間稼ぎのことである。中東戦法は、サッカーファンから嫌がられる行為の一つである。

中東戦法は、試合が終了する直前、アディショナルタイムにしばしば見られる。わかりやすい例として「相手選手と接触したら過剰に痛がるフリをして時間を稼ぐ」が挙げられる。

サッカーにおいてリードしているチームが勝つために時間を稼ぐ行為は頻繁に見ることができる。例えばコーナーにボールを運び、体を張って相手にボール触らせなかったり、相手にボールを当ててスローインにして時間を稼ぐ行為である。このようなプレーは正統派の時間稼ぎと見られる傾向があり、時間を稼ぐ戦術の一つとなっている。一方、中東戦法は、応援しているチームが負けている状態で繰り出される戦法のため、サッカーファンをイライラさせ憎悪を生み出す原因となっている。

調子乗り世代
【ちょうしのりせだい】

調子乗り世代とは、カナダで行われた2007年U-20ワールドカップに参加した1987年から1988年生まれのサッカー選手たちのこと。

調子乗り世代の由来は、U-20ワールドカップに参加していた選手たちがゴール後に「ビリーズブートキャンプ」「かめはめ波」などのパフォーマンスで注目集めたことから調子乗り世代と呼ばれるようになった。「お調子者世代」や「悪ガキ世代」と表現されることもある。

調子乗り世代は谷底世代（北京世代）にも含まれる。

【調子乗り世代の代表的な選手】
槙野智章（浦和レッズ）
安田理大（ジェフユナイテッド千葉）
内田篤人（引退）
森重真人（FC東京）
太田宏介（パース・グローリー）
梅崎司（湘南ベルマーレ）
田中亜土夢（HJKヘルシンキ）
柏木陽介（FC岐阜）
ハーフナー・マイク（FC Bombonera）
森島康仁（藤枝MYFC）
香川真司（PAOKサロニカ）

珍グランド
【ちんぐらんど】

珍グランドとは、イングランド代表の蔑称のこと。イングランド代表が敗戦した時や何かミスを犯した時（オウンゴールなど）に用いられている。略して珍さんと呼ばれることも。

珍グランドは、珍事件・珍プレーとイングランドを掛け合わせたサッカー隠語。

珍グランドと呼ばれる所以は、近

年、強豪と言われながらもワールドカップや欧州選手権（ユーロ）のような大きな国際大会でいまいち結果を残せず早々に敗退してしまうことやイングランド代表の脳筋サッカーと表現されるプレースタイルなどが原因。ネット上のサッカーファンにネタチーム扱いを受けやすい。

珍テル
【ちんてる】

珍テルとは、イタリア・セリエAに加盟するサッカークラブ、インテルを意味する蔑称のこと。もともと蔑称であったが、現在では愛着を込めて珍テルと呼ぶ者もおり、一概に蔑称とは言えなくなってきている。

インテルは、誰もが認めるビッグクラブなのになぜか後々まで語られるような「珍プレー」「珍事件」が起こってしまうネタチームでもある。例えば途中出場したサリー・ムンタリが90秒間でイエローカードを2枚もらい、退場したことなど。

めずらしいことを意味する「珍」

とチーム名のインテルを掛け合わせて珍テル。珍テルは、インテルらしい珍事件が起きた時や失点した時や敗戦した時にネットユーザーが「珍テルwww」とバカにしたように書き込む。

チンピラ

チンピラとは、清水エスパルス、ガンバ大阪などに所属していた元プロサッカー選手、岩下敬輔の蔑称である。

チンピラは、岩下敬輔のラフプレーが目立つことから呼ばれるようになった。相手選手を蹴る・エルボーなどたびたび問題に上がる。

2015年5月10日、J1第11節、サンフレッチェ広島の清水航平にすれ違いざまにエルボーをくらわせ問題となった。この行為により、所属していたガンバ大阪から厳重注意の処分が与えられた。

釣男
【つりお】

釣男とは、元サッカー日本代表で浦和レッズ、名古屋グランパスなどで活躍した田中マルクス闘莉王を指す隠語である。

トゥーリオをアルファベット表記にするとTulio。「闘莉王」→「トゥーリオ」→「Tulio」→「つりお」→「釣男」。釣男という漢字に特に意味はない。

DCK
【でぃーしーけい】

DCKとは、ジュビロ磐田に所属するプロサッカー選手、今野泰幸を意味する Dream Crusher Konno の略語。Dream Crusher Konno の頭文字から。他にもドリームクラッシャー今野やドリームクラッシャーと表記されることも。

ドリームクラッシャー今野は、今野泰幸がセレッソ大阪の夢を粉砕する一発をお見舞いしたことから用いられるようになった。

2005年J1最終節、勝点差2の中に5チームがひしめく大混戦。5位のジェフユナイテッド千葉まで優勝の可能性があった。

【最終節前の順位】
1位　セレッソ大阪　58
2位　ガンバ大阪　57
3位　浦和レッズ　56
4位　鹿島アントラーズ　56
5位　ジェフユナイテッド千葉　56

今野泰幸が所属していたFC東京は、最終節に首位のセレッソ大阪と対戦。勝点1差で首位だったセレッソ大阪は、勝てば文句なしの優勝であった。

試合開始早々の前半3分、西澤明訓がヘディングでゴールを決め1対0とする。しかし前半20分に鈴木規郎が1点を返し、試合を振り出しに戻す。後半48分、再び西澤明訓が優勝を引き寄せるゴールを決め2対

1とする。セレッソ大阪は後半アディショナルタイム直前までリードしていたが、89分にCKからこぼれ球をドリームクラッシャー今野に決められ、2対2となってしまう。

一方、他会場の川崎フロンターレ対ガンバ大阪は、ガンバ大阪が2対3とリードしており、セレッソ大阪がDCKにゴールを決められたことでガンバ大阪優勝が濃厚に。ガンバ大阪は、試合終了間際にアラウージョが決め2対4とする。結局セレッソ大阪はその後ゴールを決められず、念願であった優勝を逃してしまう。

【最終節後の順位】
1位　ガンバ大阪　60
2位　浦和レッズ　59
3位　鹿島アントラーズ　59
4位　ジェフユナイテッド千葉　59
5位　セレッソ大阪　59

セレッソ大阪の夢を打ち砕いたことからDCK（ドリームクラッシャー今野）。

TJ
【てぃーじぇい】

　TJとは、かつて柏レイソルやスポルティング・リスボンで活躍し、現在はヴィッセル神戸に所属するプロサッカー選手、田中順也を意味する隠語。

　TJは、田中順也のイニシャルから取ってT（Tanaka）J（Junya）。

DFW
【でぃふぇんしぶふぉわーど】

　DFWとは、点を取ることを求められるFWというポジションで前線から献身的にディフェンスをしてくれる選手に対してネット上で使われる表現。

　ディフェンダーを意味するDFとフォワードを意味するFWを掛け合わせた言葉。

　DFWと称される代表的な選手は、矢野貴章、鈴木隆行である。前線から相手を追い回し、時には体を張ってファウルをもらってくれる選手。

　また、他に岡崎慎司などが該当する。

デカモリシ

　デカモリシとは、兵庫県神戸市出身のプロサッカー選手、森島康仁（現・藤枝MYFC）の愛称である。

　デカモリシと呼ばれるようになった由来は、元プロサッカー選手でセレッソ大阪に所属していた森島寛晃（現・セレッソ大阪代表取締役社長）の愛称がモリシだったことが関係している。森島寛晃は、サッカー選手としては小柄で168cm。当時セレッソ大阪に所属していた森島康仁は大柄で188cmだったことから「大きな森島」という意味でデカモリシという愛称が付けられた。

テグ

　テグとは、現役時代は鹿島アントラーズの全身クラブである住友金属工業蹴球団などでプレーし、監督としてベガルタ仙台やU-23日本代表監督を務めた手倉森誠（現・ベガルタ仙台監督）の愛称である。

　ダジャレに定評のある監督と知られ、試合前、試合後の監督会見で数々のダジャレを披露している。

デスク

　デスクとは、新聞社などのメディアで記者の上司にあたるポジションのこと。原稿内容をチェックしたり様々な確認業務を行う。

この項目で説明されるデスクは、スポーツ紙において喋る机のこと。『日刊ゲンダイ』や『東京スポーツ』（東スポ）の記事において、記者とデスクが交互に会話する内容を記事にするシリーズがある。デスク「○○」、記者「○○」のように書かれているため、まるで記者と机が会話しているように見えることから喋る机と揶揄されている。

デスクは記者の上司にあたるポジションのため、デスクがタメ語で喋り、記者が敬語で喋るのが基本スタイル。

デスクシリーズは、情報の信憑性に欠ける内容の記事が多く、ネットユーザーに「記者が言いたいことを喋らせてるだけ」「机が喋った！？」「ただの作文じゃねーかwww」「テーブルトーク」などとネット掲示板に書き込まれることも。

出戻り三兄弟
【でもどりさんきょうだい】

出戻り三兄弟とは、セレッソ大阪から海外のチームへ移籍し、出戻りした柿谷曜一朗、清武弘嗣、山口蛍の総称のこと。

出戻り三兄弟の元ネタは、セレッソ大阪のサポーターが作り、お店に貼られていた掲示物。掲示物はだんご3兄弟の替え歌で出戻り三兄弟を揶揄した内容となっている。

【出戻り三兄弟の歌詞】
一番上はドイツ・スペイン

一番下もドイツ
間に挟まれスイス
出戻り三兄弟
他所で活躍出来ず、
仲良しクラブに
戻ってこれて、
大活躍を致します
出戻り三兄弟

デル・ピエロゾーン

デル・ピエロゾーンとは、イタリア・セリエAのユヴェントスで活躍した元イタリア代表アレッサンドロ・デル・ピエロが得意とするゾーンのこと。デル・ピエロは、ゴール前左斜め45度から右足でカーブをかけ、弧を描きながらGKの届かないコースにシュートすることが得点パターンの一つになっていた。

と、思うやんかー？
【と、おもうやんかー】

と、思うやんかー？　とは、2012年に麒麟麦酒株式会社の「ノンアルコールチューハイ ZERO・HI（ゼロハイ）」のCMに起用された香川真司のセリフである。『2ちゃんねる』などの掲示板で煽り文句として使われている。

CMでは、お世辞にも上手とは言えない香川真司の棒読み演技を聞くことができる。また、普段は標準語で喋る香川真司が関西弁を披露している。

【CM内容】
一同「うぇーい」
友人役「真司、これってチューハイ？」
香川「と、思うやんかー？」
香川「ノンアルコォールなんよぉ」

トトロ

トトロとは、ベルギー・ジュピラー・プロ・リーグに加盟するサッカークラブ、シント＝トロイデンを意味する略語。

トトロは、シント＝トロイデンのトトロの部分を切り取っている。

シント＝トロイデンは、2017年にDMMグループが経営権を取得している。その影響か日本人選手の移籍が盛んに行われているチームである。

ドメサカ

ドメサカとは、インターネット掲示板『2ちゃんねる』の国内サッカー板のことである。国内サッカーを訳すとドメスティックサッカーとなる

ためドメサカ。

ドメサカは、主にJリーグ・高校サッカー・大学サッカー・JFLに関連する国内サッカーの話題が語られる掲示板である。Jリーグの各チームごとにスレッドがあり、ファンが集まっている。ドメサカを代表するスレッドとしてらスレが挙げられる。

友達なら当たり前
【ともだちならあたりまえ】

友達なら当たり前とは、鹿島アントラーズなどで活躍したアルシンドがアデランスのCMに出演した際のセリフである。

アルシンドにナッチャウヨ〜とともに当時話題となった決めセリフ。

そのCM内容は、通勤中と思われる電車内で、アルシンドが薄毛の男性を発見する。男性の髪を見ながら「アルシンドにナッチャウヨ〜」と指摘する。その数日後に男性とアルシンドが電車内で再会する。男性は「この間は〜」と笑顔を見せる。するとアルシンドが「友達なら当たり前〜」と笑顔で肩を組んでCM終了。

アルシンドがブラジルに帰国して以降、あまり聞くことのない言葉になっていたが、東日本大震災から3カ月後に来日したアルシンドとのエピソードを小笠原満男が披露している。

未曽有の大災害から11日で3カ月。今季初の東北遠征となる山形戦を前に小笠原は「3カ月、いろいろありまし

ね」としみじみ口にした。

(中略)

慈善試合のため来日していたOBの
アルシンド氏らと5日、故郷・岩手の
大船渡市を訪問。仙台から陸路3時間
以上かけての移動に「遠くまでゴメン」
と頭を下げるとアルシンド氏が声を荒
らげた。

「ゴメンとか次に言ったら怒るぞ。ト
モダチナラアタリマエ！」

普段は笑いを誘う“決めぜりふ”が
胸に響く。「友達なら当たり前、って
実はすごくいい言葉だと思う。流行語
で再ブレークさせたいよ」

引用元：『スポニチアネックス』（2011年6月11日）
小笠原「友達なら当たり前」再ブレーク願う

→関連用語：アルシンドにナッチャウヨ～（13P）

酉
【とり】

酉とは、Jリーグに加盟するサッ
カークラブ、大分トリニータを意味
する隠語である。サッカーファンが
自称する時や呼称する時などに使わ
れている。

大分トリニータの「トリ」を漢字
に変換して「酉」と呼ばれている。

中蛸
【なかたこ】

中蛸とは、元日本代表で鹿島アン
トラーズやバーゼルなどで活躍した
中田浩二（現・鹿島アントラーズ
CRO）を意味する隠語。「蛸」「タコ」
と略して表記されることもある。

中田浩二（なかたこうじ）の最初
の4文字から中蛸。

長友よ、余計なことは
やめておけ。
【ながともよ、よけいなことはやめておけ。】

長友よ、余計なことはやめておけ。
とは、長友佑都に対する忠告のコピ
ペである。

長友よ、余計なことはやめておけ。
は、2011年6月5日6時32分に『2ちゃ
んねる』の芸スポで誕生した。『2
ちゃんねる』に【【サッカー／日本
代表】長友佑都が“体幹教室”開く！
A代表の同僚に極意を伝授（画像あ
り）】というスレッドが立てられ、
スレの内容は、「日本代表合宿で長
友佑都が原口元気に体幹トレーニン
グを伝授」するという内容。

そのスレッドにコピペとなる文章
が投稿される。

【実際の書き込み】
19
>>1
*>ピッチ外でも精力的。フィジカル強
化のために“体幹教室”を開く意向
長友よ、余計なことはやめておけ。
今はまだ、自分のプレーの向上のみに
専念する時。
そんなことをするのは10年早い。
（しかし、長友は精神的に油断が生じ
ているのか？　だとしたら、先は長く
ないぞ）*

引用元：『2ちゃんねる』

このレスが芸スポ民にバカウケし「長友の師匠ですか？」「最後の（）は何なんだよw」「狙ってもここまで気持ち悪いレスできんぞw」「（……ドヤ顔）」「新しいコピペの誕生」などとツッコまれる。名前を改変するだけで他の選手に対しても使える書き込みだったため、その汎用性の高さから様々な場所で使われるコピペとなる。

【例】
「本田よ、余計なことはやめておけ」
「香川よ、余計なことはやめておけ」
など。

なぜ笑うんだい？
【なぜわらうんだい？】

なぜ笑うんだい？　とは、レアル・マドリーに所属していたプロサッカー選手、クリスチアーノ・ロナウド（現・ユヴェントス＝イタリア）の発言である。

なぜ笑うんだい？　の元ネタは、ロナウドが日本でイベントに参加した際に、サッカー少年とのやり取りから誕生した。

少年がぎこちないポルトガル語で「僕の夢は、将来あなたと一緒にプレーすることです。どうすれば夢が叶うでしょうか？　アドバイスをお願いします」とロナウドに質問するも、少年の拙いポルトガル語に、会場にいた大人たちから笑いが起きる。するとロナウドは「なぜ笑うんだい？　彼のポルトガル語は上手だよ」と少

年をフォローする。

このロナウドの少年へのフォローが神対応だとネット上で話題となった。また、テレビなどでも取り上げられた。

なぜ笑うんだい？　は、ネット掲示板などでロナウドが試合中にニコッと笑みを浮かべた時に用いられている。また、ロナウドが笑わない時は、なぜ笑わないんだい？　と用いられることもある。有名なエピソードとして、ロナウドがフジテレビの『水曜歌謡祭』に出演した際、ナオト・インティライミが「The World is ours!」を披露するも、ロナウドはどうしていいかわからず無表情でタオルを振り回していた。

また、汎用性の高さから、レッドカードと思われたプレーに対しイエローカードが掲示された時はなぜイエローなんだい？　と書き込まれたり、ロナウドがシュートチャンスで打たなかった時はなぜ打たないんだい？　と書き込まれる。他にも負けた時はなぜ負けたんだい？　泣いた時は、なぜ泣くんだい？　など。

サッカーファンとして知られる明石家さんまは、2017年にこのロナウドの対応について以下のような持論を展開している。

さんまは「あれは、ものすごいシャレオツ対応じゃないですよね」と異を唱えた。澤部佑が「シャレオツじゃないですか?」と不思議そうな顔を見せるも、さんまは「あれは、いい男、優しい男に見せる対応」とキッパリ。「シャレオツなら、あの口調を(ロナウドが)真似して、子供の口調に合わせてのってあげてこそ最高のシャレオツ。あれは、もてようとするのが・・・」と持論を展開。

(中略)

再び澤部から「厳しいですね、ロナウドにだけ」とツッコミが入るも、今度は「せっかくウケてんのやから、ウケてる人がかわいそうやろ」と別の視点から少年を擁護したさんま。遠藤章造が「ロナウド、笑い要らないんですよ」と指摘するも、さんまは「たどたどしいポルトガル語を覚えた少年はウケてんのやろ? それに被せてあげてから、あの対応やねん、ホンマ(のシャレオツ対応)はな」と譲らなかった。

引用元:『livedoorNEWS』(2017年5月5日) 明石家さんま C・ロナウドの「神対応」に持論展開

2018年7月、ワールドカップ直後に放送された『FIFA ワールドカップ 緊急総選挙! 日本人が選んだ歴代カッコいいサッカー選手ランキング』内で「なぜ笑うんだい?」のエピソードが紹介され、高校1年生

になった少年が出演した。ロナウドとのやり取りを当時どういう気持ちだったのかと番組スタッフが尋ねると「当時、小学生だったんで英語があまりわからなくて(ロナウドに)何て言ってもらってるかわからなかったんですけど、あとからテレビで観て、ああいう対応をロナウド選手がしてくれて、とてもうれしかったです」と語っている。

謎の練習生
【なぞのれんしゅうせい】

謎の練習生とは、シーズンオフ中に、Jリーグ所属クラブの練習に参加する海外組のこと。本来いないはずの選手が練習に参加しているため謎の練習生と表現されている。

謎の練習生は、主に古巣の練習に参加するが、「本田がヴェルディの練習」「乾が鹿島の練習」へ参加するように別のクラブで姿を現すことも。

謎の練習生の代表的な選手は乾貴士。ヨーロッパのシーズンが終わり、日本へ帰国すると、セレッソ大阪の練習にいつも参加している。

7733
【ななみさん】

7733とは、かつてジュビロ磐田、セレッソ大阪、東京ヴェルディ、ヴェネツィアでプレーした名波浩を指す隠語である。

名波浩の「名波」と敬称の「さん」

を数字にして読むと7（な）7（な）3（み）3（さん）。

　ちなみに「名波さん」は、セル爺ことセルジオ越後が日本代表の試合を解説する際、ピッチ解説者の名波浩を名波さんと呼ぶことから使われるようになった。

　名波さんがピッチ解説者を始めた当初は、名波と呼び捨てだったが次第に名波さんに変わっていった。ただし、セルジオ越後が興奮した時は「名波！　名波！」と連呼することがある。

何も残らなかった90分！
【なにものこらなかったきゅうじゅっぷん】

　何も残らなかった90分！　とは、2012年8月18日に豊田スタジアムで開催されたJ1第22節、名古屋グランパス対ガンバ大阪の試合において、東海ラジオの実況アナウンサーがホームで0対5と大敗した名古屋グランパスに対して言った厳しいメッセージのこと。

　試合後、『2ちゃんねる』に東海ラジオの実況アナウンサーが言ったとされる以下の内容が投稿されたことで話題となった。

【全文】
何も残らなかった90分!!!!!
涙も出なかった90分!!!!!!
3万人の観客は何を感じたのか!!!!!!
残されたのはサポーターの涙だけ!!!!!!
これが現実!!!!!!!

　名古屋グランパスは、ガンバ大阪戦をクラブ創立20周年記念試合として「豊スタ超満員計画」と名付け、チラシ1万5000枚を配って動員をかけていた。満員とはならなかったが、3万354人が試合を観戦していた。そんな中、行われたガンバ大阪戦であったが、結果は0対5で負けてしまう。結果的にいつも以上に観客が入った状態で大敗するという悲しい結末に。その状況で東海ラジオの実況アナウンサーが言った厳しいメッセージが「何も残らなかった90分」である。

　何も残らなかった90分！　は、『2ちゃんねる』などのネット掲示板でコピペ化されており、改変して以下のように使われている。

【ロンドン海ラジオ】
アーセナル運動量がない。パスで運動量ないのごまかしてる。（断言）
ホームでの開幕戦でこんなガナーズは

見たくなかった!!
アーセナルは個を頼りにした戦術。戦術がない。
何も残らなかった90分!!!!!
涙も出なかった90分!!!!!!
エミレーツの観客は何を感じたのか!!!!!!
残されたのはサポーターの涙だけ!!!!!!
これが現実!!!!!!

奈良判定
【ならはんてい】

奈良判定とは、奈良竜樹（現・アビスパ福岡）のデンジャラスプレーに対する判定のこと。ボクシング界でかつて話題となった不祥事の奈良判定になぞらえている。

当時、奈良竜樹は川崎フロンターレに所属していた。2019年J1第1節の川崎フロンターレ対FC東京で疑惑の判定が生まれた。FC東京の高萩洋次郎がナ・サンホにロングパス。ボールを受けようとしたナ・サンホであったが、奈良竜樹が相手の顔まで足を高く上げボールをクリアする。この時、ジャッジはファウル判定だったが、イエローカードは出なかった。奈良竜樹はディエゴ・オリヴェイラに対するデンジャラスプレーで前半にイエローカードをもらっており、「ファウルであるなら退場では？」とファンの間で疑問が残る判定となった。また、ディエゴ・オリヴェイラに対するファウルが足裏を見せながら相手の足を挟み込む危険なスライディングだったため、こちらは

「一発レッドだったのでは？」とファンの間で議論となった。結果的に2つのファウルに対して疑問が残る判定となった。

成金ゴリラ
【なりきんごりら】

成金ゴリラとは、プロサッカー選手、安田理大（現・ジェフユナイテッド千葉）が名付けた本田圭佑の愛称である。

成金ゴリラは、安田理大が自身のブログに投稿した「本田圭佑という男。」という記事が元ネタ。この記事では、本田圭佑の少年時代（ゴリラ）から成金本田（成金ゴリラ）までのエピソードが暴露されている。内容が面白く強烈な内容だったためサッカーファンの間でも話題となった。

実際の記事は以下。

本田圭佑という男。
ガンバジュニアユースの先輩です。
ってことで昔から知ってますが、基本的には今も昔も変わってません。
ただ、当時の圭佑はゴリラでした。
俺はよく柔道で投げ飛ばされ、腕相撲で腕をへし折られそうになっていました。
ほとんどのジュニアユースの選手がその圭佑ゴリラの被害にあっていました。
なので当時のあだ名はそのまま「ゴリ」でした。
夏になれば真っ赤なタンクトップにジーパンという中学生ではありえない

格好をしてたときもあります。

ロッカールームではラルクの歌をハイ
ドになりきって大声で歌っていたとき
もあります。

家長昭博との喧嘩なんてしょっちゅう
見ていました。

まるでマウンテンゴリラ対ジャイアン
トゴリラです。

引 用 元:『MICHIHIRO YASUDA OFFICIAL SI
TE BLOG』(2008年6月19日) 本田圭佑という男。

→関連用語:誰が時計は片腕って決めた
ん?(104P)

成田コレクション
【なりたこれくしょん】

成田コレクションとは、外国でプ
レーする海外組が帰国・出国時に成
田空港で行われるファッション
ショーまたはファッションチェック
のこと。パリコレならぬ成コレ。

成田コレクションの元祖は中田英
寿。中田英寿がセリエＡに移籍し、
イタリアから帰国時にオシャレな服
装をしていたことから注目を浴びる
ようになる。中田英寿の帰国時には、

成田空港にメディアが集まり、
ニュース映像として流されていた。

中田英寿引退後は、本田圭佑の奇
抜なファッションに注目が集まるよ
うになり、中田英寿から本田圭佑へ
引き継がれた。

なるほど、彼が
フェリペ・シウバだ
【なるほど、かれがふぇりぺ・しうばだ】

なるほど、彼がフェリペ・シウバ
だとは、インターネット掲示板など
でサンフレッチェ広島に所属してい
たフェリペ・シウバ（現・セアラー
＝ブラジル）の話題になると、とり
あえず書き込まれる決まり文句のこ
と。「なるほどフェリペ」や「なる
ほど彼が」「なるほど」と略して用
いられることもある。また、フェリ
ペ・シウバを意味する俗称としても
使われている。

なるほど、彼がフェリペ・シウバ
だの元ネタは、以下の記事が由来。

日本では全くの無名。しかし10カ
月後、彼の名前は日本中のサッカー
ファンの脳裏に焼き付けられているは
ずだ。大げさかもしれない。だが「と
んでもない怪物」と塩谷司が表現する
男である。

(中略)

フェリペ・デ・オリベイラ・シウバ。
登録名はフェリペ・シウバとなる26
歳のクリエイター。

(中略)

過去、広島にやってきた外国人ア

タッカーの中でも**最高クラスの技術と発想力**を持ち、圧倒的にさえ見える**得点力**も。「レアンドロ・ドミンゲスだ」「いや、ジュニーニョだろう」。**過去、J1で確固たる位置を占めたブラジル人になぞらえる人も少なくない。だが、おそらくそういう声も、いずれは消えるだろう。「なるほど、彼がフェリペ・シウバだ」。そんな称賛で満たされるだろう。**

引用元：『GOAL』（2017年2月24日）　広島、無名の"とんでもない怪物"フェリペ・シウバがJリーグを席巻する/2017J1全18クラブ戦力分析

　上記の絶賛する記事やプレシーズンでのゴールを量産する活躍を見て、フェリペ・シウバに対する期待値が上がっていた。

　しかし、2017年Jリーグが開幕するとボールをロストする場面が目立つなど、試合を重ねるたびにガッカリ感が増していく。上記の絶賛する記事はなんだったのかという声が大きくなり、おもしろワードの「なるほど、彼がフェリペ・シウバだ」を切り取りネタにする流れができあがっていく。

　また、名前の部分を改変するだけで別の選手に使えるため「なるほど、彼が○○だ」といったようにネタ用語として使われるようになっていった。

なんなんすかこれ

　なんなんすかこれとは、2011年アジアカップのシリア対日本を解説していた松木安太郎の名言である。

　2011年アジアカップは、放映権を持つテレビ朝日系列で放送されており、テレ朝のサッカー解説といえばおなじみの松木安太郎。グループリーグ第2戦のシリア戦も松木安太郎が解説を担当した。

　前半35分、長谷部誠のゴールで日本が先制。そのまま折り返し無失点で試合を進めていたが、後半24分、日本のゴールを守るGK川島永嗣がシリアの選手を倒してしまうプレーがきっかけとなって松木安太郎の心の声が漏れるようになる。

【なんなんすかこれが誕生するまでの大まかな流れ】

長谷部がGKの川島にバックパス

↓

シリアの選手がダッシュで川島に詰め寄り、ギリギリのところで蹴り出す

↓

川島のクリアがグラウンダーのボールになってしまい、ペナルティアークの少し前にポジションを取っていた、シリアの選手（今野がマークしていた選手）にボールが渡ってしまう形に

↓

シリアの選手はすぐにペナルティエリア内にいた味方へパス（今野の足に当たったように見えるが実際は当たっていない）

↓

パスを受けようとしたシリアの選手を川島が倒してしまう

↓

主審が笛を吹く（PKの判定）も副
審がオフサイドの旗を上げる
↓
日本の選手たちが抗議するも主審は
副審のオフサイド判定を却下し、川
島にレッドカードを出す

　主審のモフセン・トーキーが川島
永嗣にレッドカードを出した、その
時「なんなんすかこれ」は、誕生し
た。

【書き起こし】
実況「レッドカード！！！！　川島
にレッドカードおおお！！！　日
本！　川島退場！！！　そしてシリ
アにPKが与えられました！」
松木「なんなんすかこれ」
実況「これがアジアカップなのか！」
松木「なんなんすかこれ」
実況「川島退場！　キャプテンの長
谷部が」
松木「なんなんすかこれ」

　主審は、今野泰幸の足にボールが
当たってペナルティエリア内にいた

シリアの選手にボールが渡ったと判
断し、オフサイドの判定を取り消し
たが、実際に今野泰幸の足には当
たっていない。結果的に「なんなん
すかこれ」は視聴者の声を代弁する
言葉となった。

ニーリフト

　ニーリフトとは、ひざ蹴りのこと
である。
　ネット上においてサッカーファン
が使うニーリフトとは、2012年3月
24日、ベストアメニティスタジア
ムで開催されたJ1第3節、サガン鳥
栖対横浜F・マリノスにて中村俊輔
が豊田陽平に対して行ったひざ蹴り
のこと。
　後半81分、1対0でサガン鳥栖が
リードしている状況で中村俊輔がド
リブル中に、サガン鳥栖の選手に
ファウルで止められる。ボールをサ
ガン鳥栖の選手が蹴り出し、豊田陽
平のもとへ転がるが、取って渡そう
という仕草を見せるも股の間をトン
ネルさせてしまう。負けている状況
で早くプレーを再開したい中村俊輔
が怒りを込めて豊田陽平にひざ蹴り
をお見舞いする。この行為に豊田陽
平はその場にうずくまり、中村俊輔
にはイエローカードが掲示される結
果となった。

肉棒
【にくぼう】

　肉棒とは、かつて高原直泰、稲本

潤一、乾貴士、長谷部誠など多くの日本人選手が所属していたドイツ・ブンデスリーガに加盟するサッカークラブ、フランクフルトを指す隠語である。

ソーセージのフランクフルトを漢字で表現すると肉棒になるため。

フランクフルト地方には、フランクフルト以外にFSVフランクフルトが存在するが、一般的に肉棒と使われるのはフランクフルトである。

2-4川くん
【にしかわくん】

2-4川くんとは、浦和レッズに所属するGK西川周作を意味する隠語。西川くんに付けられた汚名である。

元ネタは、2017年6月18日に埼玉スタジアムで開催されたJ1第15節、浦和レッズ対ジュビロ磐田の試合。最終スコアは、2対4でジュビロ磐田が勝利している。この試合で西川くんは、何度も失点に繋がるミスをしてしまう。

1失点目は、ジュビロ磐田のセットプレーに飛び出した西川くんだが、ボールに触れず川又堅碁にヘディングされ、ゴール前にいた大井健太郎がネットを揺らしジュビロ磐田に先制されてしまう。

その後、阿部勇樹の連続得点で逆転に成功する。しかし、カウンターからアダイウトンがDFの裏に飛び出す。この時、西川くんも飛び出してクリアしようとキックするも、ボールがアダイウトンに当たり、目の前

にこぼれてしまい、ゴールを決められ同点。3失点目は、ペナルティエリア内でアダイウトンからパスを受けた松浦拓弥にニアへ決められる。そのあとダメ押しで松浦拓弥に連続ゴールを許し2対4で試合終了。

この試合後、らスレ住人にパフォーマンスを揶揄され、名前とスコアを掛けて2-4川くんと呼ばれるようになる。

この試合から2対4で終えたスコアのことを西川くんスコアや2-4川くんスコアと呼ぶ者もいる。

日程くん
【にっていくん】

日程くんとは、Jリーグやルヴァンカップの日程や対戦カードを自動作成するソフトウェアの愛称のこと。正式名称は、Jリーグ・マッチスケジューラー。

日程くんは、最終節までどこが優勝するかわからない神がかったスケジュールを組んでくれることからJリーグファンの間で話題となった。

日程くんの名称の由来は以下の理由。

「日程くん」の呼び名の由来に、Jリーグ関係者は「日程の担当者にとっては人工頭脳の相棒。初代の担当者が擬人化して呼んだ名前が広がったようです」と説明した。

引用元：『日刊スポーツ』（2016年2月16日）　J最終節ドラマ陰の演出家「日程くん」の秘密に迫る

日本人ならお茶漬けやろ！
【にほんじんならおちゃづけやろ！】

　日本人ならお茶漬けやろ！　とは、1994年に永谷園の「お茶漬け海苔」のCMに出演したラモス瑠偉のセリフである。ホットドッグを食べに行こうとする少年たちに「日本人ならお茶漬けやろ！」とお説教する内容。

　Jリーグ開幕当初は、外国出身のJリーガーがCMに出演することが多く、ブラジル出身のラモス瑠偉もJリーグカレーなど様々なCMに出演していた。

【お茶漬け海苔のCM書き起こし】
少年1「ホットドッグ食べに行こうよ〜」
少年2「うん！」
ラモス「コラコラコラ！　日本人ならお茶漬けやろ！　お茶漬けやろ！」
ナレーション「日本のことはラモスに聞け！」
ラモス「うまい！」
ナレーション「永谷園のお茶漬け」

2828
【にやにや】

　2828とは、ガンバ大阪に所属するプロサッカー選手、矢島慎也を指す隠語である。ニヤニヤしている顔文字の「(・∀・)」も矢島慎也を意味する。

　2828と呼ばれるようになった由来は、インタビューなどで見せる矢島慎也の顔がいつもニヤニヤしてい

るため、数字に当てはめて2828。

　主に『2ちゃんねる』で浦和レッズファンが使う呼び方である。

ニュルン

　ニュルンとは、かつて清武弘嗣、金崎夢生、長谷部誠が所属していたドイツ・ブンデスリーガに加盟するサッカークラブ、ニュルンベルクの略称である。

　ニュルンベルクを略してニュルン。ニュルンベルクと打ち込むと文字数が多いためニュルンと略されて使われるようになったと考えられる。

人間力
【にんげんりょく】

　人間力とは、現役時代にジュビロ磐田の前身、ヤマハ発動機サッカー部でプレーし、アテネオリンピック日本代表、ジュビロ磐田の監督を務めた山本昌邦（現・アスルクラロ沼津会長）が多用することで知られている言葉である。また、山本昌邦を

挿揄するように使われる俗称でもある。

人間力は、「人間として力強く生きていくための力」「人間としての総合的（心技体）な力」を意味している。山本昌邦がアテネオリンピック日本代表監督を務めていた頃に何度も人間力と発言することでサッカーファンの間で広く知られるようになった。あまりにも多用するため、山本昌邦＝人間力と呼ばれるようになる。

山本昌邦が監督業から離れ、サッカー解説者として活躍する現在でもたびたび使われている。

また、山本昌邦は、解説中に「したたかさ」「勝者のメンタリティー」「かけひき」などの言葉を多用することが特徴。

ネコスキー

ネコスキーとは、ロシア・プレミアリーグに加盟するサッカークラブ、CSKAモスクワを指揮していたレオニード・スルツキー監督の俗称である。CSKAモスクワとは、2010〜13シーズンまで本田圭佑が所属していたチームである。漢字で「猫スキー」と呼ばれることもある。

ネコスキーの元ネタは、スルツキーの選手としてのキャリアを終わらせた、あるエピソードが関係している。

19歳のスルツキの左膝が壊れたのは、友人の飼い猫を救うためだった。地上10mほどの木に登り、降りられなく

なってしまった猫を救おうとしたが、登った木が折れ、落下。鼻骨骨折、左膝とその周辺の骨を粉砕骨折するなどの大けがを負って一年間の入院を余儀なくされ、選手キャリアに終止符が打たれた。

それでも、彼はこう言うのである。「でも、猫は助かったんだ。他に助けに行ける人がいなかったから、私は少なくとも役目を果たしたと思うよ」

引用元：『NumberWeb』（2010年5月8日）　レオニード・スルツキ「謎の青年監督の正体」

この感動的なエピソードを知った本田圭佑のファンやCSKAモスクワのファンたちがスルツキーの名前をもじりネコスキーと呼ぶようになったのがきっかけである。

ハートビーハートビー

ハートビーハートビーとは、2018NHKサッカーテーマ曲に起用されたSuchmos（サチモス）の「VOLT-AGE」の歌詞のこと。

ハートビーハートビーは、NHKが放送している2018年ロシアワールドカップ関連番組で必ず流れるため、多くの視聴者が耳にした。サビの部分で「心つなぐのはその Heartbeat Heartbeat」と何度もハートビーを繰り返す構成となっている。

また、「弾む星の音 その Heartbeat The heartbeat by your side」の「by your side」の部分がby野菜（倍野菜）や温野菜に聞こえると話題となった。ハートビーハートビーby野菜派と

ハートビーハートビー温野菜派に分かれている。

「VOLT-AGE」に関しては、歴代サッカーテーマ曲と比べ、異質であったため、盛り上がりに欠けるなど賛否両論の意見が並んだ。

ちなみにSuchmosのギタリストであるTAIKINGの父は、かつてヴェルディ川崎などで活躍した戸塚哲也である。

BBQ
【ばーべきゅー】

BBQとは、バーベキューの略語のこと。バーベキューとは、野外で肉や魚や野菜をあぶり焼く調理法のこと。

ネット上のJリーグファンの間で使われるBBQとは、降格フラグのこと。成績不振が続き、下位に低迷しているクラブが団結力を高めるた

めにBBQ決起集会を行うと、降格してしまうと言われる都市伝説が存在している。

買エルン
【ばいえるん】

買エルンとは、ドイツ・ブンデスリーガに加盟するサッカークラブ、バイエルン・ミュンヘンを指す蔑称である。

こっそりと利益を与えて味方にすることを意味する「買収」とチーム名の「バイエルン」を組み合わせた言葉である。「バイエルンが審判を買収した」という意味が込められている。

試合中にバイエルン側に有利なジャッジが下された場面において、ファウルではないと主張するアンチなどが使用する言葉である。

→関連用語：バイヤン（125P）

バイヤン

バイヤンとは、ドイツ・ブンデリーガに加盟するサッカークラブ、バイエルン・ミュンヘンを指す略称である。

現地ドイツ人がバイエルン（Bayern）と発音するとバイヤンに聞こえるため。

→関連用語：買エルン（125P）

生え抜き
【はえぬき】

生え抜きとは、プロデビューしたチームに現在まで所属する選手のこと。

サッカーにおける生え抜きは、人によって定義が変わる。

1つ目は、ユースからトップチームに昇格して所属し続ける選手のこと。

2つ目は、高校・大学卒業後にプロチームに所属し続ける選手のこと。

3つ目は、ユース時代にトップチームに昇格できず、大学を経由してユース時代に所属していたトップチームに帰ってくる選手のこと。

1つ目のユースから直接昇格した選手までを生え抜きと捉えるが、高卒・大卒は、人によって意見が分かれている。

bkkw
【ばかかわ】

bkkwとは、浦和レッズに所属していたプロサッカー選手、平川忠亮（現・浦和レッズコーチ）を指す愛称である。「バカ川」と表記されることもある。主にネット上の浦和レッズファンが使う言葉。

bkkwは、当時浦和レッズに所属していたブラジル人ストライカー、エメルソンと平川忠亮との仲睦まじいやり取りが元ネタ。

浦和レッズの練習場である大原サッカー場の駐車場でエメルソンを

見つけた平川忠亮が突然「バカルソン！」と呼び、すぐさまエメルソンが「バーカガワ」と反応。すると平川忠亮が「なにー！　早いじゃん！」と来日が遅れたエメルソンを皮肉ると、周囲の人たちから笑いが起こる。最後に平川忠亮が「今日ゲームよ、これから」と発言するとエメルソンが「明日（から参加する）」と返答した。

上記のやり取りから平川忠亮はbkkwと呼ばれるようになった。

b（バ）k（カ）k（カ）w（ワ）。決して平川忠亮をバカにする言葉ではない。

馬鹿試合
【ばかじあい】

馬鹿試合とは、「どちらか一方のチームが大量得点」または「お互いに大量得点」が生まれた試合のこと。

サッカーだけに限らず、野球などの「点を取り合うスポーツ」で使われている。

具体的な定義は曖昧だが、サッ

カーのように得点が生まれにくいスポーツにおいて、「野球のスコア」のように見えるスコアは馬鹿試合と呼ばれやすい傾向にある。野球では、5対5以上の試合を馬鹿試合と呼ぶ。

日本のサッカーファンにとって、もっとも記憶に新しい馬鹿試合は、2016年リオデジャネイロオリンピック、日本対ナイジェリアだと考えられる。前半12分の時点で、お互いに2点を取り合う展開というのは、サッカーにおいてなかなかお目にかかれない試合である。結果的に日本は撃ち合いに負け敗北したが、人々の記憶に残る馬鹿試合の一つとなった。

【日本 4対5 ナイジェリア】

前半6分（ナイジェリア）S・ウマル

前半9分（日本）興梠慎三

前半10分（ナイジェリア）エテボ

前半12分（日本）南野拓実

前半42分（ナイジェリア）エテボ

後半6分（ナイジェリア）エテボ

後半21分（ナイジェリア）エテボ

後半25分（日本）浅野拓磨

後半50分（日本）鈴木武蔵

馬鹿島
【ばかしま】

馬鹿島とは、Jリーグに加盟する鹿島アントラーズを指す蔑称である。蔑称のため使う際には注意が必要。

利口でないことを意味する「馬鹿」と鹿島アントラーズの「鹿島」を組

み合わせた言葉である。『2ちゃんねる』などで鹿島アントラーズのファンを煽る際に使われている。

ハガレル・メッキ

ハガレル・メッキとは、リオネル・メッシを指す蔑称である。

メッシの名前をもじり「剥がれる」と「メッキ」を組み合わせて「メッシの本当の姿が現れた」という意味が込められている。

主にレアル・マドリーファンやクリスチアーノ・ロナウドファンが用いる言葉である。これには理由が2つあり、メッシが所属しているバルセロナとレアル・マドリーはライバル関係にあるのと、メッシ自身も世界No.1のプレーヤーはどちらか？と常にロナウドと比較されている。そのため、ファンも対立傾向にある。

バス囲み
【ばすかこみ】

バス囲みとは、サポーターが、成績不振、大敗した時、監督やフロントに対する不満が噴出した時に、選手や監督が乗ったバスを囲んで抗議すること。

バス囲みは、試合後、選手や監督がバスに乗り、スタジアムから帰路に就こうとする時に行われる。たくさんのサポーターがバスを囲むことで進路妨害し、サポーター側の不満を監督、社長、選手にぶつける。

Jリーグでバス囲みといえばベガ

ルタ仙台。仙台名物（迷物）バス囲み。夏の風物詩とまで言われていたが、近年ではあまり行われていない。

破談鳥栖
【はだんとす】

破談鳥栖とは、知名度の高い大物選手や監督にオファーするも、何度もお断りをされてしまうサガン鳥栖を揶揄した呼び方。約束が取り消されることを意味する破談とチーム名のサガン鳥栖の鳥栖を掛け合わせたサッカーネット隠語。

破談鳥栖は、フェリックス・マガト監督と破談した頃にはすでに使われていたが、本格的に定着したのはジャンルイジ・ブッフォン破談以降。

ヴィッセル神戸がお断りされた場合は尚既神断。

【破談鳥栖の歴史】
2015年　フェリックス・マガト→お断りされマガントスは幻に終わる
2016年　田口泰士→お断り
2016年　森重真人→移籍金3億円提示もお断り

2016年　植田直通→お断り
2016年　ジャンルイジ・ブッフォン→ユベン鳥栖ならずお断り
2016年　小林悠→年俸1億3000万円以上の高年俸を提示するもお断り
2018年　フェルナンド・トーレス→鳥ーレ栖

サガン鳥栖は、破談鳥栖報道から一転、7月10日にフェルナンド・トーレス獲得を発表。5月7日にサガン鳥栖がトーレスを獲得に動くと報道され、続報ではアメリカ、中国との競合になると報じられていた。しかし、Jリーグ公式サイトがトーレス獲得の誤報をしてしまったことや、金銭面での隔たりが原因で破談したと報じられていた。

蜂
【はち】

蜂とは、Jリーグに加盟するサッカークラブ、アビスパ福岡を意味する隠語である。サッカーファンが自称する時や呼称する時などに使われている。

アビスパ福岡の「アビスパ」は、スペイン語で「スズメバチ」を意味するため「蜂」と呼ばれるようになった。また、アビスパ福岡のマスコットキャラクター「アビー」は蜂がモデルとなっている。

鼻くそ
【はなくそ】

　鼻くそとは、元プロサッカー選手、平山相太（現・仙台大学コーチ）と2006年からドイツ代表監督を務めるヨアヒム・レーヴの愛称である。ともに鼻くそと呼ばれるようになった由来は、鼻をほじる姿を激写されたことが始まり。

　平山相太は、2006年、『夕刊フジ』に鼻をほじる姿を掲載されたことにより鼻くそと呼ばれるようになった。『夕刊フジ』から「ハナクソ王子」と不名誉なニックネームを与えられている。

　レーヴ監督は、2010年南アフリカワールドカップの試合中に、鼻くそをほじる姿をカメラに捉えられている。ほじるだけでは飽き足らず、鼻くそを丸めて食べるという偉業を成し遂げた。さらに脇の匂いを嗅ぐ姿も映像で残されてしまっている。

　レーヴ監督の悲劇は、さらに続く。2014年、鼻くそをほじった手でクリスチアーノ・ロナウドと握手する姿を撮影されてしまったのである。続く2016年には、ズボンの中に手を入れたあと、股間の匂いを確認するかのように手を嗅ぐ姿をカメラに捉えられてしまった。何度も醜態を晒したレーヴ監督もこれにはお手上げ状態。以下のように弁明している。

　「ビデオを見たよ。すまなかったね。もう起きてしまったことだから仕方がない」と謝罪すると「試合中にはアド

レナリンが溢れ出るし、集中していると気付かないうちに勝手に無意識な行為をしてしまうものなんだ。これからは控えるよう気を付けるよ」とその行為を説明している。

引用元：『フットボールチャンネル』（2016年6月16日）　イケメン・ドイツ指揮官の"不潔癖"にファンがっかり……「無意識だった」と謝罪

　この件について、元ドイツ代表であるルーカス・ポドルスキは、レーヴ監督を擁護している。

　ポドルスキーは笑顔を見せながら、「ときどきかくことくらいあるだろう。僕だってそうだし、君ら（報道陣）の80パーセントもきっとやってるはずだ」と語った。

引用元：『AFP』（2016年6月15日）　レーヴ監督の股間タッチ、ポドルスキは「普通のこと」と擁護

　また、ヴァヒド・ハリルホジッチもたびたびハナホルジッチ姿を目撃されている。そのためハリルホジッチ監督を鼻くそと呼ぶ者もいる。

早野乙
【はやのおつ】

　早野乙とは、サッカー解説者の早野宏史が試合中継やサッカー番組でダジャレを披露すると、ネット上でとりあえず書き込まれる言葉。サッカーファンの早野宏史に対するツッコミのようなもの。掲示板に誰かがダジャレを書き込むと早野乙と書き込むやりとりが定番化している。

　早野乙は、早野宏史の苗字とお疲

れ様を意味する乙を掛け合わせた言葉。

早野乙は、早野宏史が柏レイソルの監督を辞任し、解説業に復帰した2006年から『2ちゃんねる』で使われ始めた。

→関連用語：ジダンが地団駄（81P）、はやや（130P）

はやや

はややとは、現役時代は横浜F・マリノスの前身である日産自動車サッカー部で活躍し、監督時代は横浜マリノス、ガンバ大阪、柏レイソルなどで指揮をした早野宏史の愛称である。

はややは、NHKサッカー解説者としておなじみの人物。試合中継やサッカー番組でダジャレを披露することで知られている。はややがダジャレを披露すると「早野乙」と書き込まれるのが定番となっている。

早野宏史のダジャレを心待ちにするファンを「ハヤニスタ」と呼ぶこともある。

→関連用語：ジダンが地団駄（81P）、早野乙（129P）

パラメヒコマン

パラメヒコマンとは、プーマのCMに出演していた謎の覆面フットボーラーのこと。

パラメヒコマンの正体は、元日本代表の駒野友一。

2010年南アフリカワールドカップ後にプーマのCMに起用された。CMの内容は、パラメヒコマンに変身した駒野友一がサッカーの楽しさを子どもたちに伝えるといった内容。ちなみにこの時右腕を骨折していたため、実際のプレーは代役を立てている。

BS劇場
【びーえすげきじょう】

BS劇場とは、NHKBSで放映されるJリーグや天皇杯の試合で終盤、逆転したり同点に追いつくなど劇的な展開になることから使われるよう

になった言葉。BS劇場を略して「劇場」と呼ばれることもある。

BS劇場の元ネタは、2004年12月7日に仙台スタジアムで行われた第84回天皇杯全日本サッカー選手権大会5回戦、横浜F・マリノス対ザスパ草津の試合が由来。当時、JFLに所属していたザスパ草津がJリーグ王者の横浜F・マリノスに延長戦の末、ジャイアントキリングを起こし、勝利したことから定着していった。

本来、BS劇場は番狂わせという意味で使われていたが、年月とともに意味が変わり、劇的な試合を意味している。

PJ
【ぴーじぇい】

PJとは、アルビレックス新潟、ガンバ大阪、ヴィッセル神戸などに所属していたブラジル人プロサッカー選手、ペドロ・ジュニオール（現・ヴィラ・ノヴァ＝ブラジル）を意味する隠語。

PJは、ペドロ・ジュニオールのイニシャルから取ってP（Pedro）J（Júnior）。

BBC
【びーびーしー】

BBCとは、レアル・マドリーに所属していたガレス・ベイル（現・トッテナム・ホットスパー）、カリム・ベンゼマ、クリスチアーノ・ロナウ

ド（現・ユヴェントス）の強力アタッカートリオの総称。2015年に外国のメディア発信で使われるようになったサッカー用語。

3人の頭文字からベイル（Bale）、ベンゼマ（Benzema）、クリスチアーノ・ロナウド（Cristiano）。

ライバルチームであるバルセロナのメッシ・スアレス・ネイマールの総称は、MSN。

BBCは、MSNと比べるとゴール数は怠るが、それでも強力なトリオに変わりない。

- 2013-14　通算97ゴール（ベイル22、ベンゼマ24、ロナウド51）
- 2014-15　通算100ゴール（ベイル17、ベンゼマ22、ロナウド61）
- 2015-16　通算98ゴール（ベイル19、ベンゼマ28、ロナウド51）
- 2014-15　通算70ゴール（ベイル9、ベンゼマ19、ロナウド42）

→関連用語：MSN（25P）

ピコーン

ピコーンとは、各国ごとのリーグ戦やカップ戦のスコアや得点した選手を試合中に知らせてくれるWebサービス『Futbol24』を意味する隠語である。リアルタイムで情報を知らせてくれるため、サッカーファンの間では、昔から愛用されているサービスである。

『Futbol24』を利用中にゴールが決まると、アラームでピコーンと鳴りユーザーにリアルタイム情報を知

らせてくれることから定着していったサッカーネット用語。

以前は、PCでしか使えなかったが、現在はスマートフォン向けアプリが配信されている。Jリーグの試合にも対応しているため、試合を見ながら他会場の結果が気になる場合などに愛用されている。

ひと言いいですか？嫌です
【ひとこといいですか？ いやです】

ひと言いいですか？　嫌ですとは、試合前日に取材対応を求められた本田圭佑がメディアに対して言い放ったお断りの返事のこと。NOと言える男のNOである。

ひと言いいですか？　嫌ですは、ブラジルで開催された2013年コンフェデレーションズカップのブラジル対日本を前日に控えた6月15日にニュース映像で流れたことからその発言が知られることとなった。

本田圭佑は、試合前日にインタビューを受けない男として知られている。試合前日に喋ったら記事になる。

試合前日に本田がしゃべった！
取材エリアでの報道陣の問いかけには小さな小さな声で「お疲れさまです」。試合前日には珍しく言葉は発したが、立ち止まることはなく、取材に応じなかった。

引用元：『日刊スポーツ』（2012年9月11日）　試合前日に本田がしゃべったっ！

ひと言いいですか？　嫌ですのキャプチャーは、ネット掲示板などで貼られるネタ画像の定番の一つにもなっている。

美白のロベカル
【びはくのろべかる】

美白のロベカルとは、アテネオリンピック代表世代で元プロサッカー選手、根本裕一（現・鹿島アントラーズつくばジュニアユース監督）に付けられたキャッチフレーズのこと。

美白のロベカルは、TBSが命名した。美白の根本裕一の利き足は左利きで左サイドをポジションとしていたことから名付けられた。メディアがオリンピック代表のサッカー選手にキャッチフレーズを付けて紹介することはよくあり、美白のロベカルもその一つ。

ヒュー！ ハッキリ言って日本にチャンスはないな
【ひゅー！ はっきりいってにほんにちゃんすはないな】

ヒュー！　ハッキリ言って日本にチャンスはないなとは、『日刊ゲンダイ』によってキャラ付けされ、口調がおかしくなった、元コートジボワール代表のディディエ・ドログバが言ったとされる肉声のこと。

謎の声「ヒュー！」の部分がネット上のサッカーファンにウケたことで「ヒュー！　○○○だぜ！」といったように改変して使われるように。

元ネタは、2010年南アフリカワールドカップ前の『日刊ゲンダイ』の記事。欧州在住のサッカーライターを通してドログバの肉声をキャッチしたという内容のインタビュー記事。信憑性に欠ける内容となっている。

——日本はW杯1次リーグでカメルーンと対戦。あとはオランダとデンマークが相手だ。

「ヒュー！ ハッキリ言って日本にチャンスはないな。オランダは優勝候補の一角だ。オレたちの"兄弟分"カメルーンもスッゲー強い。なぁ、アフリカのチームをもう一度確かめてくれ。どこの選手も大柄で強靭（きょうじん）だ。それでいてスピードもテクニックも抜群。CLに出場しているアフリカ人選手の人数を調べたことがある？ 多過ぎて数え切れないよな（笑い）」

（中略）

——日本は南アでどう戦えばいい？

「サムライ・スピリッツで突撃するしかない。でも、それだけでは不十分だけどな。もし対戦することになったら、日本の小柄なDFの選手なんてオレ様がコッパミジンに砕いてやるよ。ダレがオレを止められる？ 日本人に出来るかね、そんな芸当が。しょせん日本人は"水牛の背中に乗ってる小鳥"みたいなモンだ」

——南アで日本の活躍は期待できない？

「ない、ない。チャンスはゼロだよ。日本のことなんてもう聞くなよ！」

引用元：『日刊ゲンダイ』（2010年5月14日）　オ

レたちの"兄弟分"カメルーンはすっげぇ強い。勝つチャンスはゼロだよ

この記事を見たネットユーザーからは「ヒュー！ 手厳しいこと言ってくれるねえ！」「訳がひどいw」「嘘くさい記事だw」「絶対インタビューしてない」「ヒューヒューだよ」「エディーマーフィーの声で脳内再生された」「ヒャッハー！」「なんで最後キレてんだよw」などの声が並んだ。

フェイエスコア

フェイエスコアとは、夢のスコアを遥かに超越したスコア。10対0というプロサッカーの試合では、なかなかお目にかかれない珍しいスコアのことである。

フェイエスコアは、10対0のスコアに対して使われるもので、11対1のスコアはフェイエスコアではない。つまり相手を完封して10点取るというのが定義となっており、10点差の試合がすべてフェイエスコアというわけではない。

フェイエスコアは、2010年10月24日、PSVホームのフィリップス・スタディオンで誕生した。前半24分にヘイスのゴールでPSVが先制すると、そこからゴールショーが始まる。39分、47分、49分、55分、59分、62分、69分、77分、87分とPSVにゴールを許し歴史的敗戦となった。

かつて小野伸二も所属し、UEFAカップを制覇した実績を持つ名門フェイエノールトとは思えない大敗っぷりにネット上では心配の声と笑い声が上がった。もちろん笑い声のほうが大きく、ネット上では「クソワロタwww」「ダブル夢スコアwww」「野球で言う30対0レベル」などと書き込まれた。また、フェイエノールトを心配するAAも貼られた。

Feliz 2017
【ふぇりす どすみる でぃえしすいえて】

Feliz 2017とは、ドイツ代表トニ・クロース（現・レアル・マドリー＝スペイン）がツイッターで呟いた新年の挨拶のこと。Felizはスペイン語で「幸せ」を意味している。

Feliz 2017の元ネタは、ブラジルで開催された2014年ワールドカップにて、ドイツがブラジルに7対1という大差のスコアで勝利したことが所以。ちなみに歴史的惨敗を喫したブラジル対ドイツ戦のスコアをスクロールスコアと呼ぶ。

クロースのツイートは、2017の1

をブラジル国旗、7をドイツ国旗に置き換えることでブラジル対ドイツ戦のスコアを示唆している。このクロースのきついジョークにブラジルのファンは怒り心頭。レアル・マドリーで同僚のマルセロもすぐに反応している。

ブラジル代表DFはクロースが公開した画像を受けてか、「明けましておめでとう。みんなの健康を願う。そして、いつだって人には敬意を！」とツイートした。

引用元：『GOAL』（2017年1月1日） クロース、マルセロらブラジル人選手にきつい新年の挨拶ツイート

クロースもその後再びツイートしている。

なおクロースはその後に、「ちょっとしたジョークが大きな注目を集めてしまったね。みんなの幸せと健康を願っている」とつぶやいている。

→関連用語：Feliz 2018（134P）

Feliz 2018
【ふぇりす どすみる でぃえしおちょ】

Feliz 2018とは、2018年ロシアワールドカップでドイツが韓国に敗れ、グループリーグで敗退したことでトニ・クロースに送られた煽りツイートのこと。

Feliz 2018の元ネタは、2017年にクロースがツイートしたFeliz 2017。新年早々、2014年ワールドカップにて、ブラジルが1対7で大敗を喫したドイツ戦のスコアを国旗で置き

換えブラジル人を煽ったことが所以。

ドイツが韓国に0対2で敗戦した直後、ブラジル人からのリプライがクロースに集中。リプライの中には、2018年の2を韓国国旗に、0をドイツ国旗に置き換えることでFeliz 2017とツイートしていたクロースにカウンターパンチを浴びせるようにツイートが集まった。

→関連用語：Feliz 2017（134P）

ふざけたロスタイム

ふざけたロスタイムとは、2011年アジアカップのシリア対日本を解説していた松木安太郎の名言である。略して「ふざロス」。

ふざけたロスタイムは、ロスタイム（アディショナルタイム）が長すぎる時に不満を込めて使われる言葉。松木安太郎の発言からネット上のサッカーファンの間では定着している。ふざけたロスタイムの正しい定義は6分。

アディショナルタイムの時間が視聴者の感覚で適正であった場合や試合中に怪我人が出てプレーが止まるような出来事があり、長いアディショナルタイムが妥当であった場合はふざけてないロスタイムと呼ばれることもある。

ふざけたロスタイムは、解説をしていた松木安太郎の「主審への不満」「ストレス」「試合の緊張感」から生まれたと考えられる。シリア戦では、後半24分に川島永嗣が退場、シリアにPKが与えられる判定が下り、

松木安太郎の不満が募っていた。

前半35分に長谷部誠のゴールで先制するも後半76分にアル＝ハティーブにPKを決められ同点に追いつかれてしまう。後半82分に本田圭佑のPKで逆転。グループリーグ突破のために日本としては、このまま逃げ切り、勝点3がほしい場面であった。

【実際の会話】

実況「ロスタイム6分です！　ロスタイムは6分！　ロスタイムの時間を聞いて一気に盛り上がりました！　シリアサポーター！」

松木「ふざけたロスタイムですねぇ、これねぇ！　6分！」

実況「日本にとっては試練の6分間！」

→関連用語：なんなんすかこれ（120P）

二川くんって
いつもああなの？
【ふたがわくんっていつもああなの？】

　二川くんっていつもああなの？
とは、代表招集された際に、一緒に
なった二川孝広（現・FCティアモ
枚方）があまりに無口すぎることを
不思議に思った中村俊輔が、ガンバ
大阪のチームメートであった加地亮
に質問した時の表現である。

　二川くんっていつもああなの？
の元ネタは、テレビ朝日『やべっち
FC』内のなべっちFC（鍋をつつき
ながら矢部浩之と選手がトークする
企画）で、代表合宿中に「一度も話
さなかった相手はいる？」と聞かれ
た時に「二川くん」と答え、そのや
り取りの中で「二川くんっていつも
ああなの？」は誕生した。

プラチナ世代
【ぷらちなせだい】

　プラチナ世代とは、1992年生ま
れのサッカー選手の世代のこと。韓
国で開催されたMBC国際ユース
トーナメントでU-13日本代表が優
勝するなど、黄金世代を超えるプラ
チナ世代として期待された世代。

　スポーツニュースで取り上げられ、
若くして有名になっていた選手が数
多くいる。代表格はMBC国際ユー
ストーナメントで5人抜きドリブル
を披露し、17歳と14日でプロデ
ビューした宇佐美貴史。

【プラチナ世代の代表的な選手たち】

宇佐美貴史（ガンバ大阪）
宮市亮（ザンクト・パウリ）
武藤嘉紀（エイバル）
小川慶治朗（横浜FC）
杉本健勇（浦和レッズ）
小野裕二（ガンバ大阪）
宮吉拓実（京都サンガF.C.）
高木善朗（アルビレックス新潟）
柴崎岳（レガネス）
大島僚太（川崎フロンターレ）
昌子源（ガンバ大阪）
櫛引政敏（モンテディオ山形）

ブンデスタイム

　ブンデスタイムとは、ドイツ・ブ
ンデスリーガのアディショナルタイ
ムを意味している。ブンデスリーガ
が他リーグと比べてアディショナル
タイムが極端に短いことから使われ
るようになった言葉。

　ブンデスリーガでは、3対0のよ
うな大差がついた場合、アディショ
ナルタイムを取らずに試合終了する
ことが多々ある。

　実際に主要ヨーロッパリーグとア
ディショナルタイムを比較した記事
によるとブンデスリーガは2分5秒と、
もっとも短いデータが出ている。

　『シュポルト・ビルト』の調査によ
ると、イングランドのプレミアリーグ
でのATは平均で4分13秒、イタリア
のセリエAは3分50秒、スペインのリー
ガエスパニョーラ・プリメーラ・ディ
ビジョンは3分23秒とのこと。これに

対して、ブンデスリーガは2分5秒と、
ATが極端に短いことを指摘している。

引用元：『GOAL』（2013年1月31日）　ドイツサッ
カー連盟、アディショナルタイムの見直しを検討

ぺ

　ぺとは、セビージャ、PSV、浦和
レッズなどでプレーした元ユーゴス
ラビア代表、ゼリコ・ペトロビッチ
を指す略称である。2011年に浦和
レッズの監督に就任したが成績不振
で解任された。

　ぺは、成績不振で解任され、12
年ぶりにJ2降格危機に瀕したことで、
浦和レッズ歴代監督の中でもネット
上の浦和ファンからネタ扱いを受け
るようになっている。中でも有名な
のは、ペトロビッチがガッツポーズ
している画像をコラージュする遊び。

→関連用語：ペッカー（137P）

ペッカー

　ペッカーとは、2011年に浦和レッ
ズの監督に就任し、成績不振で解任
された「ぺ」ことゼリコ・ペトロビッ
チが主導するサッカーのこと。

　ペトロビッチを意味するネットス
ラングの「ぺ」と蹴球を意味するサッ
カーを掛け合わせてペッカー。

　ペトロビッチは、選手として浦和
レッズでプレーしていた頃、ファン
から愛される選手の一人であった。
「もし、レッズのためにプレーする
なら、レッズを愛さなければならな
い。そして、もし、レッズを愛する

なら、100％ファイトしなければな
らない」と日本から帰国する際、名
言を残した。

　しかし、監督として浦和に戻って
くると、ペッカーを施行し、J2降格
危機に瀕したことで浦和レッズファ
ンに悪夢をもたらした。

→関連用語：ぺ（137P）

ペナルティアーノ・
モラウド

　ペナルティアーノ・モラウドとは、
クリスチアーノ・ロナウドを指す蔑
称である。蔑称であるため、使う際
には注意が必要である。「ペナルシ
スティアーノ・モラウド」や「ペナ
ルティ・モラウド」「ペナウド」な
ど別の呼び方で使われる場合もある。

　ロナウドが頻繁にペナルティエリ
ア内でダイブしていると主張するア
ンチにより、皮肉を込めて名付けら
れた。主にバルセロナファンやメッ
シファンによって用いられる言葉で
ある。これには理由が2つあり、ロ
ナウドが所属していたレアル・マド

リーとバルセロナはライバル関係にあるのと、ロナウド自身も世界最高のプレーヤーはどちらか？　と常にメッシと比較されている。そのため、ファンも対立傾向にある。

ベルギーは赤い悪魔でしたか
【べるぎーはあかいあくまでしたか】

　ベルギーは赤い悪魔でしたかとは、2002年日韓ワールドカップで2対2の引き分けに終わったベルギー戦後に、フジテレビアナウンサー奥寺健が中田英寿に対して行ったインタビュー内容のこと。奥寺アナに「ベルギーは赤い悪魔でしたか？」と問われた中田英寿は「質問の意味がわかりません」と答えている。

　サッカーベルギー代表は、赤い悪魔の愛称で知られており、フランス語でDiables Rouges、オランダ語でRode Duivels。2002年日韓ワールドカップでメディアに取り上げられたことで一般の人にも広く知れ渡った愛称。

【インタビュー内容】
奥寺アナ「ベルギーは赤い悪魔でしたか？」
中田英寿「質問の意味がわかりません」

ペルーの至宝
【べるーのしほう】

　ペルーの至宝とは、プロサッカー選手、澤昌克を指すキャッチフレーズのこと。至宝と略して澤昌克を意味する隠語としても使われている。

　ペルーの至宝の元ネタは、ペルーのメディアから名付けられた。澤昌克は、2005年にペルーのスポルティング・クリスタルとプロ契約を結ぶ。2006年にコロネル・ボログネシを経て2007年にデポルティーボ・ムニシパルへ移籍。デポルティーボで大活躍しペルーリーグ最優秀外国人選手賞を受賞している。この活躍が評価されたことでペルーメディアから「ペルーの至宝」と称された。

ベロチャット

　ベロチャットとは、香川真司ベロチャット写真流出事件のことである。また、香川真司を指す隠語としても用いられる。略してベロチャと呼ばれることも。

　ベロチャット写真流出事件は、香川真司を含むマンチェスター・ユナイテッドの選手4人がスマートフォンのフェイスタイム（テレビ電話）を使ってブロンド女性とチャットをしていたとされ、証拠として舌（ベロ）を出しながらチャットする恥ずかしい姿をイギリスメディアに掲載された。

　チャットをしていたブロンド女性によると、アドナン・ヤヌザイは「セクシーな下着を身に着けるよう」にと要求している。一方、香川真司にも下着姿を見せたのだが、香川真司の興味はそこではなく、自分の家の

中を見せた上で「君の家も見せて」というトリッキーな要求をしていたことが明らかになっている。また、別の日に香川真司が髪を切る姿を動画で送ってきたという報道がされている。

ボア天狗
【ぼあてんぐ】

ボア天狗とは、ミランなどでプレーしたケヴィン＝プリンス・ボアテング（現・モンツァ＝イタリア）、またはバイエルン・ミュンヘンに所属するジェローム・ボアテングを指す隠語である。2人は異母兄弟。

ボア天狗は、「ぼあてんぐ」を日本語IMEで変換すると「ボア天狗」と変換されるため使われるようになったと考えられる。

ボア天狗を略して「天狗」と呼ばれることもある。

ホタる

ホタるとは、山口蛍（現・ヴィッセル神戸）がドイツ・ブンデスリーガのハノーファーへ移籍し、わずか半年でセレッソ大阪に復帰した出来事を揶揄して作られたサッカーネット隠語。意味は海外移籍に失敗し短い期間で古巣に復帰することや古巣に赤字を背負わせるなど曖昧な定義を持つ言葉。

山口蛍はハノーファーへ移籍するもわずか6試合の出場にとどまり、目立った活躍をすることができな

かった。また、セレッソ大阪からハノーファーへ移籍した際に、移籍金が100万ユーロ（約1億1800万円）であったが、ハノーファーからセレッソ大阪へ移籍する際の移籍金は150万ユーロ（約1億7800万円）とも言われている。

上記のような「わずか半年で復帰」「移籍金で古巣が赤字」となった出来事が揶揄されるようになった原因である。

ホタるは『2ちゃんねる』のドメサカ板のらスレで誕生した。

宇佐美貴史がガンバ大阪からアウクスブルクへ移籍する際に、宇佐美貴史の妻である宇佐美蘭がインスタグラムに投稿した文章が、らスレのレス番号391に貼られる。以下がその書き込み。

【実際の書き込み】
392
>>391
またボロボロになって半年で逃げ帰るのかなw

394
>>392
宇佐美はホタらねえよ

395
ホタるwww

404
ホタる爆誕

414

ホタるクッソワロタ

454
山口が日本にホタるってまじかよ

465
ほた・る【蛍る】
1. 実質3ヶ月で古巣に逃げ帰ること。
「ホームシックで—・った」
2. 古巣に赤字を背負わせること。「あ
いつセレッソに5000万—・らせたら
しい」
3. 吐いた唾を飲み込むこと。
4. ぬるま湯につかること。
引用元：『2ちゃんねる』

仏のカカウ
【ほとけのかかう】

　仏のカカウとは、ニュルンベルク、
シュトゥットガルト、セレッソ大阪
などでもプレーした元ドイツ代表の
カカウを指す俗称である。

　仏のカカウと呼ばれるようになっ
た由来は、岡崎慎司がシュトゥット
ガルトに所属していた頃、試合を見
ていたネットユーザーが「カカウの
姿がまるで仏のようだ」と言い出し
たことが始まりである。その姿は、
まるで何かを悟ったような優しげな
表情をしていた。

ポトフ

　ポトフとは、現役時代に松下電器
産業、京都パープルサンガでプレー
し、京都パープルサンガ、徳島ヴォ

ルティスなどで監督を務めた美濃部
直彦（現・ポルベニル飛鳥監督）を
指す隠語である。

　ポトフは、2010年9月から10月に
かけて美濃部直彦が自身のツイッ
ターでポトフに関するツイートを連
発したことがきっかけ。

ホラリラロ

　ホラリラロとは、2011年アジア
カップの決勝でセルジオ越後の口か
ら発せられた謎の呪文のこと。

　2011年1月29日にハリーファ国際
スタジアムで行われた、アジアカップ
決勝、オーストラリア対日本。90
分戦っても両チーム得点なく0対0。
一進一退の中、延長戦へ突入。延長
戦の後半、遠藤保仁からパスを受け
た長友佑都が相手選手を振り切り、
クロスを上げる。ゴール前でフリー
だった李忠成が左足ボレーで合わせ
て待望のゴール。その瞬間にホラリ
ラロは誕生した。

【ホラリラロ誕生までの書き起こし】

実況「長友、長友！　入ってきた」
松木「おお！　いいボールだ！」
実況「入ってきた！　フリーだあああああああああ！」
一同「イエアァァァァァァァァアア!!!!!!」
セルジオ「ホラホラ！」
謎の声「ゲホッ」
松木「やったやったやった！　あははは」
実況「全員で奪った日本のゴール！」
セルジオ「イエーイやったあああああホラリラロ」

　セルジオ越後が興奮を抑え切れず飛び出した言葉がホラリラロ。実際は「ほら李だろ！」と言っている。しかし興奮状態であったために舌が回らず視聴者の耳にはホラリラロと聞こえたためネット上でネタにされるようになっていった。

ホンアン

　ホンアンとは、本田圭佑を嫌うアンチのことである。本田圭佑の「ホン」とアンチの「アン」を組み合わせた造語。

　ホンアンは、香川真司信者を意味するカガシンが主な層である。インターネット掲示板などでホンシンとカガシンは、常にいがみ合っており、お互い罵倒を繰り返している。詳しくはカガシンとホンシンに参照。

　ネット掲示板での使い方として、本田圭佑のアンチがやって来たを意味する「ホンアンが来たぞーwww

ww」や本田圭佑のアンチが悔しがっているを意味する「ホンアン涙目wwwww」などが挙げられる。基本的に煽り言葉とセットで使われることが多い。

→関連用語：カガアン（38P）、カガシン（38P）、ホンシン（141P）

ホンシン

　ホンシンとは、サッカー選手である本田圭佑の熱狂的なファンを意味するネットスラングである。過激な発言や極端な考えを持つ本田信者を指す蔑称でもある。

　『2ちゃんねる』から生まれた言葉で本田のホンと信者のシンを組み合わせてホンシン。

　ホンシンは、香川真司信者を意味するカガシンと対立する傾向があり、お互い常に罵倒し合っている。このような対立には理由があり、本田圭佑と香川真司の得意なポジションがMFの真ん中「トップ下」であることが対立を深める原因となっている。2010年から2014年まで日本代表を指揮したアルベルト・ザッケローニは、トップ下のポジションに本田圭佑を起用した。香川真司がボルシア・ドルトムントで活躍をしても、日本代表では、左サイドのポジションで起用し、香川真司をトップ下で試そうとはしなかった。

　上記のような理由から徐々に関係は悪化しお互いのファン同士がネット上で罵倒するようになっていった。

→関連用語：カガアン（38P）、カガシン

本田△
【ほんださんかっけー】

　本田△とは、「本田圭佑さんかっこいい」を意味するネットスラングである。単純に「本田圭佑」を指している場合もある。略して「△」だけで使われることもある。

　「本田さんかっこいい」→「本田さんかっけー」→「本田三角形」→「本田△」

　本田圭佑がゴールやアシストを決めた時や称賛に値するプレーを魅せた時に『2ちゃんねる』やツイッターなどのSNSに書き込まれる。また本田圭佑は、ビッグマウスと呼ばれる言動で注目を浴びることがしばしばあり、本田圭佑の考えに同意した者たちから尊敬の念を込めて送られる敬称でもある。

　本田△は、本田圭佑がVVVに所属しエールステ・ディヴィジ（オランダ2部）でプレーしていた2008年から使われるようになった言葉である。2007-08シーズンに1部から2部へと降格したVVVでキャプテンとしてプレーし16ゴール、13アシストという年間MVPに相応しい結果を残した。『2ちゃんねる』のユーザーが毎試合のようにゴールを決める本田圭佑を称賛するように「本田△」と呼ぶようになった。

　ちなみに2009年にファンが本田圭佑に対して「本田△」と呼ばれていることを知ってるか？　という趣旨の動画がYouTubeに投稿されたため、本人は「本田△」と呼ばれていることを知っていると思われる。動画が投稿された2009年時点では「知らない」と答えている。

まぁいいんじゃないですか中で
【まぁいいんじゃないですかなかで】

　まぁいいんじゃないですか中でとは、2011年アジアカップ準決勝の日本対韓国の解説中に出た松木安太郎の本音のこと。

　延長後半6分、ペナルティエリアギリギリのところで岡崎慎司が倒されPKを獲得する。松木安太郎は「お！　PKか⁉　PK！　PK⁉　PK！　PKだよし！　おーし！」と喜ぶ。しかし直後に流れたリプレイ映像では、ペナルティエリア外で倒されたように見える。解説者のセルジオ越後が「ただこの時点では外」と言うと、松木安太郎は「外だよねぇ……ただファウルここは、外ですよね……だから、まぁいいんじゃないですか中

で。中でいいでしょこれ」と開き直ったことでお茶の間の笑いを誘った。

前俊をあきらめない
【まえしゅんをあきらめない】

前俊をあきらめないとは、サンフレッチェ広島ユース時代から期待されていた前田俊介の才能がいつか開花すると信じ、前俊を見捨てないサッカーファンが使う言い回しのこと。

前俊から使われるようになった言葉だが「育成年代から突出した才能を発揮した選手」や「天才と呼ばれる選手」など、期待されながらも思ったような結果が出ない選手に対して使われる。「平山を諦めない」「宇佐美を諦めない」など。

前田俊介は、高円宮杯（2004年）でMVPを獲得し、Jユースカップ（2003年）、日本クラブユース選手権（2004年）、高円宮杯（2004年）では得点王に輝くなど将来を嘱望されていた。2004年には、二種登録選手としてJ1に出場。ジュビロ磐田戦ではJリーグ初得点を決めている。2005年にはトップチームに昇格し、東京ヴェルディ戦でゴールを挙げるなど途中出場ながら結果を残す。

しかし2006年頃から足元でボールを受けて個人技で相手を抜きにかかるプレーを相手に研究され、次第にボールを奪われるシーンが目立っていく。

2007年には、サンフレッチェ広島で出番が激減する。出場機会を失った前田俊介は、大分トリニータへレンタル移籍する。その後、2009年に大分トリニータへ完全移籍している。

前田俊介がサンフレッチェ広島時代に出場機会を失っていた頃、当時監督をしていたミハイロ・ペトロヴィッチから送られた言葉がある。

「シュン、お前にはよく考えてもらいたい。お前は日本サッカー界の中でも特別な才能を持った選手だ。それなのに今、試合に出ていないのは監督のせいなのか？ 少し前までお前と同じ場所にいた、お前と同じくらいの才能を持った選手たちは、もう違うステージでプレーしている。その姿を見て、どう思っているのか。お前は、3人ドリブルで抜いて4人目で取られる。その後、カウンターで失点してもドリブルで抜けたことで満足している。それはプロではなくアマチュアの発想だ。単に楽しくやっているだけだ。お前にクサビのボールを入れて、周りは一生懸命走

る。40m、50m、時には80mも走っ
てくれる仲間がいる。それなのに、お
前はつまらないミスでボールを失って
しまう。仲間の頑張りや走りを無駄に
しているんだ。ミスをしてボールを
失ってしまうことは仕方がない。でも、
お前はミスして失ったあと、走ってい
た仲間のために80m走ってカバーし
たことはあるか？　そうすべきだと思
わないか？　サッカーはチームスポー
ツなんだ。

（中略）

シュン、今日の練習の最初、ボール回
しをやっただろう。あれは確かに遊び
だ。しかし、ただの遊びじゃないんだ。
シュン、お前はあのボール回しの中で、
ずっと中で鬼をやっていたな。悔しく
ないのか？　ボールが取れなくて。俺
がお前なら、悔しくてスライディング
してでもボールを取りにいくぞ。シュ
ン、お前は素晴らしい才能を持ってい
る。でも、これから成功するには、お
前のそのアタマの中を変えないといけ
ない。そのために残された時間は、シュ
ン、そんなにたくさんあるわけじゃな
い。お前は、もう特別に若いわけじゃ
ないんだ。走って走って、球際でアグ
レッシブに戦え。そうすれば、いい選
手になれる。90分、いや100分、180分、
戦い抜くくらいにやろう」

　前田俊介は、ペトロヴィッチ監督
が言うように素晴らしい才能を持っ
ている。だからこそ前俊を諦められ
ない人たちが存在している。

前園さんの言うとおり
[まえぞのさんのいうとおり]

　前園さんの言うとおりとは、1997
年、マンダムから発売されたヘアク
リーム・洗顔ウォーター「ASI's」
のCMに起用された前園真聖のセリ
フである。

　前園真聖が出演した「ASI's」の
CMは、2パターン放映された。

　1つ目はヘアクリームのCM。オー
プンカーに座る彼女とおぼしき女性
に、前園真聖が髪をかきあげながら
「男の髪はナチュラルが一番さ」と
会話するシーンから始まる。

　彼女は「なに言ってんの、あんた」
と呆れながら応える。

　すると周囲にいた通行人たちが
「前園さんの言うとおり！　前園さ
んの言うとおり〜」と合唱を始める。
続く3回目「前園さんの」までを周
囲の通行人たちが合唱し、前園さん
が「言うとおり」とかっこよく決め
る。

　最後に前園さんが髪をかきあげな
がらヘアクリームを使うシーンが流
れCMは終了。

　2つ目は洗顔ウォーターのCM。
オープンテラスで彼女と思われる女
性と会話するシーンから始まる。

前園「肌は、ナチュラルが一番さ」
彼女「なに言ってんの、あんた」

　すると周囲にいた外国人カップル
が「前園さんの言うとおり」と歌い
始める。すると周囲にいた人たちも

一緒に「前園さんの言うとおり〜」と合唱を始める。続く3回目「前園さんの」までを周囲の人たちが歌い、前園さんが「言うとおり」とかっこよく決める。

最後に前園さんが洗顔するシーンが流れCMは終了。

マガントス

マガントスとは、かつてドイツ・ブンデスリーガのヴォルフスブルクで長谷部誠を指導し、シャルケでは内田篤人を指導した鬼軍曹ことフェリックス・マガト率いる幻のサガン鳥栖のこと。

フェリックス・マガトのマガトとサガン鳥栖のトスを掛け合わせた言葉。

2015年12月に「マガトがサガン鳥栖の監督に就任有力」というニュースが流れ、その後、来日し基本合意したと報道されたが、サガン鳥栖の主力選手（藤田直之、水沼宏太）放出を理由に交渉決裂。

「藤田は主力というだけでなく主将だった。鳥栖は主将を神戸に売った。他選手も鳥栖から他クラブへ移籍するので、一緒に考えた目標が見えなくなった。私は魔法使いではない。チームの骨組みがなければ、大きなチームとは戦えない。
（中略）
せっかくドイツから日本に行くのに、10位になるためには働きたくない」
引用元：『スポーツ報知』（2016年1月2日）　マ

ガト氏、鳥栖との交渉決裂は「主将・藤田ら移籍」フロントの主力放出に構想崩れる

サガン鳥栖との交渉が決裂したマガトは、2016年6月に中国スーパーリーグの山東魯能の監督に就任している。

負けないよ
【まけないよ】

負けないよとは、ミスターレッズこと福田正博が発言した負けフラグのこと。

負けないよは、2002年10月19日に埼玉スタジアムで行われたJ1 2ndステージ第9節、浦和レッズ対名古屋グランパスエイト戦で誕生した。

浦和レッズは、2ndステージ無敗と絶好調。ナビスコカップを含めた公式戦10試合負けなしと浦和レッズの勢いは止まらず、名古屋グランパスエイトに2対1で勝利する。試合後に同点ゴールを決めた福田正博のヒーローインタビューが始まる。

【インタビュー内容】
アナ「そして同点ゴール、福田選手です、おめでとうございます！」
福田「ありがとうございます」
アナ「雨の中、総立ちのお客さんの声援ですね」
福田「久しぶりのゴールだからね（笑）」
アナ「なかなか点が入りませんでしたけど、79分という、どうしてもほしい時間で決めましたね」
福田「いや、負けないよ」

観客「＼うおおおおおおおおおおおおおお／」

アナ「まだあの2ndステージの先のことを言うと怒られてしまうかなという気もするんですが、このままいけそうでしょうか？」

福田「もう最後まで一緒に戦いましょう！　ありがとうございました！」

　このまま浦和レッズの勢いは止まらず2ndステージで優勝するかと思われたが、この発言以降浦和レッズは失速する。名古屋グランパスエイト戦後の2ndステージ第10節に鹿島アントラーズに敗れると、続く東京ヴェルディにも敗れ2連敗。ナビスコカップ決勝でも鹿島アントラーズに敗れ優勝を逃してしまう。その後も2ndステージ第12節から最終節まで敗戦し公式戦7連敗。天皇杯3回戦でアビスパ福岡に負け敗退。連敗は翌年まで止まらず、ナビスコカップ予選リーグでも2連敗。2003年J1 1stステージ第1節の鹿島アントラーズにも敗戦。第2節の名古屋グランパスエイト戦で引き分け公式戦の連

敗は11で止まる。

　上記の出来事から福田の呪いと呼ばれることもある。

　福田正博はのちにこのヒーローインタビューのことについて語っている。

　「負けないよ」という言葉は単純に「そうそう簡単には負けないよ」という意味なんだ。結果として、その後の試合を0対1で負け続けていったという事実はあるんだけど、あの言葉によって、そうした結果になったかという繋がりは別だと思う。

　今思うと、あの場面で良くなかったなと思うのは、テレビ埼玉のインタビュアー（大西友子さん）に聞かれたこととは全く違うことを答えていて、しかも勝手に答えて勝手にインタビューを締めて終えたということ。今、メディアでの仕事もしている僕の立場からすると、謝れるなら謝りたい。本当に申し訳ないことをしたと思う。

引用元：『浦議』（2012年5月10日）【浦研プラス】福田正博が語る「負けないよ」本当の意味とは？

マサオ

　マサオとは、1993年に永谷園から発売されたJリーグカレーのCMで、カレーを食べた直後にサッカー少年から変身したラモス瑠偉のこと。

　当時としては、CGが使われるのは珍しく、カレーを食べた少年から髭が生え、髪が伸びるといった印象的なCMであったことから強く記憶に刻まれている者も多く、今でも掲

示板でネタにされている。

Jリーグカレーは、1996年に製造が終了した。

マヤニスタ

マヤニスタとは、サンプドリア（イタリア）に所属するプロサッカー選手、吉田麻也の熱狂的なファン。

マヤニスタは、吉田麻也の「麻也（マヤ）」とイタリア語で「～する人」を意味する接尾辞「-ista」を組み合わせた造語。

眉毛兄弟
【まゆげきょうだい】

眉毛兄弟とは、イギリスのロックバンド、元Oasis（オアシス）のノエル・ギャラガーとリアム・ギャラガー兄弟を意味する隠語。眉毛＝ギャラガー兄弟のどちらかを意味する。ノエル・ギャラガーのことを眉毛兄、リアム・ギャラガーのことを眉毛弟と呼ぶ者もいる。

眉毛と呼ばれるようになった由来は、ギャラガー兄弟の眉毛が濃く特徴的なことから用いられるようになった。

ギャラガー兄弟は、熱狂的なマンチェスター・シティサポーターとして知られ、サッカーファン（特に海外サッカーファン）の間では、もっとも有名なミュージシャンの二人である。

また、大のマンチェスター・ユナイテッド嫌いとしても知られている。

「好きなものと嫌いなものを10個挙げてください」と質問されたギャラガー兄弟は、ともに嫌いなものの中にマンチェスター・ユナイテッドの名を挙げている。リアムに至っては10個すべてマンチェスター・ユナイテッドの名を挙げている。

鞠
【まり】

鞠とは、Jリーグに加盟するサッカークラブ、横浜F・マリノスを意味するインターネットスラングである。

鞠は、横浜F・マリノスの「マリ」を漢字表記したものである。

マリア様
【まりあさま】

マリア様とは、かつてレアル・マドリーやマンチェスター・ユナイテッドに所属し、現在はパリSGで活躍しているアルゼンチン代表アンヘル・ディ・マリアを意味する隠語。

マリア様の元ネタは、イエス・キリストの母である聖母マリア様。ディ・マリアの名前のマリアの部分を聖母マリア様になぞらえてマリア様。

マリアダービー

マリアダービーとは、モデルのMALIA.と結婚していたサッカー選手が所属しているチーム同士の試合

を意味する。

ダービーマッチは、共通の条件を持つチーム同士や同じ地域を本拠地とするチーム同士の試合のことをいう。ダービーとMALIA.のマリアを掛け合わせてマリアダービー。MALIA.は過去に田中隼磨（現・松本山雅FC）、佐藤優平（現・東京ヴェルディ）、三渡洲舞人（元・東京ヴェルディ）と3人のサッカー関係者と結婚しているが、いずれもすでに離婚している。

マリアダービーは、2015年10月17日に佐藤優平が所属するアルビレックス新潟と田中隼磨が所属する松本山雅FCの試合で実現した。

丸木
【まるき】

丸木とは、鹿島アントラーズ、横浜F・マリノス、ヴィッセル神戸などで活躍したマルキーニョスことマルコス・ゴメス・デ・アラウージョを意味する隠語。

丸木は、マルキーニョスのマルキを漢字表記にして丸（マル）木（キ）。

麿
【まろ】

麿とは、Jリーグに加盟するサッカークラブ、京都サンガF.C.を意味する隠語である。サッカーファンが自称する時や呼称する時などに使われている。

麿の元ネタは、平安時代以降、一

人称として使われていた「麻呂、麿（まろ）」である。京都サンガF.C.が歴史ある京都をホームタウンとすることから当時、朝廷に仕える貴族などが一人称として使用した「麿」と呼ばれるようになったと考えられる。

また、京都サンガF.C.（旧・京都パープルサンガ）のクラブカラーがパープルであることから「紫」と呼ぶ者もいる。

まんお

まんおとは、元日本代表で鹿島アントラーズで活躍した小笠原満男（現・鹿島アントラーズアカデミーアドバイザー）を意味する隠語。

まんおは、小笠原満男（みつお）の満を音読みした呼び方。

栗鼠／みかか
【りす／みかか】

栗鼠とは、Jリーグに加盟するサッカークラブ、大宮アルディージャを意味する隠語である。サッカーファンが自称する時や呼称する時などに使われている。

大宮アルディージャのマスコットキャラクターである「アルディ」と「ミーヤ」がリスをモチーフにしていることから「栗鼠」と呼ばれるようになった。

また、大宮アルディージャは「みかか」と呼ばれることもある。大宮アルディージャの前身である「NTT関東サッカー部」が元ネタとなって

いる。日本語キーボードでかな入力時に「NTT」と順番に打つと「みかか」と入力されることから「みかか」。

みかん

みかんとは、Jリーグに加盟するサッカークラブ、愛媛FCを意味する隠語である。サッカーファンが自称する時や呼称する時などに使われている。

愛媛FCがホームタウンとする愛媛県の特産品が「みかん」であることや「愛媛県＝みかん」というイメージから「みかん」となったと考えられる。ちなみにみかん生産量日本一は愛媛県（2位）ではなく和歌山県（1位）である。

ミキティ

ミキティとは、ヴィッセル神戸の代表取締役会長である三木谷浩史の

こと。

ヴィッセル神戸は近年、ルーカス・ポドルスキ、アンドレス・イニエスタ、トーマス・フェルマーレン、ダビド・ビジャなど欧州の一流クラブで活躍してきた外国籍選手を次々と補強。ヴィッセル神戸はバルセロナ化を目指しており、こういった派手な補強は三木谷浩史会長の意向によるものだと考えられる。ヨーロッパや中国では派手にお金を使い、大物選手を補強するクラブは珍しくないが、日本では珍しいタイプのオーナーと言える。

見切れ芸
【みきれげい】

見切れ芸とは、プレミアリーグに所属しているアーセナルが得意とする芸のこと。スマートフォンで順位表のスクリーンショットを撮った時に本来であれば上位にいるはずの強豪クラブが画面から見切れてしまう順位で低迷している状態を見切れ芸という。

見切れてしまうような順位にいる強豪チームを揶揄するためにキャプチャーとともにネット掲示板などに書き込まれる。ギリギリチーム名を確認できることがポイント。

見切れ芸は、強豪クラブが中位あたりをウロウロしているシーズン序盤から中盤にかけて用いられることが多い。

また、アーセナルだけでなく、近年低迷しているマンチェスター・ユ

ナイテッドやミランなどがネタにされやすい傾向がある。

見せてくれ内田
【みせてくれうちだ】

見せてくれ内田とは、内田篤人が起用されたソニー製テレビ・BRAVIAのCMナレーションの台詞のこと。「魅せてくれ内田」と使われることもある。

BRAVIAは、2010年南アフリカワールドカップオフィシャルテレビということもあってサッカー日本代表の内田篤人が起用された。2010年ワールドカップ期間中、頻繁に流れていたCMで視聴者が目にする機会が多かった。

【CMのナレーション書き起こし】

見せてくれ、内田
お前が全力で相手の裏へ駆け上がる瞬間を
日本の右サイドから世界の壁が崩れる瞬間を
全てを見届ける用意はあるか？
2010 FIFA ワールドカップオフィシャルTV BRAVIA
見せてくれ……
♪ BOOM BOOM SATELLITES

内田篤人は、2010年初頭まで右SBとしてスタメンで起用されていた。だが、大会前に戦術的な理由もあり、今野泰幸が起用されるようになっていった。

しかし、ワールドカップ前最後の親善試合となったコートジボワール戦で今野泰幸が左膝靭帯損傷の怪我を負ってしまう。内田篤人がスタメン復帰するかと思われたが、先発に起用されたのは、駒野友一であった。

結局、最後まで駒野友一が起用され、内田篤人が南アフリカワールドカップ大会に出場する機会はなかった。

ネット掲示板などでは、内田篤人の出場機会がなかったことを揶揄するように「見せてくれ内田」と書き込まれるようになる。また、内田篤人が出場している試合中に、実況スレで「いいプレーをしてくれ」といった意味を込めて書き込まれる。

水戸ちゃん
【みとちゃん】

　水戸ちゃんとは、茨城県水戸市を本拠地とするサッカークラブ、水戸ホーリーホックを意味するインターネットスラングである。Jリーグのファンが愛着を込めて水戸ちゃんと呼ぶ。また水戸ホーリーホックより下位にいるチームのサポーターが尊敬の念を込めて水戸さんと呼ぶこともある。

　元ネタは、『2ちゃんねる』。2003年に水戸ホーリーホックがJ2で初めて首位に立った時に作られた記念のAA。このAAをきっかけに水戸ちゃん可愛いと言われるようになり定着していく。

緑
【みどり】

　緑とは、Jリーグに加盟するサッカークラブ、東京ヴェルディを意味する隠語である。サッカーファンが自称する時や呼称する時などに使わ

れている。

　東京ヴェルディ（旧ヴェルディ川崎）の「ヴェルディ」はポルトガル語で「緑」を意味している。また、クラブカラーもグリーンであることから「緑」と呼ばれるようになった。

みんな落ちついてよ
これ拓実じゃないってばw
【みんなおちついてよ
これがたくみじゃないってばw】

　みんな落ちついてよこれ拓実じゃないってばwとは、セレッソ大阪に所属していた南野拓実（当時10代）が飲酒・喫煙疑惑を持たれた際に、柏レイソルに所属していた何の関係もない田中順也（現・ヴィッセル神戸）に飛んできた流れ弾のこと。

　2014年に南野拓実が女性3人と写った画像やグラスを持った画像が流出。この写真を見たサッカーファンの間で「南野拓実が飲酒したのではないか？」という疑惑が持ち上がる。その際生まれたのが「みんな落ちついてよこれ拓実じゃないってばw」である。

　写真が出回り、騒動となっていた最中、あるセレッソ大阪のファンが騒ぎを沈静化させるためツイッターへ文章を投稿する。

みんな落ちついてよこれ拓実じゃないってばw
似てるように加工されてるだけだよ、信じようよ
私は思うけどこれ、柏レイソルのTJ

でしょ？　絶対そうよ

　どう見ても田中順也には見えないが、なぜかTJのせいにされてしまう。

　この投稿を見たネット上のサッカーファンから「しかしなぜTJをターゲットにしたのかw似てねーだろw」「TJはワロタ」「罪をなすりつけようとしているのか……」「TJかわいそう」などの言葉が並んだ。

　セレッソ大阪は、騒動を受けて南野拓実に事情聴取を行い、飲酒、喫煙の事実はなかったと発表している。

　題記の件、弊クラブでは、先日から一部「メディア」で流出している写真の件について、弊クラブ所属選手に事情聴取を行いました。その結果、飲酒・喫煙の事実はございませんでした。しかしながら、みなさまに誤解を招く行為を行ったことについて、弊クラブをご支援頂いております関係者のみなさま及びクラブを応援していただいているサポーターのみなさまには、大変ご心配とご迷惑をおかけいたしました。

　今後、プロのサッカー選手として、社会の模範となる人間となるよう、教育を実施していく所存でございます。

引用元：『セレッソ大阪公式HP』（2014年1月31日）一部「メディア」へ流出した、弊クラブ所属選手の写真の件について

ムァキ

　ムァキとは、元日本代表で2006年ドイツワールドカップメンバーにサプライズ選出された巻誠一郎のこと。

オガサワーラ、エンドゥ、ナカムーラ、タカハーラ、オグロ、ヤナギザーワ、タマーダ、ムァキ

ムァキ

　ムァキの元ネタは、ドイツワールドカップのメンバー発表。監督のジーコが巻誠一郎を「ムァキ」と発音したことが由来。

【2006年ドイツワールドカップメンバー発表会見】

ジーコ「オガサワーラ、エンドゥ、ナカムーラ、タカハーラ、オグロ、ヤナギザーワ、タマーダ、ムァキ」
報道陣「＼おおおおおおおお／」
カメラ「シャカシャカシャカシャカ」

無冠ターレ
【むかんたーれ】

　無冠ターレとは、あと一歩のところで何度も優勝を逃す川崎フロンターレを揶揄した蔑称のこと。他にも「シルバーコレクター」「童貞」「無冠の帝王」と揶揄されることも。また、川崎フロンターレの蔑称として「ウンコターレ」と用いられることもある。

　川崎フロンターレは、過去に何度も優勝できる機会を作りながらも、

ことごとく優勝を逃している。ただしJ2では、1999年と2004年に優勝を経験している。

【川崎フロンターレの負の歴史】
2000年：ナビスコカップ準優勝
2006年：Jリーグ2位
2007年：ナビスコカップ準優勝
2008年：Jリーグ2位
2009年：Jリーグ2位、ナビスコカップ準優勝
2016年：天皇杯準優勝

　2009年のナビスコカップではFC東京に敗れた。試合後の表彰式で川崎フロンターレの選手が「握手拒否」「ガムを噛む」「銀メダルをその場ではずす」などの態度の悪い行動が問題となり物議を醸した。この態度の悪さを揶揄して「フテクサーレ」と揶揄する者もいる。

　そんな悔しい経験を乗り越えた川崎フロンターレは2017・2018年Jリーグ優勝、2020年Jリーグ優勝など、もはや無冠ターレの面影は微塵もない。無冠ターレは今や死語になりつつある。

無慈悲世代
【むじひせだい】

　無慈悲世代とは、1994年生まれのサッカー選手の世代のこと。94年生まれということで94JAPANと総称することもある。

　元ネタは、2011年にメキシコで開催されたU-17ワールドカップにて、

U-17日本代表がニュージランドを相手に6対0で大勝したこと。試合後にFIFAがマッチレポートに「Ruthless Japanese sweep Kiwis aside（無慈悲な日本、キウィを一蹴）」と掲載したことから無慈悲世代と呼ばれるようになった。

　この試合をきっかけに6対0のスコアで終えた試合を無慈悲スコアと呼ぶようになる。

【無慈悲世代の代表的な選手たち】
南野拓実（サウサンプトン）
中島翔哉（アル・アイン）
鈴木武蔵（ベールスホト）
望月嶺臣（引退）
石毛秀樹（清水エスパルス）
室屋成（ハノーファー）
植田直通（ニーム）
岩波拓也（浦和レッズ）
中村航輔（ポルティモネンセ）
→関連用語：無慈悲なスコア（153P）

無慈悲なスコア
【むじひなすこあ】

　無慈悲なスコアとは、6対0で試合を終えたスコアのこと。定義は、6点取り完封した試合で使われる。6対1や7対1は、無慈悲なスコアではない。

　無慈悲なスコアは、2011年U-17ワールドカップ、6月30日に行われた日本対ニュージーランドの試合で誕生した。前半20分に石毛秀樹のゴールで先制すると、続く22分に再び石毛秀樹がゴール。32分には

早川史哉が決め、42分にはオウンゴールで4点目。後半56分に南野拓実が決め、80分に早川史哉がゴールショーを締めくくる。日本が6対0で勝利した。

試合後、FIFA公式のマッチレポートにて
「Ruthless Japanese sweep Kiwis aside（無慈悲な日本、キウィを一蹴）」とタイトルを付けた記事が上げられたことが元ネタ。キウィとは、ニュージーランド代表のこと。

このFIFAの記事を見たネットユーザーが6対0で終えた試合を無慈悲なスコアと呼ぶようになった。また、このU-17日本代表世代のことを「無慈悲世代」と呼ぶようになった。

→関連用語：無慈悲世代（153P）

無双
【むそう】

無双とは、並ぶものがないほど、優れているということ。コーエーテクモゲームスから発売されている、アクションゲームの無双シリーズ『三國無双』『戦国無双』によって耳にするようになった言葉。

サッカーにおいて、試合を観戦しているネット上のサッカーファンが、大活躍している選手を絶賛する時に使われる表現の一つ。〇〇無双の丸の中に名前を入れ、メッシ無双やロナウド無双のように使う。

また、大活躍する状態を「無双状態」「無双中」と表現する。

他にも特定のチームの快進撃が続

いた時に使用され、チーム名と掛け合わせ、「レスター無双」などと表現される。

村井案件
【むらいあんけん】

村井案件とは、クラブ、サポーター、選手などサッカーに関わる人が問題を起こした時に、Jリーグの村井満チェアマンが激怒しそうな案件に対して使われる表現のこと。「村井チェアマンにチクるぞ」というニュアンスが込められている。

村井案件は、村井満がJリーグチェアマンに就任した2014年に起こった浦和レッズ差別横断幕事件がきっかけとなっている。村井満チェアマンは、「JAPANESE ONLY」と人種差別を想起させる横断幕が掲げられた問題を重く受け止め、浦和レッズに対し、Jリーグ史上初となる無観客試合の処分を下した。

上記の出来事から村井満チェアマンは、問題が起きた時に厳しい対応を取るということが明らかとなった。

実際に村井案件が使われるようになったのは、浦和レッズ差別横断幕事件以降であるが、根底にあるのはこの出来事。

村井案件には冗談で使われている場合と、本気のパターンがある。基本的にみんなが笑えるようなものには冗談で村井案件！　村井案件！と書き込まれる。

【軽い村井案件】
マラドーナが中指立てる
↓
村井案件だろこれwww
【重い村井案件】
サポーターがツイッターで差別ツイート
↓
村井案件だろこれ！！！

ムンタリスタ

ムンタリスタとは、イタリア・セリエAのインテルなどで活躍したサリー・ムンタリの熱狂的なファンを意味している。

ムンタリスタは、サリー・ムンタリの「ムンタリ」とイタリア語で「〜する人」を意味する接尾辞「ista」を掛け合わせた造語。

ムンタリスタは、2010年から使われるようになったサッカーネット隠語である。ムンタリスタの心を掴んだ試合が、2010年3月12日、セリエA第28節のカターニャ対インテル戦。後半79分、エステバン・カンビアッソを下げてムンタリを投入す

る。交代直後に相手選手へタックルをかますとイエローカードをもらってしまう。このムンタリのファウルで直接FKのチャンスを与えてしまう。壁に入っていたムンタリは、ボールを手で触ってしまいハンドでPKを献上してしまう。ムンタリには2枚目のイエローカードが掲示され退場。この間わずか2分の出来事。

上記の出来事が原因となり、サッカーファンからネタ選手のような扱いを受けるようになり、ムンタリが出場すると何かやらかしてくれるのでは？　と期待されるようになっていった。

盟主
【めいしゅ】

盟主とは、Jリーグに加盟するサッカークラブ、アビスパ福岡を意味する隠語のこと。他クラブのサポーターがアビスパ福岡があまり強くないことに皮肉を込めて盟主と呼ぶ。また、アビスパ福岡のサポーターが自虐的な意味を込めて使う。

盟主は本来「仲間内の中心人物や国」を意味している。つまり盟主は、九州を引っ張っていく、代表するクラブを意味している。が、現時点では、同じ九州を本拠地とするサガン鳥栖のほうが強く、格上と考えられている。

盟主は、コーエーテクモから発売されたテレビゲームのキャラクター、オプーナのAAを改変した盟主のキャラクターそのものを指すこともある。『2ちゃんねる』では、様々な盟主のAAが作られている。

名将
【めいしょう】

名将とは、優れた成績を残す監督に対して使われる敬称である。

本来は長い期間、結果を残してきた監督に使われるものだが、『2ちゃんねる』のサッカー実況スレなどでは、「ゴールが決まった時」や「采配が当たった時」や「試合に勝った時」に使われている。

また、意図がわからない采配をした時などに名将をもじり「迷将」と呼ばれることもある。

→関連用語：愚将（52P）

モイモイ

モイモイとは、エヴァートンやマンチェスター・ユナイテッドなどで監督を務めたデイヴィッド・モイーズ（現・ウェストハム・ユナイテッド監督）を指す愛称である。モイー

ズを揶揄して呼ぶ場合に使われることが多い。

モイモイと呼ばれるようになった由来は、モイーズがマンチェスター・ユナイテッドの監督に就任して以降のことである。マンUを27年間率いたサー・アレックス・ファーガソンの後任として就任したが、リーグ戦では、低迷し強豪とは思えぬ成績が続いた。マンU2年目での活躍を期待された香川真司の扱いが悪かったことも相まって揶揄するようにモイモイと呼ばれるようになった。

極めつけは、2014年2月9日のフラム戦でのこと。徹底してサイドからクロスを上げさせ、1試合にクロス81本を記録する戦術を敢行し、格下のフラム相手に2対2で引き分けファンを絶望させた。

その後も不安定な試合が続き2014年4月22日、モイーズ監督の退任が発表された。

上記のような成績、戦術からモイーズを皮肉交じりに「名将モイーズ」と呼ばれることもある。

モウイーヨ

モウイーヨとは、ポルトガル出身の指導者であるジョゼ・モウリーニョを指す蔑称のこと。また「モウイイヨ」「もう無理ーにょ」「モウムリーニョ」と表現されることも。

モウイーヨは、モウリーニョが監督を務めるチームのファンが、成績不振で不満を募らせた時や限界を感じた時などに使われ、「もう監督交

代してくれよ」といったニュアンスが込められている。モウリーニョはモウイーヨと辛辣な言い回しで監督解任を所望されることもある。

　他にも、モウリーニョの攻撃的な発言に対してネット上のサッカーファンが呆れた時などに用いられている。

MQN
【もきゅん】

　MQNとは、川崎フロンターレ、東京ヴェルディなどに所属していた元プロサッカー選手、森勇介を指す蔑称である。

　インターネットスラングで不良や粗暴な者に対して使われる「DQN」と森勇介の名字である「M」を組み合わせた言葉である。

　MQNと呼ばれるようになった由来は、森勇介がたびたび物議を醸すような暴力的なプレーに走ってしまうことが所以である。肘打ちなどの暴力的なプレー以外にも暴言、態度などが問題視されていた。

　上記のような理由から森勇介は、警告、退場を受ける頻度が高くJ1、J2、J3すべてのカテゴリーで退場した初の選手である。また、Jリーグ最多14度の退場記録保持者でもある。

モリモリモリモリ
モリエンテス

　モリモリモリモリモリエンテスとは、フジテレビで放送されていた『め

ちゃ×2イケてるッ！』内のコーナー、やべっち寿司にレアル・マドリー所属のラウル・ゴンサレスとフェルナンド・モリエンテスが主演した際に生まれたギャグのこと。

【モリモリモリモリモリエンテスまでの流れ】
矢部浩之「モリエンテスの顔はツレでいそうな感じしますけどね。学生時代に」
ラウル「モリモリ」
矢部浩之「モリモリモリモリモリエンテス？」
ラウル「モリモリモリモリモリモリエンテス」
一同爆笑

　途中から市立船橋高校サッカー部出身で知られるペナルティのワッキーとヒデも参加する。そこでワッキーが芝刈り機のモノマネを披露し

ている。のちにラウルは、この時ワッキーが披露した芝刈り機が人生で一番可笑しかったと語っている。

その中で『今までの人生で一番可笑しかったことは？』と質問されて、なんとそこで出てきた答えは『ジャパンツアーに行った時に日本のテレビに出演して、そこで日本人のコメディアンがやった芝刈り機のものまね』

引用元：徳永尊信ブログ『サッカーのある人生を』（2009年7月3日）　ラウルが人生で一番可笑しかったことは

モンデナイヨ山形
【もんでないよやまがた】

モンデナイヨ山形とは、当時モンテディオ山形の監督を務めていた柱谷幸一を意味する隠語。または不倫疑惑を指す。

2003年、モンテディオ山形の監督だった柱谷幸一（現・アヴェントゥーラ川口アドバイザー）とNHK山形のキャスター古瀬絵理との不倫疑惑が週刊誌に報じられる。古瀬絵理は巨乳が注目され山形県名産のスイカにちなんでスイカップというあだ名が付けられていた。柱谷幸一は会食したことは認めたが、不倫は否定。柱谷幸一が不倫を否定したことからチーム名をもじってサッカーファンからモンデナイヨ山形と呼ばれるようになった。

ヤオセロナ

ヤオセロナとは、スペイン・リーガ・エスパニョーラに加盟するサッカークラブ、バルセロナを指す蔑称である。略して「ヤオサ」と呼ばれることもある。

事前に決められたとおりに勝敗をつけることを意味する「八百長」とチーム名である「バルセロナ」を組み合わせた言葉。

ペナルティエリア内でファウルかどうか際どい場面において、PK判定に不満を持つアンチファンによって使われる。この言葉には「バルセロナが審判を買収した」という意味が込められている。

ヤオリー

ヤオリーとは、スペイン・リーガ・エスパニョーラに加盟するサッカークラブ、レアル・マドリーを指す蔑称である。

前もって勝敗が決められた試合を意味する「八百長」とチーム名を略した呼び方の「マドリー」を組み合わせた言葉である。「レアルが審判を買収した」という意味が込められている。

主にファウルかどうか際どい場面や選手によるダイブ（わざと倒れてPKをもらう行為）したシーンにおいて、レアル側に有利な判定が下された時に使われる。

ヤオントス

ヤオントスとは、イタリア・セリエAに加盟するサッカークラブ、ユ

ヴェントスを指す蔑称である。

　前もって決めていたとおりに勝負をつけること意味する「八百長」とクラブ名の「ユヴェントス」を組み合わせた言葉である。

　ファウルかどうか際どい場面において、ユヴェントス側に有利な判定が下された時やPKをもらったシーンなどで使われ、主にユヴェントスのライバルチームを応援するファンが煽り言葉として使用している。

　ヤオントスと言われるようになった由来は、2006年に発覚したカルチョ・スキャンダルが原因である。当時ユヴェントスのGMであったルチアーノ・モッジらによる審判の買収、脅迫行為が表沙汰になり、セリエB降格処分を受けた。

優勝請負人
【ゆうしょううけおいにん】

　優勝請負人とは、在籍するチームが優勝する可能性を高める選手や監督のこと。

　優勝請負人の代表的な選手はズラタン・イブラヒモヴィッチ（現・ミラン＝イタリア）。イブラヒモヴィッチは、プロデビューをしたマルメとマンチェスター・ユナイテッド以外の所属したチームでリーグ優勝を達成している。

【イブラヒモヴィッチが優勝したシーズン】
2001-02 アヤックス
2003-04 アヤックス

2004-05 ユヴェントス（のちに八百長問題で剥奪）
2005-06 ユヴェントス（のちに八百長問題で剥奪）
2006-07 インテル
2007-08 インテル
2008-09 インテル
2009-10 バルセロナ
2010-11 ミラン
2012-13 パリSG
2013-14 パリSG
2014-15 パリSG
2015-16 パリSG

　監督の中で代表的なのは、ファビオ・カペッロ。ヨーロッパのクラブで指揮したチームをすべて優勝に導いている。

【カペッロが優勝したシーズン】
1991-92 ミラン
1992-93 ミラン
1993-94 ミラン
1995-96 ミラン
1996-97 レアル・マドリー
2000-01 ローマ
2004-05 ユヴェントス（のちに八百長問題で剥奪）
2005-06 ユヴェントス（のちに八百長問題で剥奪）
2006-07 レアル・マドリー

UMA
【ゆうま、ゆーま】

　UMAとは、シント＝トロイデン（ベルギー）に所属するプロサッカー選手、鈴木優磨を意味する隠語である。

優磨は、ローマ字表記すると「YUMA」であるが「UMA」でも「ゆうま」と読めるため、インターネット上では文字数の少ないUMAが使われるようになっていった。主に『2ちゃんねる』で使われている。

夢のスコア
【ゆめのすこあ】

夢のスコアとは、5対0のスコアのこと。「夢スコ」と略して使われることもある。定義は、5対0で完封した試合のみ。つまり6対1の試合は夢のスコアではない。

夢のスコアの由来は、1998年フランスワールドカップで韓国がオランダに0対5で敗れたことが元ネタ。この結果を韓国人のネットユーザーが自虐的に書き込んだ文章をしお韓住人が機械翻訳すると「夢のスコア」と訳されたことが始まり。

韓国人ユーザーの書き込みを元にAAも作られている。

引用元：『2ちゃんねる』

横酷
【よここく】

横酷とは、横浜国際総合競技場（日産スタジアム）を意味する隠語。

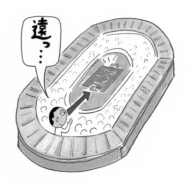

日産スタジアムは、サッカー観戦がしづらい環境であることを揶揄した言葉。

横酷は、横浜の「横」と酷いの「酷」を掛け合わせて「横酷」。

日産スタジアムが横酷と呼ばれる由来は、ピッチの周りに陸上トラックがあり、ピッチと観戦エリアとの距離が遠いことや観戦エリアの傾斜が緩やかで見づらいことが挙げられる。

サッカーファンの間では陸上トラックがなく、ピッチと観客席の距離が近い、臨場感が味わえるプレミアリーグで使われるスタジアムが好まれる傾向がある。

横縞
【よこしま】

横縞とは、Jリーグに加盟するサッカークラブ、横浜FCを意味する隠語である。サッカーファンが自称する時や呼称する時などに使われている。

2007、2008年のユニフォームに

横縞がデザインされていたため「横縞」と呼ばれるようになった。2009年に廃止されたが、2013年のユニフォームでは横縞が復活した。

嘉人さん、FC東京はそういうやり方じゃないんですよ
【よしとさん、えふしーとうきょうはそういうやりかたじゃないんですよ】

　嘉人さん、FC東京はそういうやり方じゃないんですよとは、当時FC東京に所属していた大久保嘉人（現・セレッソ大阪）がチームメートに言われた言葉である。誰が発言したのかはわかっていない。大久保嘉人が雑誌のインタビューを受けたことでFC東京の内情が明らかになった。

【全文】
　大久保嘉は、攻めたかった。守備的なマインドが強まっていたここ数年のFC東京。守ることは大切だが、守っているだけでは勝てない。自分を含め、今季の大型補強はチームの流れを劇的に変えるために行われたはず。そう信じていたストライカーは、鼻息荒く自らの攻撃センスをチームに共有しようとした。

　しかし、周囲は簡単に受け入れることができなかった。「嘉人さん、FC東京はそういうやり方じゃないんですよ」。こんな声も飛んできたという。大久保嘉人は語る。

　「みんな勘違いしているけど、俺はこ

こでフロンターレのようなサッカーをやろうなんてまったく思っていない。それなら移籍してないよ。でも今度こそ、FC東京は勝てるチームに変わろうとしていたはず。それなのに、変化を受け入れないのは理解できなかった。『FC東京はそうじゃない』。そう言われた時点で、正直このメンタリティーが変わらないと強くなれないと感じた。もちろんこれまでのチームのやり方も尊重する。でも、このチームは変わらないといけないのは誰も気づいているはず。だから俺は意見を言った。それだけの覚悟を持って移籍したし、使命感も強かったから」

　大久保嘉人は、2013年・2014年・2015年と3年連続Jリーグ得点王となり、2016年にはリーグ戦15得点と結果を残し、翌年、新天地であるFC東京へ移籍してきた。またこの年、FC東京は実績のある選手（大久保嘉人・高萩洋次郎・太田宏介・林彰洋・永井謙佑・ピーター・ウタカ）を積極的に補強しファンからの期待も高まっていた。

　しかし、開幕から2連勝したもののチームとしては機能せず、選手層の厚さを活かせない試合が目立ち、13位でシーズンを終える。

　大久保嘉人自身も、リーグ戦8得点と4年連続達成していた二桁得点が途絶えてしまう。

　うまくいかないチーム状態を象徴するかのような言葉が「嘉人さん、FC東京はそういうやり方じゃないんですよ」である。

大久保嘉人は、シーズン終了後、FC東京を退団し川崎フロンターレに復帰している。

らスレ

らスレとは、『2ちゃんねる』の国内サッカー板内にあるスレッド「移籍・レンタル・戦力外「ら」スレ」の略称である。

Jリーグの移籍に関する情報が集まり、ドメサカを代表するスレッドである。

移籍の話題以外にも試合に関する議論を行ったり、サッカーに関する雑談を行っている。もっとも人が賑わうのは、移籍情報が集まるオフシーズンや試合直後である。

らスレ住人のことを「らスラー」と呼ぶ。

らスレの名称は、以下の悲しい出来事が由来となっている。

元は「柏は森川拓巳（25）ら9選手に戦力外を通告した」の情報に際して、悲惨な残留争いで心が荒んだ柏レイソルサポーターが生け贄を求めて「ら」の残りの8人の名前を教えろと大騒ぎしたために広まった。

移籍関係の話題は「ら」スレで行われる。

RADS
【らっず】

RADSとは、Jリーグに加盟し埼玉県さいたま市を本拠地といている浦和レッズを意味している。「浦和ラッズ」や「ラッズ」と呼ばれることも。

RADSの元ネタは、浦和レッズに所属している杉本健勇がボディケアスタジオに来店し壁にサインをした時、「URAWA REDS」とサインするところを誤って「URAWA RADS」と書いてしまったことが由来。その後「RADS」の「A」に横線を引き、無理矢理「REDS」に修正している。

このスペルミスをきっかけに杉本健勇が漢字を書けないことを揶揄するように浦和レッズをRADSと呼んでからかう者が増えていった。

ラビオ君
【らびおくん】

ラビオ君とは、2018年ロシアワールドカップで、日本がグループリーグで試合をしたコロンビア、セネガル、ポーランド戦の結果を占い、すべて的中させたタコのこと。

ラビオ君は、北海道小平（おびら）町の漁師によって漁獲され、小平町のおびらを逆さに読んでラビオと名付けられた。

ラビオ君の予想は、円形の小さなプールの中に「勝ち、負け、引き分け」ゾーンを作り、それぞれ箱の中に同じ餌を設置し、どこに入るかで占うというもの。この三択から3試合とも的中させている。3戦すべてを当てる確率は27分の1。

3試合とも的中させたラビオ君であったが「活きのいいうちに出荷し

たい」という事情からポーランド戦の前々日にあたる6月27日に食用として茹でて出荷された。

出荷されたという報道がされてから「残酷だ」「かわいそう」「やつは知りすぎたな……」「本当は日本負けを予想したな」といった意見がネット上に並んだが、タコ占いを企画した「タコ箱漁オーナー2018 inおびら」の事務局は、「生産者である漁師の日常の漁獲業務の一つとして何卒ご理解ください」と理解を求めるコメントを発表している。

初代ラビオ君亡きあと、二代目ラビオ君が就任し、占いを引き継ぐことに。決勝トーナメント1回戦のベルギー戦は「日本の勝利」と予想する。が、結果は日本が2対3で敗戦。きっと二代目ラビオ君も出荷されたであろうと考えられる。

ラモスが悪い
【らもすがわるい】

ラモスが悪いとは、ラモス瑠偉に関するスレッドでとりあえず書き込まれる決まり文句のこと。ラモス瑠偉が悪くない場合でもとりあえず書き込まれる。

ラモスが悪いの元ネタは、2001年、Jリーグ入りを目指す沖縄かりゆしFCのテクニカルアドバイザーにラモス瑠偉が就任したが、翌年、経営陣と対立し解任されたことがきっかけ。『2ちゃんねる』にラモス瑠偉が解任されたニュースのスレッドが立てられ、何者かが「ラモスが悪い」と書き込んだことをきっかけに他のユーザーも「ラモスが悪い」と立て続けに書き込むようになった。以下が実際の書き込み。

【実際の書き込み】
7
理由は分からないがラモスが悪いと思う

9
詳しいことが判らないのでなんとも言えないが、
まず間違いなくラモスが悪い。

11
>>7>>9
おまえら、そんなこと言うなよ
ラモスが悪いんだけど

10

スレタイしか情報ないけど
ラモスが悪いんだろ。

13
まあ、落ち着いて続報を待とうよ。
ラモスが悪いんだろうけどな

14
やっぱりラモスが悪いのね
引用元:『2ちゃんねる』

　結局この騒動は、選手の集団退団騒動に発展。その後、退団した選手やラモス瑠偉が中心となってFC琉球を創設。ラモス瑠偉が悪かったのか悪くなかったのかは不明。

リトル本田
【りとるほんだ】

　リトル本田とは、本田圭佑の中に存在するもう一人の自分のこと。
　2014年1月8日にサン・シーロで開かれたミラン入団会見にて、リトル本田の存在が世間に知られるようになる。

【実際の会見内容】
記者「いくつのクラブからオファーを受けましたか？　ミランを選んだ理由は？」
本田「自分の心の中にいるリトル本田に尋ねました。どこでプレーしたいのかと。彼は答えました。『ミランだと』。それが理由です」

　ロビン・ファン・ペルシーもマンチェスター・ユナイテッドに入団した際、本田圭佑と似たような発言をしている。ファン・ペルシーのインタビューが先に行われたことを考えると、影響を受けてリトル本田と発言したのかもしれない。

　あらゆる面から移籍先を検討したけど、僕の答えはユナイテッドですんなり落ち着いた。人生で難しい決断を迫られた時、僕は自分の心の中にいるリトル・ボーイの声に耳を傾けることにしている。彼に「どうしたい」って聞いたら、「ユナイテッド！」って叫んだんだよ。
引用元:『サッカーキングWeb』（2012年9月7日）インタビュー　ファン・ペルシー「ユナイテッドは僕がプレーする場として理想的だと思えた」

リバポ

　リバポとは、イングランド・プレミアリーグに所属するサッカークラブ、リヴァプールの隠語である。
　グーグル検索によると、2003年から初めて使われ出した言葉である。
　ネットスラングの「もうダメかも……」を意味する「もうだめぽ」と

関連付けて「もうリバポ」などとリヴァプールのダメっぷりを嘆くように使用するファンもいる。

ル・マンの太陽
【る・まんのたいよう】

ル・マンの太陽とは、かつてフランスリーグ・アンのル・マンで活躍した松井大輔のこと。フランス語で「le soleil du Mans」。

2004年9月1日、所属先の京都パープルサンガからル・マンへレンタル移籍。当時ル・マンはまだ2部リーグに所属していた。松井大輔が加入後、中位から昇格圏まで順位を上げリーグ・アンへ昇格している。松井大輔のテクニカルなプレーや1部昇格に貢献したことが認められ、現地のファンからル・マンの太陽と呼ばれるようになる。

劣頭
【れっず】

劣頭とは、Jリーグに加盟しているサッカークラブ、浦和レッズや浦和レッズサポーターを指す蔑称である。浦和レッズやレッズサポーターを嫌うアンチが使用する。蔑称のため使う際には注意が必要である。

品性が落ちるや劣るを意味する「劣」と頭部を意味する「頭」を組み合わせている。つまり「品性が落ちる頭」「劣った頭」などの意味が込められている。

浦和レッズは、ファンの数が多く、

他チームに比べて資金も豊富で優れた選手を集めやすい。そのため、他のJリーグチームから引き抜くことも多々あり、他チームのサポーターがアンチになりやすい傾向がある。

また、浦和レッズサポーターは度々問題行動を起こし話題になることがある。宮城スタジアムの椅子を壊した問題や浦和レッズ対ガンバ大阪後に起こった暴動事件やJAPANESE ONLY事件など。

上記のようなサポーターの問題行動により他チームと比べてアンチが多い理由となっている。

レッズ？ ふざけんな。粘着するのはやめて
【れっず？ ふざけんな。ねんちゃくするのはやめて】

レッズ？ ふざけんな。粘着するのはやめてとは、2007年に『2ちゃんねる』に投稿されたレスが発祥のサッカーコピペのこと。

【全文】
369
レッズ？ ふざけんな。粘着するのはやめて。
もう相手じゃない。

世界のワンチョペ、エールディーバ平山
変態の世界、梶山 拳銃を持っていないアスプリージャ、石川
ゾッラみーつ福西。
層が厚すぎて、名前を挙げるときりが

ない。

勘弁してくれ。

やっと土台が出来た。他のチームなんてどうでもいい。

今期の俺らの過程をどうか見守ってほしい

　汎用性が高いことから上記のコピペからチーム名と選手名を改変して様々なチームのコピペが作られるようになっていった。

レッドカード3枚ぐらい必要だこれ
【れっどかーどさんまいぐらいひつようだこれ】

　レッドカード3枚ぐらい必要だこれとは、ロンドンオリンピックアジア最終予選、バーレーン対日本の試合中、山田直輝の顔面を踏みつけたバーレーンのアブドカヘリにレッドカードが掲示された場面で、解説の松木安太郎が発した名言である。リプレイを見ると故意に踏みつけたよ

うに見え、山田直輝は出血していた。頭に包帯を巻いて一度はピッチへ戻ったが39分に途中交代した。この踏みつけ行為に対し松木安太郎が「ああ〜踏んづけてるわ。いや〜これはひどいですよ。レッドカード3枚ぐらい必要だこれ」と感想を述べる。レッドカード3枚というこれまで聞いたこともない表現がネット上のサッカーファンに受け、「レッド3枚ってなんだよw」「松木名言出たw」など掲示板に書き込まれた。

ロベカルじゃなくてごめんな

　ロベカルじゃなくてごめんなとは、元日本代表でFC東京やガンバ大阪などで活躍したジャキンこと加地亮が、ロベルト・カルロスにサッカー教室をドタキャンされた子どもたちにかけた優しい言葉のこと。

　ロベカルじゃなくてごめんなの元ネタは、当時ブラジル代表でレアル・マドリーに所属していたロベルト・カルロスのサッカースクールでの出来事。

　サッカーのブラジル代表DFロベルト・カルロス（31）が12、13の両日、都内で行われるはずだった小学生600人を対象にしたサッカー教室を一方的な理由でキャンセルしていたことが、明らかになった。コンビニエンスストア大手の「am/pm」の主催するイベントで、昨年も来日せず、2年連続のドタキャン。参加者の保護者からは

「子供たちの夢を簡単に壊すな」と非難の声が上がっている。

（中略）

事務局サイドでは、11日のうちに参加者600人に、ロベカルの不参加を電話連絡。ロベカルに代わって「am/pm」とスポンサー契約を結ぶFC東京の日本代表DF加地亮（24）、五輪代表MF石川直宏（23）を"緊急招集"した。また、東京の前監督でU-19日本代表の大熊清監督（39）も急きょコーチ陣に加わった。参加した子供によると、加地から「ロベカルじゃなくてごめんな」と声を掛けられたという。

ロベカルは、昨年8月22、23日に行われる予定だった同教室も、何の連絡もなく欠席している。事務局が搭乗者名簿を調べて、名前がないことを知り、当日になって中止になった。後日、ロベカルから「子供の病気で行けなかった」と言い訳が伝えられたという。

引用元：『日刊スポーツ』（2004年6月14日）　ロベカルが都内サッカー教室をドタキャン

上記の出来事から加地亮のことを「ロベカジ」と呼ぶ者もいる。

ロベリー

ロベリーとは、バイエルン・ミュンヘンに所属していたアリエン・ロッベン（現・フローニンヘン＝オランダ）とフランク・リベリー（現・フィオレンティーナ＝イタリア）の両翼コンビを合わせた愛称。現地ドイツメディアやファンもロベリーと呼ぶ。両選手ともドリブルで相手を翻弄し

サイドを切り裂く強烈な個の力を持っている。

ロベリー（robbery）は、本来、英語で強盗、泥棒を意味している言葉である。

日本では2011年から使われるようになった言葉。

ワーワーサッカー

ワーワーサッカーとは、ボールに敵味方選手が集中することで何が何だかわからなくなる現象のこと。小学生のサッカーでよく見られる光景。

現在は、上記の意味で使われているが、過去には違う意味で使われていた。語源は、2002年に『2ちゃんねる』へ書き込まれたレス。

対チュニジアの予想布陣（1－8－1）

モリシ

小野　服部　中田　中田　福西　稲本　戸田　明神

川口

楢崎

241

>>238

限りなくワーワーに近いぞ,,,

引用元：『2ちゃんねる』

2002年日韓ワールドカップが開催された時期の日本代表は、「フィジカルで勝負するワケでもなく、高さでもなく、特別速いワケでも技術があるワケでもなく、漠然と、ただ漠然と必死にボールを追いまわし、

ワロス

　ワロスとは、明後日の方向へ飛んでいったクロス（センタリング）のこと。

　ワロスとは、「笑った」「笑える」を意味するネット用語のこと。つまりサッカーにおいては、「笑えるクロス」を意味している。

　具体的に言うとギリギリラインを割るようなクロスには使われず、大きく外れたクロスのみワロス。

何となく確変して、何となく勝ってしまう」強いのか弱いのかよくわからない代表。それがワーワーサッカー。

　ワーワーサッカーを表してAAまで作られた。

■ワーワー図解：「こうしたら必ず勝てないかな」
　　　　　「防げるんだよ！」とワーワー発展型

```
496 名前： 投稿日：02/06/13 01:25
    ○○
  ○　　○　　　ワー
○　●　○　　　　　ワー
  ○　　○
    ○○

497 名前： 投稿日：02/06/13 01:26
┌─○○　　　　○　○
│ ○○○　　 ○　　○　　ワー
│○○○○　 ○　●　○　　　ワー
│ ○○○　　 ○　　○
└─○○　　　　○　○

222 ：：02/06/16 14:30
3－5－2システムに合わせると

          ↑
              ワー
    ○───○
                ワー
  ○　　○　　○
      ●
  ○───○───○
```

引用元：『2ちゃんねる』

「代表厨」の
ための
基礎知識

◆日本代表の変遷◆

A代表

〈1992ダイナスティカップ〉
→優勝
M　マリウス・ヨハン・オフト
GK　前川 和也
GK　松永 成立
DF　井原 正巳
DF　大嶽 直人
DF　勝矢 寿延
DF　阪倉 裕二
DF　都並 敏史
DF　柱谷 哲二
DF　堀池 巧
MF　浅野 哲也
MF　北澤 豪
MF　福田 正博
MF　森保 一
MF　山田 隆裕
MF　吉田 光範
MF　ラモス 瑠偉
FW　高木 琢也
FW　武田 修宏
FW　中山 雅史
FW　三浦 知良

〈1992アジアカップ〉
→優勝
M　マリウス・ヨハン・オフト
GK　松永 成立
GK　前川 和也
DF　大嶽 直人
DF　勝矢 寿延
DF　堀池 巧
DF　柱谷 哲二
DF　井原 正巳
DF　阪倉 裕二
MF　ラモス 瑠偉
MF　山田 隆裕
MF　北澤 豪
MF　吉田 光範
MF　森保 一
FW　福田 正博
FW　武田 修宏
FW　三浦 知良
FW　中山 雅史
FW　高木 琢也

〈1993ワールドカップ
アジア最終予選〉
→本大会出場逃す
M　マリウス・ヨハン・オフト
GK　松永 成立
GK　前川 和也

DF　大嶽 直人
DF　勝矢 寿延
DF　堀池 巧
DF　柱谷 哲二
DF　都並 敏史
DF　井原 正巳
DF　三浦 泰年
DF　大野 俊三
MF　福田 正博
MF　ラモス 瑠偉
MF　北澤 豪
MF　吉田 光範
MF　森保 一
MF　澤登 正朗
FW　武田 修宏
FW　長谷川 健太
FW　黒崎 比差志
FW　中山 雅史
FW　高木 琢也

〈1994アジア大会〉
→ベスト8
M　ファルカン
GK　菊池 新吉
GK　下川 健一
DF　森山 佳郎
DF　名塚 善寛
DF　井原 正巳
DF　遠藤 昌浩
DF　名良橋 晃
DF　秋田 豊
DF　大嶽 直人
MF　柱谷 哲二
MF　前園 真聖
MF　北澤 豪
MF　岩本 輝雄
MF　浅野 哲也
MF　澤登 正朗
MF　山田 隆裕
FW　武田 修宏
FW　三浦 知良
FW　高木 琢也
FW　小倉 隆史

〈1995ダイナスティカップ〉
→優勝
M　加茂 周
GK　菊池 新吉
GK　下川 健一
GK　松永 成立
DF　秋田 豊
DF　井原 正巳
DF　都並 敏史
DF　中村 忠

DF　名良橋 晃
DF　柱谷 哲二
DF　柳本 啓成
MF　北澤 豪
MF　藤田 俊哉
MF　前園 真聖
MF　三浦 文丈
MF　森保 一
MF　山口 素弘
FW　黒崎 久志
FW　長谷川 健太
FW　長谷川 祥之
FW　福田 正博

〈1996アジアカップ〉
→ベスト8
M　加茂 周
GK　小島 伸幸
GK　下川 健一
GK　檜﨑 正剛
DF　柳本 啓成
DF　相馬 直樹
DF　井原 正巳
DF　小村 徳男
DF　路木 龍次
DF　斉藤 俊秀
DF　秋田 豊
MF　山口 素弘
MF　本田 泰人
MF　前園 真聖
MF　名波 浩
MF　服部 年宏
MF　森島 寛晃
FW　高木 琢也
FW　三浦 知良
FW　岡野 雅行
FW　城 彰二

〈1998ダイナスティカップ〉
→優勝
M　岡田 武史
GK　川口 能活
GK　檜﨑 正剛
DF　秋田 豊
DF　井原 正巳
DF　小村 徳男
DF　相馬 直樹
DF　中西 永輔
DF　名良橋 晃
MF　北澤 豪
MF　中田 英寿
MF　名波 浩
MF　服部 年宏
MF　平野 孝
MF　増田 忠俊

MF 山口 素弘
FW 岡野 雅行
FW 城 彰二
FW 中山 雅史
FW 三浦 知良
FW 呂比須 ワグナー

〈1998ワールドカップ〉
→GL敗退
M 岡田 武史
GK 小島 伸幸
GK 川口 能活
GK 楢﨑 正剛
DF 名良橋 晃
DF 相馬 直樹
DF 井原 正巳
DF 小村 徳男
DF 斉藤 俊秀
DF 秋田 豊
DF 中西 永輔
MF 山口 素弘
MF 伊東 輝悦
MF 中田 英寿
MF 名波 浩
MF 小野 伸二
MF 服部 年宏
MF 森島 寛晃
MF 平野 孝
FW 中山 雅史
FW 呂比須 ワグナー
FW 岡野 雅行
FW 城 彰二

〈1999コパ・アメリカ〉
→GL敗退
M フィリップ・トルシエ
GK 川口 能活
GK 楢﨑 正剛
GK 下田 崇
DF 斉藤 俊秀
DF 相馬 直樹
DF 井原 正巳
DF 秋田 豊
DF 鈴木 秀人
DF 森岡 隆三
DF 安藤 正裕
MF 服部 年宏
MF 伊東 輝悦
MF 望月 重良
MF 名波 浩
MF 藤田 俊哉
MF 田坂 和昭
MF 奥 大介
MF 三浦 淳宏
MF 福西 崇史

FW 吉原 宏太
FW 呂比須 ワグナー
FW 城 彰二
FW 岡野 雅行

〈2000アジアカップ〉
→優勝
M フィリップ・トルシエ
GK 川口 能活
GK 高桑 大二朗
GK 下田 崇
DF 松田 直樹
DF 森岡 隆三
DF 服部 年宏
DF 中澤 佑二
DF 海本 慶治
MF 望月 重良
MF 名波 浩
MF 三浦 淳宏
MF 森島 寛晃
MF 中村 俊輔
MF 奥 大介
MF 稲本 潤一
MF 明神 智和
MF 小野 伸二
FW 西澤 明訓
FW 柳沢 敦
FW 久保 竜彦
FW 北嶋 秀朗
FW 高原 直泰

〈2001コンフェデレーションズ
カップ〉
→準優勝
M フィリップ・トルシエ
GK 川口 能活
GK 楢﨑 正剛
GK 都築 龍太
DF 上村 健一
DF 松田 直樹
DF 森岡 隆三
DF 服部 年宏
DF 中田 浩二
DF 波戸 康広
MF 稲本 潤一
MF 中田 英寿
MF 森島 寛晃
MF 三浦 淳宏
MF 伊東 輝悦
MF 藤田 俊哉
MF 明神 智和
MF 戸田 和幸
MF 小野 伸二
FW 西澤 明訓
FW 中山 雅史

FW 山下 芳輝
FW 久保 竜彦
FW 鈴木 隆行

〈2002ワールドカップ〉
→ベスト16
M フィリップ・トルシエ
GK 川口 能活
GK 楢﨑 正剛
GK 曽ヶ端 準
DF 秋田 豊
DF 松田 直樹
DF 森岡 隆三
DF 中田 浩二
DF 宮本 恒靖
MF 稲本 潤一
MF 服部 年宏
MF 中田 英寿
MF 森島 寛晃
MF 三都主 アレサンドロ
MF 福西 崇史
MF 小野 伸二
MF 小笠原 満男
MF 明神 智和
MF 戸田 和幸
MF 市川 大祐
FW 西澤 明訓
FW 中山 雅史
FW 鈴木 隆行

〈2003コンフェデレーションズ
カップ〉
→GL敗退
M ジーコ
GK 楢﨑 正剛
GK 土肥 洋一
GK 川口 能活
DF 名良橋 晃
DF 秋田 豊
DF 森岡 隆三
DF 服部 年宏
DF 宮本 恒靖
DF 坪井 慶介
DF 山田 暢久
MF 稲本 潤一
MF 中田 英寿
MF 小笠原 満男
MF 中村 俊輔
MF 松井 大輔
MF 奥 大介
MF 三都主 アレサンドロ
MF 明神 智和
MF 中田 浩二
MF 遠藤 保仁
FW 大久保 嘉人

171

FW 永井 雄一郎
FW 高原 直泰

〈2003東アジア選手権〉
→準優勝
M　ジーコ
GK 楢﨑 正剛
GK 都築 龍太
GK 土肥 洋一
DF 山田 暢久
DF 坪井 慶介
DF 茂庭 照幸
DF 宮本 恒靖
DF 三浦 淳宏
DF 三都主 アレサンドロ
DF 加地 亮
DF 中澤 佑二
MF 石川 直宏
MF 小笠原 満男
MF 藤田 俊哉
MF 福西 崇史
MF 奥 大介
MF 山田 卓也
MF 阿部 勇樹
MF 遠藤 保仁
FW 久保 竜彦
FW 黒部 光昭
FW 本山 雅志
FW 大久保 嘉人

〈2004アジアカップ〉
→優勝
M　ジーコ
GK 楢﨑 正剛
GK 土肥 洋一
GK 川口 能活
DF 田中 誠
DF 宮本 恒靖
DF 三都主 アレサンドロ
DF 三浦 淳宏
DF 松田 直樹
DF 加地 亮
DF 中澤 佑二
DF 茶野 隆行
MF 遠藤 保仁
MF 中田 浩二
MF 小笠原 満男
MF 中村 俊輔
MF 福西 崇史
MF 藤田 俊哉
MF 西 紀寛
MF 山田 卓也
FW 鈴木 隆行
FW 本山 雅志
FW 玉田 圭司

〈2005コンフェデレーションズカップ〉
→GL敗退
M　ジーコ
GK 楢﨑 正剛
GK 土肥 洋一
GK 川口 能活
DF 田中 誠
DF 宮本 恒靖
DF 三都主 アレサンドロ
DF 三浦 淳宏
DF 加地 亮
DF 茂庭 照幸
DF 茶野 隆行
DF 坪井 慶介
MF 遠藤 保仁
MF 中田 浩二
MF 中田 英寿
MF 小笠原 満男
MF 中村 俊輔
MF 福西 崇史
MF 本山 雅志
MF 稲本 潤一
FW 鈴木 隆行
FW 柳沢 敦
FW 玉田 圭司
FW 大黒 将志

〈2005東アジア選手権〉
→準優勝
M　ジーコ
GK 楢﨑 正剛
GK 土肥 洋一
GK 川口 能活
DF 田中 誠
DF 茶野 隆行
DF 宮本 恒靖
DF 三都主 アレサンドロ
DF 駒野 友一
DF 坪井 慶介
DF 加地 亮
DF 中澤 佑二
DF 茂庭 照幸
MF 遠藤 保仁
MF 小笠原 満男
MF 福西 崇史
MF 本山 雅志
MF 村井 慎二
MF 今野 泰幸
MF 阿部 勇樹
FW 巻 誠一郎
FW 大黒 将志
FW 田中 達也
FW 玉田 圭司

〈2006ワールドカップ〉
→GL敗退
M　ジーコ
GK 楢﨑 正剛
GK 土肥 洋一
GK 川口 能活
DF 茂庭 照幸
DF 駒野 友一
DF 宮本 恒靖
DF 中田 浩二
DF 坪井 慶介
DF 加地 亮
DF 中澤 佑二
MF 遠藤 保仁
MF 中田 英寿
MF 小笠原 満男
MF 中村 俊輔
MF 三都主 アレサンドロ
MF 福西 崇史
MF 稲本 潤一
MF 小野 伸二
FW 高原 直泰
FW 巻 誠一郎
FW 柳沢 敦
FW 大黒 将志
FW 玉田 圭司

〈2007アジアカップ〉
→4位
M　イヴィッツァ・オシム
GK 川口 能活
GK 楢﨑 正剛
GK 川島 永嗣
DF 駒野 友一
DF 坪井 慶介
DF 加地 亮
DF 中澤 佑二
MF 今野 泰幸
MF 阿部 勇樹
MF 遠藤 保仁
MF 羽生 直剛
MF 山岸 智
MF 中村 俊輔
MF 鈴木 啓太
MF 中村 憲剛
MF 水野 晃樹
MF 橋本 英郎
MF 太田 吉彰
MF 伊野波 雅彦
FW 佐藤 寿人
FW 巻 誠一郎
FW 高原 直泰
FW 矢野 貴章

〈2008東アジア選手権〉
→優勝
M　岡田 武史
GK　川口 能活
GK　楢﨑 正剛
GK　川島 永嗣
DF　駒野 友一
DF　岩政 大樹
DF　安田 理大
DF　水本 裕貴
DF　加地 亮
DF　中澤 佑二
DF　内田 篤人
MF　今野 泰幸
MF　遠藤 保仁
MF　羽生 直剛
MF　山岸 智
MF　山瀬 功治
MF　鈴木 啓太
MF　中村 憲剛
MF　橋本 英郎
FW　播戸 竜二
FW　田代 有三
FW　前田 遼一
FW　矢野 貴章

〈2010東アジア選手権〉
→3位
M　岡田 武史
GK　楢﨑 正剛
GK　川島 永嗣
GK　西川 周作
DF　駒野 友一
DF　田中 マルクス 闘莉王
DF　長友 佑都
DF　内田 篤人
DF　岩政 大樹
DF　今野 泰幸
DF　徳永 悠平
DF　中澤 佑二
MF　阿部 勇樹
MF　遠藤 保仁
MF　稲本 潤一
MF　中村 憲剛
MF　大久保 嘉人
MF　香川 真司
MF　小笠原 満男
MF　金崎 夢生
FW　岡崎 慎司
FW　玉田 圭司
FW　佐藤 寿人
FW　平山 相太

〈2010ワールドカップ〉
→ベスト16
M　岡田 武史
GK　楢﨑 正剛
GK　川島 永嗣
GK　川口 能活
DF　駒野 友一
DF　田中 マルクス 闘莉王
DF　長友 佑都
DF　内田 篤人
DF　岩政 大樹
DF　今野 泰幸
DF　中澤 佑二
MF　阿部 勇樹
MF　遠藤 保仁
MF　松井 大輔
MF　中村 俊輔
MF　中村 憲剛
MF　長谷部 誠
MF　本田 圭佑
MF　稲本 潤一
FW　岡崎 慎司
FW　玉田 圭司
FW　矢野 貴章
FW　大久保 嘉人
FW　森本 貴幸

〈2011アジアカップ〉
→優勝
M　アルベルト・ザッケローニ
GK　川島 永嗣
GK　西川 周作
GK　権田 修一
DF　伊野波 雅彦
DF　岩政 大樹
DF　今野 泰幸
DF　長友 佑都
DF　内田 篤人
DF　森脇 良太
DF　永田 充
DF　吉田 麻也
MF　遠藤 保仁
MF　松井 大輔
MF　香川 真司
MF　細貝 萌
MF　藤本 淳吾
MF　本田 拓也
MF　柏木 陽介
MF　長谷部 誠
MF　本田 圭佑
FW　岡崎 慎司
FW　前田 遼一
FW　李 忠成

〈2013コンフェデレーションズ
カップ〉
→GL敗退
M　アルベルト・ザッケローニ
GK　川島 永嗣
GK　西川 周作
GK　権田 修一
DF　伊野波 雅彦
DF　酒井 高徳
DF　長友 佑都
DF　内田 篤人
DF　今野 泰幸
DF　栗原 勇蔵
DF　酒井 宏樹
DF　吉田 麻也
MF　本田 圭佑
MF　遠藤 保仁
MF　清武 弘嗣
MF　香川 真司
MF　細貝 萌
MF　中村 憲剛
MF　長谷部 誠
MF　乾 貴士
MF　高橋 秀人
FW　岡崎 慎司
FW　ハーフナー・マイク
FW　前田 遼一

〈2013東アジアカップ〉
→優勝
M　アルベルト・ザッケローニ
GK　林 卓人
GK　西川 周作
GK　権田 修一
DF　駒野 友一
DF　森脇 良太
DF　槙野 智章
DF　徳永 悠平
DF　栗原 勇蔵
DF　鈴木 大輔
DF　千葉 和彦
DF　森重 真人
MF　山口 螢
MF　高橋 秀人
MF　青山 敏弘
MF　髙萩 洋次郎
MF　扇原 貴宏
FW　工藤 壮人
FW　原口 元気
FW　山田 大記
FW　大迫 勇也
FW　柿谷 曜一朗
FW　齋藤 学
FW　豊田 陽平

〈2014ワールドカップ〉
→GL敗退
M アルベルト・ザッケローニ
GK 川島 永嗣
GK 西川 周作
GK 権田 修一
DF 内田 篤人
DF 酒井 高徳
DF 長友 佑都
DF 森重 真人
DF 今野 泰幸
DF 伊野波 雅彦
DF 酒井 宏樹
DF 吉田 麻也
MF 遠藤 保仁
MF 青山 敏弘
MF 山口 蛍
MF 長谷部 誠
FW 本田 圭佑
FW 清武 弘嗣
FW 岡崎 慎司
FW 香川 真司
FW 柿谷 曜一朗
FW 大久保 嘉人
FW 大迫 勇也
FW 齋藤 学

〈2015アジアカップ〉
→ベスト8
M ハビエル・アギーレ
GK 川島 永嗣
GK 西川 周作
GK 東口 順昭
DF 植田 直通
DF 太田 宏介
DF 長友 佑都
DF 森重 真人
DF 塩谷 司
DF 昌子 源
DF 酒井 高徳
DF 吉田 麻也
MF 遠藤 保仁
MF 清武 弘嗣
MF 香川 真司
MF 今野 泰幸
MF 長谷部 誠
MF 柴崎 岳
FW 本田 圭佑
FW 岡崎 慎司
FW 豊田 陽平
FW 小林 悠
FW 武藤 嘉紀
FW 乾 貴士

〈2015東アジアカップ〉
→4位
M ヴァヒド・ハリルホジッチ
GK 東口 順昭
GK 西川 周作
GK 六反 勇治
DF 太田 宏介
DF 水本 裕貴
DF 槙野 智章
DF 森重 真人
DF 藤春 廣輝
DF 丹羽 大輝
DF 遠藤 航
DF 米倉 恒貴
MF 谷口 彰悟
MF 柴崎 岳
MF 藤田 直之
MF 山口 蛍
MF 米本 拓司
MF 武藤 雄樹
FW 永井 謙佑
FW 興梠 真三
FW 宇佐美 貴史
FW 倉田 秋
FW 浅野 拓磨
FW 川又 堅碁

〈2017EAFF E-1選手権〉
→準優勝
M ヴァヒド・ハリルホジッチ
GK 東口 順昭
GK 中村 航輔
GK 権田 修一
DF 昌子 源
DF 谷口 彰悟
DF 車屋 紳太郎
DF 三浦 弦太
DF 初瀬 亮
DF 室屋 成
DF 山本 脩斗
DF 植田 直通
MF 井手口 陽介
MF 髙萩 洋次郎
MF 大島 僚太
MF 土居 聖真
MF 三竿 健斗
MF 今野 泰幸
FW 倉田 秋
FW 川又 堅碁
FW 小林 悠
FW 伊東 純也
FW 金崎 夢生
FW 阿部 浩之

〈2018ワールドカップ〉
→ベスト16
M 西野 朗
GK 川島 永嗣
GK 東口 順昭
GK 中村 航輔
DF 植田 直通
DF 昌子 源
DF 長友 佑都
DF 遠藤 航
DF 酒井 宏樹
DF 槙野 智章
DF 酒井 高徳
DF 吉田 麻也
MF 本田 圭佑
MF 柴崎 岳
MF 原口 元気
MF 香川 真司
MF 宇佐美 貴史
MF 乾 貴士
MF 山口 蛍
MF 長谷部 誠
MF 大島 僚太
FW 岡崎 慎司
FW 武藤 嘉紀
FW 大迫 勇也

〈2019アジアカップ〉
→準優勝
M 森保 一
GK 東口 順昭
GK 権田 修一
GK シュミット・ダニエル
DF 三浦 弦太
DF 室屋 成
DF 佐々木 翔
DF 長友 佑都
DF 冨安 健洋
DF 塩谷 司
DF 酒井 宏樹
DF 槙野 智章
DF 吉田 麻也
MF 遠藤 航
MF 柴崎 岳
MF 原口 元気
MF 南野 拓実
MF 乾 貴士
MF 伊東 純也
MF 青山 敏弘
MF 堂安 律
FW 北川 航也
FW 武藤 嘉紀
FW 大迫 勇也

〈2019コパ・アメリカ〉
→GL敗退
M 森保 一
GK 川島 永嗣
GK 小島 亨介
GK 大迫 敬介
DF 杉岡 大暉
DF 板倉 滉
DF 植田 直通
DF 原 輝綺
DF 菅 大輝
DF 冨安 健洋
DF 岩田 智輝
DF 立田 悠悟
MF 中山 雄太
MF 渡辺 皓太
MF 柴崎 岳
MF 伊藤 達哉
MF 中島 翔哉
MF 三好 康児
MF 松本 泰志
MF 安部 裕葵
MF 久保 建英
FW 前田 大然
FW 上田 綺世
FW 岡崎 慎司

〈2019EAFF E-1選手権〉
→準優勝
M 森保 一
GK 中村 航輔
GK 小島 亨介
GK 大迫 敬介
DF 菅 大輝
DF 畠中 槙之輔
DF 三浦 弦太
DF 渡辺 剛
DF 佐々木 翔
DF 古賀 太陽
DF 橋岡 大樹
MF 田中 駿汰
MF 大島 僚太
MF 遠藤 渓太
MF 井手口 陽介
MF 鈴木 武蔵
MF 仲川 輝人
MF 森島 司
MF 相馬 勇紀
MF 田中 碧
MF 橋本 拳人
FW 田川 亨介
FW 上田 綺世
FW 小川 航基

U-23代表

〈1996オリンピック〉
→GL敗退
M 西野 朗
GK 川口 能活
GK 下田 崇
DF 白井 博幸
DF 鈴木 秀人
DF 田中 誠
DF 上村 健一
DF 松田 直樹
MF 廣長 優志
MF 服部 年宏
MF 前園 真聖
MF 伊東 輝悦
MF 遠藤 彰弘
MF 中田 英寿
MF 秋葉 忠宏
MF 路木 龍次
FW 城 彰二
FW 森岡 茂
FW 松原 良香

〈1998アジア大会〉
→2次L敗退
M フィリップ・トルシエ
GK 南 雄太
GK 榎本 達也
DF 金古 聖司
DF 山口 智
DF 戸田 和幸
DF 宮本 恒靖
DF 古賀 正紘
DF 中谷 勇介
DF 手島 和希
DF 市川 大祐
MF 明神 智和
MF 稲本 潤一
MF 廣山 望
MF 古賀 誠史
MF 小野 伸二
MF 石井 俊也
MF 中村 俊輔
FW 福田 健二
FW 山下 芳輝
FW 高原 直泰

〈2000オリンピック〉
→ベスト8
M フィリップ・トルシエ
GK 楢﨑 正剛 (オーバーエージ)
GK 都築 龍太
DF 中澤 佑二
DF 松田 直樹

DF 森岡 隆三
DF 宮本 恒靖
DF 中田 浩二
MF 稲本 潤一
MF 中田 英寿
MF 明神 智和
MF 中村 俊輔
MF 三浦 淳宏 (オーバーエージ)
MF 酒井 友之
MF 本山 雅志
MF 西 紀寛
FW 平瀬 智行
FW 柳沢 敦
FW 高原 直泰

〈2002アジア大会〉
→準優勝
M 山本 昌邦
GK 藤ヶ谷 陽介
GK 黒河 貴矢
DF 茂庭 照幸
DF 池田 昇平
DF 那須 大亮
DF 根本 裕一
DF 三田 光
MF 駒野 友一
MF 阿部 勇樹
MF 大久保 嘉人
MF 森﨑 和幸
MF 鈴木 啓太
MF 石川 直宏
MF 野沢 拓也
MF 田中 隼磨
MF 青木 剛
FW 松井 大輔
FW 前田 遼一
FW 田中 達也
FW 中山 悟志

〈2004オリンピック〉
→GL敗退
M 山本 昌邦
GK 曽ヶ端 準 (オーバーエージ)
GK 黒河 貴矢
DF 田中 マルクス 闘莉王
DF 茂庭 照幸
DF 那須 大亮
DF 菊地 直哉
DF 徳永 悠平
MF 阿部 勇樹
MF 今野 泰幸
MF 森﨑 浩司
MF 小野 伸二 (オーバーエージ)
MF 松井 大輔
MF 駒野 友一

MF 石川 直宏
FW 高松 大樹
FW 田中 達也
FW 大久保 嘉人
FW 平山 相太

〈2006アジア大会〉
→GL敗退
M 反町 康治
GK 松井 謙弥
GK 佐藤 昭大
DF 一柳 夢吾
DF 細貝 萌
DF 水本 裕貴
DF 田中 輝和
DF 青山 直晃
MF 本田 圭佑
MF 増田 誓志
MF 髙萩 洋次郎
MF 山本 脩斗
MF 家長 昭博
MF 青山 敏弘
MF 谷口 博之
MF 本田 拓也
FW カレン・ロバート
FW 平山 相太
FW 萬代 宏樹
FW 前田 俊介
FW 辻尾 真二

〈2008オリンピック〉
→GL敗退
M 反町 康治
GK 西川 周作
GK 山本 海人
DF 吉田 麻也
DF 水本 裕貴
DF 長友 佑都
DF 森重 真人
DF 内田 篤人
DF 安田 理大
MF 細貝 萌
MF 本田 圭佑
MF 梶山 陽平
MF 谷口 博之
MF 香川 真司
MF 本田 拓也
FW 豊田 陽平
FW 岡崎 慎司
FW 森本 貴幸
FW 李 忠成

〈2010アジア大会〉
→優勝
M 関塚 隆

GK 安藤 駿介
GK 増田 卓也
DF 鎌田 翔雅
DF 實藤 友紀
DF 菅沼 駿哉
DF 鈴木 大輔
DF 薗田 淳
DF 當間 建文
DF 比嘉 祐介
MF 大塚 翔平
MF 黒木 聖仁
MF 登里 享平
MF 東 慶悟
MF 水沼 宏太
MF 山口 蛍
MF 山﨑 亮平
MF 山村 和也
FW 工藤 壮人
FW 富山 貴光
FW 永井 謙佑

〈2012オリンピック〉
→4位
M 関塚 隆
GK 権田 修一
GK 安藤 駿介
DF 徳永 悠平（オーバーエージ）
DF 酒井 宏樹
DF 吉田 麻也（オーバーエージ）
DF 山村 和也
DF 酒井 高徳
DF 鈴木 大輔
MF 扇原 貴宏
MF 村松 大輔
MF 東 慶悟
MF 宇佐美 貴史
MF 山口 蛍
MF 清武 弘嗣
FW 大津 祐樹
FW 杉本 健勇
FW 永井 謙佑
FW 齋藤 学

〈2014AFC U-22選手権〉
→ベスト8
M 手倉森 誠
GK 櫛引 政敏
GK 杉本 大地
GK ポープ・ウィリアム
DF 川口 尚紀
DF 吉野 恭平
DF 松原 健
DF 西野 貴治
DF 山中 亮輔
DF 亀川 諒史

DF 植田 直通
DF 奈良 竜樹
MF 原川 力
MF 石毛 秀樹
MF 為田 大貴
MF 矢島 慎也
MF 幸野 志有人
MF 秋野 央樹
MF 喜田 拓也
FW 鈴木 武蔵
FW 中島 翔哉
FW 金森 健志
FW 荒野 拓馬
FW 浅野 拓磨

〈2014アジア大会〉
→ベスト8
M 手倉森 誠
GK 牲川 歩見
GK ポープ・ウィリアム
DF 室屋 成
DF 遠藤 航
DF 岩波 拓也
DF 西野 貴治
DF 山中 亮輔
DF 植田 直通
MF 大島 僚太
MF 原川 力
MF 中島 翔哉
MF 金森 健志
MF 矢島 慎也
MF 喜田 拓也
MF 吉野 恭平
MF 野澤 英之
MF 秋野 央樹
FW 鈴木 武蔵
FW 野津田 岳人
FW 荒野 拓馬

〈2016AFC U-23選手権〉
→優勝
M 手倉森 誠
GK 櫛引 政敏
GK 杉本 大地
GK 牲川 歩見
DF 松原 健
DF 岩波 拓也
DF 植田 直通
DF 山中 亮輔
DF 室屋 成
DF 奈良 竜樹
DF 亀川 諒史
DF 三竿 健斗
MF 遠藤 航
MF 原川 力

MF 大島 僚太
MF 中島 翔哉
MF 豊川 雄太
MF 南野 拓実
MF 井手口 陽介
MF 矢島 慎也
FW 鈴木 武蔵
FW 久保 裕也
FW 浅野 拓磨
FW オナイウ 阿道

〈2016オリンピック〉
→GL敗退
M 手倉森 誠
GK 櫛引 政敏
GK 中村 航輔
DF 室屋 成
DF 藤春 廣輝（オーバーエージ）
DF 植田 直通
DF 塩谷 司（オーバーエージ）
DF 亀川 諒史
DF 岩波 拓也
MF 遠藤 航
MF 原川 力
MF 大島 僚太
MF 矢島 慎也
MF 中島 翔哉
MF 井手口 陽介
MF 南野 拓実
FW 鈴木 武蔵
FW 興梠 真三（オーバーエージ）
FW 浅野 拓磨

〈2018AFC U-23選手権〉
→ベスト8
M 森保 一
GK 小島 亨介
GK 波多野 豪
GK 阿部 航斗
DF 柳 貴博
DF 原 輝綺
DF 庄司 朋乃也
DF 立田 悠悟
DF 古賀 太陽
MF 藤谷 壮
MF 浦田 樹
MF 板倉 滉
MF 長沼 洋一
MF 森島 司
MF 三好 康児
MF 遠藤 渓太
MF 岩崎 悠人
MF 髙木 彰人
MF 井上 潮音
MF 神谷 優太

MF 伊藤 洋輝
FW 田川 亨介
FW 旗手 怜央
FW 小松 蓮

〈2018アジア大会〉
→準優勝
M 森保 一
GK 小島 亨介
GK オビ・パウエル・オビンナ
DF 岡崎 慎
DF 板倉 滉
DF 杉岡 大暉
DF 原 輝綺
DF 大南 拓磨
DF 立田 悠悟
MF 長沼 洋一
MF 初瀬 亮
MF 三笘 薫
MF 三好 康児
MF 遠藤 渓太
MF 岩崎 悠人
MF 松本 泰志
MF 渡辺 皓太
MF 神谷 優太
FW 旗手 怜央
FW 上田 綺世
FW 前田 大然

〈2018AFC U-23選手権〉
→GL敗退
M 森保 一
GK 小島 亨介
GK 大迫 敬介
GK 谷 晃生
DF 立田 悠悟
DF 渡辺 剛
DF 岡崎 慎
DF 町田 浩樹
DF 古賀 太陽
DF 橋岡 大樹
MF 菅 大輝
MF 杉岡 大暉
MF 齊藤 未月
MF 田中 駿汰
MF 田中 碧
MF 食野 亮太郎
MF 遠藤 渓太
MF 森島 司
MF 相馬 勇紀
MF 田川 亨介
MF 旗手 怜央
MF 松本 泰志
FW 小川 航基
FW 上田 綺世

U-20代表

〈1992アジアユース〉
→本大会出場逃す
M 西野 朗
GK 小澤 英明
GK 川口 能活
GK 塚本 秀樹
DF 木場 昌雄
DF 白井 博幸
DF 鈴木 俊
DF 谷口 圭
DF 姫田 一弥
MF 伊東 輝悦
MF 坂元 要介
MF 佐藤 一樹
MF 佐藤 尽
MF 澤田 博之
MF 服部 年宏
MF 山口 貴之
FW 上野 優作
FW 大柴 健二
FW 城 彰二
FW 田島 宏晃
FW 平野 孝

〈1995ワールドユース〉
→ベスト8〉
M 田中 孝司
GK 本田 征治
GK 下田 崇
DF 秋葉 忠宏
DF 大森 健作
DF 森岡 隆三
DF 松田 直樹
DF 山田 暢久
DF 山西 尊裕
DF 萩村 滋則
DF 鈴木 和裕
MF 熊谷 浩二
MF 大塚 真司
MF 伊藤 卓
MF 中田 英寿
MF 奥 大介
FW 安永 聡太郎
FW 大木 勉
FW 薮田 光教

〈1997ワールドユース〉
→ベスト8
M 山本 昌邦
GK 小針 清充
GK 南 雄太
DF 西 政治
DF 戸田 和幸

DF　宮本 恒靖
DF　城定 信次
DF　古賀 正紘
MF　御厨 景
MF　明神 智和
MF　廣山 望
MF　山口 智
MF　大野 敏隆
MF　中村 俊輔
MF　長田 道泰
FW　福田 健二
FW　柳沢 敦
FW　山下 芳輝
FW　永井 雄一郎

〈1999ワールドユース〉
→準優勝
M　フィリップ・トルシエ
GK　榎本 達也
GK　南 雄太
DF　手島 和希
DF　辻本 茂輝
DF　石川 竜也
DF　加地 亮
DF　氏家 英行
MF　稲本 潤一
MF　酒井 友之
MF　小笠原 満男
MF　本山 雅志
MF　遠藤 保仁
MF　中田 浩二
MF　小野 伸二
FW　高原 直泰
FW　永井 雄一郎
FW　高田 保則
FW　播戸 竜二

〈2001ワールドユース〉
→GL敗退
M　西村 昭宏
GK　藤ヶ谷 陽介
GK　黒河 貴矢
DF　池田 昇平
DF　中澤 聡太
DF　羽田 憲司
DF　駒野 友一
DF　那須 大亮
MF　青木 剛
MF　森﨑 和幸
MF　石川 直宏
MF　永井 俊太
MF　山瀬 功治
MF　森﨑 浩司
FW　田原 豊
FW　佐藤 寿人

FW　前田 遼一
FW　平本 一樹
FW　飯尾 一慶

〈2003ワールドユース〉
→ベスト8
M　大熊 清
GK　川島 永嗣
GK　岡本 昌弘
DF　角田 誠
DF　菊地 直哉
DF　永田 充
DF　近藤 直也
DF　栗原 勇蔵
MF　徳永 悠平
MF　今野 泰幸
MF　成岡 翔
MF　小林 大悟
MF　山岸 智
MF　鈴木 規郎
MF　谷澤 達也
MF　山口 慶
FW　茂木 弘人
FW　坂田 大輔
FW　阿部 祐大朗
FW　宇野沢 祐次
FW　平山 相太

〈2005ワールドユース〉
→ベスト16
M　大熊 清
GK　松井 謙弥
GK　山本 海人
GK　西川 周作
DF　水本 裕貴
DF　吉弘 充志
DF　小林 祐三
DF　増嶋 竜也
DF　柳楽 智和
MF　伊野波 雅彦
MF　梶山 陽平
MF　中村 北斗
MF　兵藤 慎剛
MF　水野 晃樹
MF　苔口 卓也
MF　本田 圭佑
MF　船谷 圭祐
MF　家長 昭博
FW　平山 相太
FW　カレン・ロバート
FW　前田 俊介
FW　森本 貴幸

〈2007U-20ワールドカップ〉
→ベスト16

M　吉田 靖
GK　林 彰洋
GK　桐畑 和繁
GK　武田 洋平
DF　内田 篤人
DF　安田 理大
DF　福元 洋平
DF　槙野 智章
DF　柳川 雅樹
DF　香川 真司
MF　森重 真人
MF　梅崎 司
MF　田中 亜土夢
MF　柏木 陽介
MF　青山 隼
MF　藤田 征也
MF　太田 宏介
MF　平繁 龍一
FW　河原 和寿
FW　ハーフナー・マイク
FW　森島 康仁
FW　青木 孝太

〈2008AFC U-19選手権〉
→本大会出場逃す
M　牧内 辰也
GK　権田 修一
GK　松本 拓也
GK　大谷 幸輝
DF　鎌田 翔雅
DF　金井 貢史
DF　村松 大輔
DF　岡本 知剛
DF　薗田 淳
DF　大野 和成
DF　吉田 勇樹
MF　青木 拓矢
MF　香川 真司
MF　水沼 宏太
MF　下田 光平
MF　山本 康裕
MF　鈴木 惇
MF　河野 広貴
MF　小暮 郁哉
MF　原口 元気
FW　遠藤 敬佑
FW　柿谷 曜一朗
FW　宮澤 裕樹
FW　永井 謙佑

〈2010AFC U-19選手権〉
→本大会出場逃す
M　布 啓一郎
GK　中村 隼
GK　川浪 吾郎

GK 嘉味田 隼
DF 田中 優毅
DF 平出 涼
DF 内田 達也
DF 阿部 巧
DF 遠藤 航
DF 古林 将太
DF 岡本 拓也
DF 寺岡 真弘
MF 藤田 息吹
MF 菊池 大介
MF 酒井 高徳
MF 六平 光成
MF 古田 寛幸
MF 小林 祐希
MF 風間 宏希
MF 加藤 大
FW 永井 龍
FW 宇佐美 貴史
FW 杉本 健勇
FW 指宿 洋史

〈2012AFC U-19選手権〉
→本大会出場逃す
M 吉田 靖
GK 池村 彰太
GK 櫛引 政敏
GK 杉本 大地
DF 松原 健
DF 遠藤 航
DF 奈良 竜樹
DF 岩波 拓也
DF 山中 亮輔
DF 植田 直通
DF 川口 尚紀
DF 佐藤 和樹
MF 熊谷 アンドリュー
MF 野津田 岳人
MF 大島 僚太
MF 矢島 慎也
MF 橋本 拳人
MF 松本 昌也
MF 田鍋 陵太
MF 榊 翔太
FW 久保 裕也
FW 渡 大生
FW 小野瀬 康介
FW 風間 宏矢

〈2014AFC U-19選手権〉
→本大会出場逃す
M 鈴木 政一
GK 中村 航輔
GK 高木 和徹
GK 吉丸 絢梓

DF 三浦 弦太
DF 内山 裕貴
DF 広瀬 陸斗
DF 宮原 和也
DF 中谷 進之介
DF 石田 峻真
DF 茂木 力也
DF 坂井 大将
MF 望月 嶺臣
MF 松本 昌也
MF 関根 貴大
MF 金子 翔太
MF 川辺 駿
MF 高木 大輔
MF 奥川 雅也
MF 井手口 陽介
FW 南野 拓実
FW 越智 大和
FW オナイウ 阿道
FW 北川 航也

〈2017U-20ワールドカップ〉
→ベスト16
M 内山 篤
GK 小島 亨介
GK 波多野 豪
GK 山口 瑠伊
DF 藤谷 壮
DF 中山 雄太
DF 板倉 滉
DF 冨安 健洋
DF 初瀬 亮
DF 杉岡 大暉
MF 舩木 翔
MF 堂安 律
MF 三好 康児
MF 坂井 大将
MF 遠藤 渓太
MF 原 輝綺
MF 市丸 瑞希
MF 髙木 彰人
FW 小川 航基
FW 岩崎 悠人
FW 田川 亨介
FW 久保 建英

〈2019U-20ワールドカップ〉
→ベスト16
M 影山 雅永
GK 若原 智哉
GK 茂木 秀
GK 鈴木 彩艶
DF 東 俊希
DF 小林 友希
DF 瀬古 歩夢

DF 菅原 由勢
DF 鈴木 冬一
DF 三國 ケネディ・エブス
DF 喜田 陽
MF 郷家 友太
MF 伊藤 洋輝
MF 藤本 寛也
MF 斉藤 光毅
MF 齊藤 未月
MF 山田 康太
FW 田川 亨介
FW 宮代 大聖
FW 西川 潤
FW 原 大智
FW 中村 敬斗

U-17代表

〈1993U-17世界選手権〉
→ベスト8
M 小嶺 忠敏
GK 伊藤 卓弥
GK 小針 清充
DF 長田 道泰
DF 松田 直樹
DF 鈴木 和裕
DF 宮本 恒靖
DF 橋本 淳
MF 一木 太郎
MF 財前 宣之
MF 石本 慎
MF 佐伯 直哉
MF 戸田 和幸
FW 吉田 孝行
FW 坂井 浩
FW 中田 英寿
FW 船越 優蔵
FW 藤田 聡
FW 家治川 卓也

〈1995U-17世界選手権〉
→GL敗退
M 松田 保
GK 中村 元
GK 中川 雄二
DF 古賀 正紘
DF 吉川 京輔
DF 川口 卓哉
DF 中谷 勇介
DF 辻本 茂輝
DF 稲本 潤一
DF 井手口 純
MF 酒井 友之
MF 小林 久晃
MF 新井場 徹

MF 小野 伸二
FW 西谷 正也
FW 山崎 光太郎
FW 田中 洋明
FW 高原 直泰
FW 板橋 裕也

〈1996アジアジュニアユース〉
→本大会出場逃す
M 石橋 智之
GK 阿部 謙作
GK 富永 康博
DF 谷川 烈
DF 金古 聖司
DF 小林 宏之
DF 飯尾 和也
DF 和田 雄三
DF 市川 大祐
DF 鷲巣 延圭
MF 大槻 紘士
MF 吉野 智行
MF 景山 健司
MF 藤原 功旨
MF 中居 時夫
MF 宮原 裕司
MF 石間 崇生
FW 菅野 拓真
FW 平松 康平
FW 松田 佑也
FW 小松原 学

〈1998アジアジュニアユース〉
→本大会出場逃す
M 河内 勝幸
GK 日野 優
GK 多田 大介
DF 大久保 雄史
DF 佐藤 勇満
DF 村松 潤
DF 河野 淳吾
DF 児玉 新
DF 小原 章吾
DF 佐野 裕也
DF 飯田 紘孝
MF 杉本 圭
MF 佐野 裕哉
MF 金子 勇樹
MF 鈴木 良和
MF 富澤 清太郎
MF 本橋 卓巳
MF 塩沢 達也
MF 鈴木 隼人
FW 飯尾 一慶
FW 佐藤 寿人

〈2001U-17世界選手権〉
→GL敗退
M 田嶋 幸三
GK 徳重 健太
GK 木村 敦志
DF 青木 良太
DF 大井 健太郎
DF 福王 忠世
DF 小川 久範
DF 高山 純一
MF 久場 政朋
MF 根占 真伍
MF 菊地 直哉
MF 成岡 翔
MF 工藤 浩平
MF 平林 輝良寛
MF 藤本 淳吾
MF 杉山 浩太
FW 茂木 弘人
FW 阿部 祐大朗
FW 北野 翔
FW 矢野 貴章
FW 大沢 朋也

〈2002AFC U-17選手権〉
→本大会出場逃す
M 須藤 茂光
GK 八田 直樹
GK 佐藤 昭大
DF 新井 隆法
DF 長原 克弥
DF 丹羽 大輝
DF 麻生 耕平
DF 天野 貴史
DF 青山 直晃
DF 野本 泰崇
DF 高柳 一誠
MF 細貝 萌
MF 高橋 良太
MF 山本 拓弥
MF 上田 康太
MF 高萩 洋次郎
MF 前田 俊介
FW 岡本 達也
FW 藤井 貴
FW 森 勇貴
FW 永濱 優

〈2004AFC U-17選手権〉
→本大会出場逃す
M 布 啓一郎
GK 長谷川 徹
GK 権田 修一
DF 松井 陽佑

DF 吉本 一謙
DF 渡邉 昌成
DF 金子 拓也
DF 大島 嵩弘
DF 森村 昂太
MF 青山 隼
MF 鈴木 達矢
MF 内田 篤人
MF 堂柿 龍一
MF 倉田 秋
MF 中島 良輔
MF 中野 遼太郎
FW 小澤 竜己
FW 喜山 康平
FW 伊藤 翔
FW 平繁 龍一

〈2007U-17ワールドカップ〉
→GL敗退
M 城福 浩
GK 廣永 遼太郎
GK 原 裕太郎
GK 吉田 智志
DF 金井 貢史
DF 鈴木 大輔
DF 甲斐 公博
DF 高橋 峻希
DF 吉田 豊
DF 奥井 諒
MF 岡本 知剛
MF 八反田 康平
MF 山田 直輝
MF 水沼 宏太
MF 益山 司
MF 米本 拓司
MF 河野 広貴
MF 齋藤 学
MF 田中 裕人
FW 柿谷 曜一朗
FW 大塚 翔平
FW 端戸 仁

〈2009U-17ワールドカップ〉
→GL敗退
M 池内 豊
GK 嘉味田 隼
GK 渡辺 泰広
GK 松澤 香輝
DF 岡本 拓也
DF 廣木 雄磨
DF 松原 健
DF 内田 達也
DF 高野 光司
DF 中島 龍基
DF 愛甲 凌輔

MF 柴崎 岳
MF 高木 善朗
MF 堀米 勇輝
MF 小島 秀仁
MF 小川 慶治朗
MF 神田 圭介
MF 幸野 志有人
FW 宇佐美 貴史
FW 宮吉 拓実
FW 杉本 健勇
FW 宮市 亮

〈2011U-17ワールドカップ〉
→ベスト8
M 吉武 博文
GK 中村 航輔
GK 阿波加 俊太
GK 牲川 歩見
DF 川口 尚紀
DF 岩波 拓也
DF 植田 直通
DF 室屋 成
DF 早川 史哉
DF 新井 純平
DF 高木 大輔
MF 深井 一希
MF 望月 嶺臣
MF 石毛 秀樹
MF 喜田 拓也
MF 野澤 英之
MF 秋野 央樹
FW 南野 拓実
FW 鈴木 隆雅
FW 松本 昌也
FW 中島 翔哉
FW 鈴木 武蔵

〈2013U-17ワールドカップ〉
→ベスト16
M 吉武 博文
GK 白岡 ティモシイ
GK 林 瑞輝
GK 阿部 航斗
DF 石田 崚真
DF 宮原 和也
DF 茂木 力也
DF 中野 雅臣
DF 三竿 健斗
DF 坂井 大将
MF 鈴木 徳真
MF 仲村 京雅
MF 水谷 拓磨
MF 三好 康児
MF 会津 雄生
MF 斎藤 翔太

FW 杉本 太郎
FW 小川 紘生
FW 渡辺 凌磨
FW 永島 悠史
FW 瓜生 昂勢
FW 杉森 考起

〈2014AFC U-16選手権〉
→本大会出場逃す
M 吉武 博文
GK 井上 聖也
GK 千田 奎斗
GK 鶴田 海人
DF 石川 啓人
DF 森岡 陸
DF 冨安 健洋
DF 堂安 律
DF 阿部 雅志
DF 下口 稚葉
DF 田中 康介
DF 吉田 峻
DF 麻田 将吾
MF 渡辺 皓太
MF 菅 大輝
MF 藤本 寛也
MF 田中 碧
MF 永澤 竜亮
MF 佐々木 匠
FW 渡辺 陽
FW 斧澤 隼輝
FW 半谷 陽介
FW 杉浦 文哉
FW 安井 拓也

〈2017U-17ワールドカップ〉
→ベスト16
M 森山 佳郎
GK 谷 晃生
GK 鈴木 彩艶
GK 梅田 透吾
DF 池高 暢希
DF 小林 友希
DF 菅原 由勢
DF 馬場 晴也
DF 山﨑 大地
DF 監物 拓歩
MF 平川 怜
MF 喜田 陽
MF 奥野 耕平
MF 福岡 慎平
MF 上月 壮一郎
MF 鈴木 冬一
MF 椿 直起
FW 久保 建英
FW 山田 寛人

FW 宮代 大聖
FW 中村 敬斗
FW 棚橋 尭士

〈2019U-17ワールドカップ〉
→ベスト16
M 森山 佳郎
GK 鈴木 彩艶
GK 佐々木 雅士
GK 野澤 大志 ブランドン
DF 鈴木 海音
DF 半田 陸
DF 中野 伸哉
DF 畑 大雅
DF 村上 陽介
DF 角 昂志郎
MF 藤田 譲瑠 チマ
MF 三戸 舜介
MF 成岡 輝瑠
MF 横川 旦陽
MF 中野 桂太
MF 山内 翔
MF 田中 聡
MF 田村 蒼生
MF 光田 脩人
FW 若月 大和
FW 西川 潤
FW 唐山 翔自

「国内厨」の
ための
基礎知識

1992

〈天皇杯〉
横浜M(日産FC横浜マリノス)
〈リーグ杯〉
V川崎（読売日本SC）
〈アジアカップウィナーズカップ〉
横浜M(日産FC横浜マリノス)

1993

〈J〉V川崎
■チャンピオンシップ
①鹿島 0対2 V川崎
②V川崎 1対1 鹿島

■1stステージ

順位	クラブ	勝点
1	鹿島	39
2	V川崎	36
3	横浜M	33
4	清水	30
5	市原	27
6	広島	27
7	横浜F	24
8	G大阪	24
9	名古屋	21
10	浦和	9

■2ndステージ

順位	クラブ	勝点
1	V川崎	48
2	清水	42
3	横浜M	30
4	鹿島	30
5	広島	27
6	G大阪	24
7	横浜F	24
8	名古屋	15
9	市原	15
10	浦和	15

〈天皇杯〉横浜F
〈リーグ杯〉V川崎

1994

〈J〉V川崎
■チャンピオンシップ
①広島 0対1 V川崎
②V川崎 1対0 広島

■1stステージ

順位	クラブ	勝点
1	広島	51
2	清水	48
3	鹿島	48
4	V川崎	42
5	横浜F	39
6	市原	30
7	磐田 ※新規参入	27
8	名古屋	27
9	横浜M	24
10	G大阪	21
11	平塚 ※新規参入	21
12	浦和	18

■2ndステージ

順位	クラブ	勝点
1	V川崎	51
2	平塚	48
3	横浜M	42
4	広島	36
5	鹿島	33
6	清水	33
7	磐田	33
8	横浜F	27
9	市原	27
10	G大阪	24
11	浦和	24
12	名古屋	18

〈天皇杯〉平塚
〈リーグ杯〉V川崎
〈スーパー杯〉V川崎
〈アジアカップウィナーズカップ〉
V川崎

1995

〈J〉横浜M
■チャンピオンシップ
①横浜M 1対0 V川崎
②V川崎 0対1 V川崎

■1stステージ

順位	クラブ	勝点
1	横浜M	52
2	V川崎	49
3	浦和	48
4	名古屋	46
5	磐田	45
6	市原	45
7	平塚	43
8	鹿島	42
9	C大阪 ※新規参入	41
10	広島	39
11	G大阪	31
12	清水	30

順位	クラブ	勝点
13	横浜F	28
14	柏 ※新規参入	22

■2ndステージ

順位	クラブ	勝点
1	V川崎	59
2	名古屋	51
3	横浜M	46
4	清水	45
5	鹿島	43
6	柏	43
7	市原	43
8	浦和	42
9	磐田	40
10	C大阪	37
11	横浜F	34
12	広島	28
13	G大阪	26
14	平塚	22

〈天皇杯〉名古屋
〈リーグ杯〉開催なし
〈スーパー杯〉V川崎
〈アジアカップウィナーズカップ〉
平塚

1996

〈J〉鹿島

順位	クラブ	勝点
1	鹿島	66
2	名古屋	63
3	横浜F	63
4	磐田	62
5	柏	60
6	浦和	59
7	V川崎	57
8	横浜M	42
9	市原	40
10	清水	37
11	平塚	36
12	G大阪	33
13	C大阪	30
14	広島	30
15	福岡 ※新規参入	29
16	京都 ※新規参入	24

〈天皇杯〉V川崎
〈リーグ杯〉清水
〈スーパー杯〉名古屋
※1シーズン制

1997

〈J〉磐田

■チャンピオンシップ
①磐田 3対2 鹿島
②鹿島 0対1 磐田

■1stステージ

順位	クラブ	勝点
1	鹿島	37
2	横浜F	35
3	柏	32
4	平塚	28
5	横浜M	28
6	磐田	26
7	清水	25
8	G大阪	24
9	浦和	21
10	広島	21
11	C大阪	19
12	名古屋	18
13	京都	18
14	神戸 ※新規参入	17
15	市原	13
16	V川崎	10
17	福岡	9

■2ndステージ

順位	クラブ	勝点
1	磐田	40
2	G大阪	34
3	横浜M	32
4	鹿島	31
5	名古屋	30
6	清水	29
7	浦和	26
8	C大阪	24
9	平塚	21
10	柏	20
11	横浜F	18
12	V川崎	16
13	広島	15
14	市原	15
15	福岡	10
16	京都	9
17	神戸	7

〈天皇杯〉鹿島
〈リーグ杯〉鹿島
〈スーパー杯〉鹿島

1998

〈J〉鹿島
■チャンピオンシップ
①磐田 1対2 鹿島
②鹿島 2対1 磐田

■1stステージ

順位	クラブ	勝点
1	磐田	39
2	清水	39
3	名古屋	33
4	横浜M	32
5	鹿島	32
6	V川崎	30
7	浦和	28
8	横浜F	26
9	C大阪	23
10	柏	22
11	市原	21
12	平塚	20
13	広島	19
14	G大阪	17
15	京都	16
16	札幌 ※新規参入	11
17	神戸	9
18	福岡	7

■2ndステージ

順位	クラブ	勝点
1	鹿島	42
2	磐田	39
3	浦和	33
4	横浜M	32
5	清水	31
6	名古屋	30
7	横浜F ※消滅	25
8	柏	25
9	広島	24
10	札幌 ※降格	24
11	京都	23
12	平塚	22
13	C大阪	21
14	神戸	16
15	福岡	14
16	G大阪	13
17	V川崎	9
18	市原	4

〈天皇杯〉横浜F
〈リーグ杯〉磐田
〈スーパー杯〉鹿島
〈アジアクラブ選手権〉磐田

1999

〈J1〉磐田
■チャンピオンシップ
①磐田 2対1 清水
②清水 2対1 磐田
→PK磐田 4対2 清水

■1stステージ

順位	クラブ	勝点
1	磐田	34
2	V川崎	32
3	清水	30
4	柏	29
5	C大阪	29
6	広島	27
7	横浜M	23
8	名古屋	21
9	鹿島	18
10	G大阪	17
11	福岡	16
12	神戸	15
13	浦和	13
14	京都	12
15	市原	12
16	平塚	9

■2ndステージ

順位	クラブ	勝点
1	清水	35
2	名古屋	33
3	横浜FM	30
4	柏	29
5	C大阪	24
6	鹿島	22
7	神戸	22
8	広島	21
9	京都	19
10	V川崎	17
11	市原	16
12	磐田	15
13	G大阪	15
14	浦和 ※降格	15
15	福岡	12
16	平塚 ※降格	4

〈J2〉川崎F

順位	クラブ	勝点
1	川崎F ※新規参入・昇格	73
2	FC東京 ※新規参入・昇格	64
3	大分 ※新規参入	63
4	新潟 ※新規参入	58
5	札幌	55
6	大宮 ※新規参入	51
7	山形 ※新規参入	48
8	鳥栖 ※新規参入	37
9	仙台 ※新規参入	31
10	甲府 ※新規参入	18

〈天皇杯〉名古屋
〈リーグ杯〉柏
〈スーパー杯〉鹿島
〈アジアカップウィナーズカップ〉

清水
※横浜M→横浜FM
※J2創設

2000

〈J1〉鹿島
■チャンピオンシップ
①横浜FM 0対0 鹿島
②鹿島 3対0 横浜FM

■1stステージ

順位	クラブ	勝点
1	横浜FM	30
2	C大阪	29
3	清水	28
4	柏	26
5	磐田	25
6	FC東京	23
7	神戸	22
8	鹿島	22
9	V川崎	20
10	広島	19
11	市原	19
12	名古屋	19
13	G大阪	17
14	福岡	15
15	川崎F	10
16	京都	7

■2ndステージ

順位	クラブ	勝点
1	鹿島	33
2	柏	32
3	磐田	30
4	G大阪	28
5	横浜FM	24
6	福岡	22
7	名古屋	22
8	FC東京	20
9	C大阪	19
10	V川崎	18
11	広島	18
12	京都 ※降格	18
13	清水	14
14	神戸	11
15	川崎F ※降格	11
16	市原	9

〈J2〉札幌

順位	クラブ	勝点
1	札幌 ※昇格	94
2	浦和 ※昇格	82
3	大分	81
4	大宮	68
5	仙台	55
6	鳥栖	48
7	新潟	46
8	湘南	43
9	水戸 ※新規参入	43
10	山形	33
11	甲府	18

〈天皇杯〉鹿島
〈リーグ杯〉鹿島
〈スーパー杯〉磐田
※平塚→湘南

2001

〈J1〉鹿島
■チャンピオンシップ
①磐田 2対2 鹿島
②鹿島 1対0 磐田

■1stステージ

順位	クラブ	勝点
1	磐田	36
2	市原	27
3	名古屋	27
4	清水	26
5	G大阪	25
6	柏	22
7	浦和	21
8	札幌	21
9	FC東京	21
10	神戸	19
11	鹿島	18
12	福岡	14
13	広島	13
14	C大阪	11
15	横浜FM	11
16	東京V	10

■2ndステージ

順位	クラブ	勝点
1	鹿島	36
2	磐田	35
3	広島	24
4	清水	23
5	市原	23
6	名古屋	22
7	柏	21
8	FC東京	20
9	東京V	20
10	横浜FM	19
11	G大阪	17
12	浦和	15
13	神戸	14
14	札幌	13
15	福岡 ※降格	13
16	C大阪 ※降格	12

〈J2〉京都

順位	クラブ	勝点
1	京都 ※昇格	84
2	仙台 ※昇格	83
3	山形	80
4	新潟	78
5	大宮	78
6	大分	78
7	川崎	60
8	湘南	60
9	横浜FC ※新規参入	43
10	鳥栖	32
11	水戸	25
12	甲府	25

〈天皇杯〉清水
〈リーグ杯〉横浜FM
〈スーパー杯〉清水
※V川崎→東京V

2002

〈J1〉磐田
■チャンピオンシップ
開催なし

■1stステージ

順位	クラブ	勝点
1	磐田	36
2	横浜FM	33
3	名古屋	29
4	G大阪	27
5	鹿島	27
6	京都	24
7	清水	24
8	市原	23
9	仙台	20
10	FC東京	17
11	浦和	14
12	東京V	13
13	神戸	12
14	柏	11
15	広島	10
16	札幌	6

■2ndステージ

順位	クラブ	勝点
1	磐田	35
2	G大阪	27
3	鹿島	26
4	東京V	24
5	FC東京	22

6	横浜FM	22
7	京都	22
8	浦和	21
9	柏	21
10	神戸	19
11	市原	18
12	清水	17
13	名古屋	16
14	広島 ※降格	16
15	仙台	12
16	札幌 ※降格	9

〈J2〉大分

順位	クラブ	勝点
1	大分 ※昇格	94
2	C大阪 ※昇格	87
3	新潟	82
4	川崎	80
5	湘南	64
6	大宮	59
7	甲府	58
8	福岡	42
9	鳥栖	41
10	水戸	40
11	山形	35
12	横浜FC	35

〈天皇杯〉京都
〈リーグ杯〉鹿島
〈スーパー杯〉清水

2003

〈J1〉横浜FM
■チャンピオンシップ
開催なし

■1stステージ

順位	クラブ	勝点
1	横浜FM	32
2	磐田	31
3	市原	27
4	FC東京	25
5	C大阪	25
6	浦和	24
7	名古屋	23
8	鹿島	23
9	柏	21
10	東京V	19
11	清水	18
12	G大阪	16
13	神戸	16
14	大分	15
15	仙台	12
16	京都	10

■2ndステージ

順位	クラブ	勝点
1	横浜FM	26
2	市原	26
3	磐田	26
4	鹿島	25
5	FC東京	24
6	浦和	23
7	G大阪	23
8	名古屋	22
9	東京V	21
10	清水	21
11	柏	16
12	C大阪	15
13	神戸	14
14	京都 ※降格	13
15	仙台 ※降格	12
16	大分	11

〈J2〉新潟

順位	クラブ	勝点
1	新潟 ※昇格	88
2	広島 ※昇格	86
3	川崎	85
4	福岡	71
5	甲府	69
6	大宮	61
7	水戸	56
8	山形	55
9	札幌	52
10	湘南	44
11	横浜FC	42
12	鳥栖	20

〈天皇杯〉磐田
〈リーグ杯〉浦和
〈スーパー杯〉磐田

2004

〈J1〉横浜FM
■チャンピオンシップ
①横浜FM 1対0 浦和
②浦和 1対0 横浜FM
→PK横浜FM 4対2 浦和

■1stステージ

順位	クラブ	勝点
1	横浜FM	36
2	磐田	34
3	浦和	25
4	G大阪	24
5	鹿島	24
6	FC東京	23
7	市原	22
8	名古屋	20

9	東京V	19
10	大分	17
11	清水	16
12	神戸	15
13	広島	15
14	新潟	14
15	柏	12
16	C大阪	10

■2ndステージ

順位	クラブ	勝点
1	浦和	37
2	市原	28
3	G大阪	27
4	鹿島	24
5	名古屋	24
6	横浜FM	23
7	新潟	23
8	神戸	21
9	東京V	20
10	FC東京	18
11	広島	16
12	C大阪	16
13	磐田	14
14	清水	13
15	柏	13
16	大分	13

〈J2〉川崎

順位	クラブ	勝点
1	川崎 ※昇格	105
2	大宮 ※昇格	87
3	福岡	76
4	山形	71
5	京都	69
6	仙台	59
7	甲府	58
8	横浜FC	52
9	水戸	37
10	湘南	36
11	鳥栖	35
12	札幌	30

〈天皇杯〉東京V
〈リーグ杯〉FC東京
〈スーパー杯〉磐田

2005

〈J1〉G大阪

順位	クラブ	勝点
1	G大阪	60
2	浦和	59
3	鹿島	59
4	千葉	59

5	C大阪	59
6	磐田	51
7	広島	50
8	川崎	50
9	横浜FM	48
10	FC東京	47
11	大分	43
12	新潟	42
13	大宮	41
14	名古屋	39
15	清水	39
16	柏 ※降格	35
17	東京V ※降格	30
18	神戸 ※降格	21

〈J2〉京都

順位	クラブ	勝点
1	京都 ※昇格	97
2	福岡 ※昇格	78
3	甲府 ※昇格	69
4	仙台	68
5	山形	64
6	札幌	63
7	湘南	54
8	鳥栖	52
9	徳島	52
10	水戸	52
11	横浜FC	45
12	草津 ※新規参入	23

〈天皇杯〉浦和
〈リーグ杯〉千葉
〈スーパー杯〉東京V
※市原→千葉
※1シーズン制

2006

〈J1〉浦和

順位	クラブ	勝点
1	浦和	72
2	川崎	67
3	G大阪	66
4	清水	60
5	磐田	58
6	鹿島	58
7	名古屋	48
8	大分	47
9	横浜FM	45
10	広島	45
11	千葉	44
12	大宮	44
13	FC東京	43
14	新潟	42
15	甲府	42

16	福岡 ※降格	27
17	C大阪 ※降格	27
18	京都 ※降格	22

〈J2〉横浜FC

順位	クラブ	勝点
1	横浜FC ※昇格	93
2	柏 ※昇格	88
3	神戸 ※昇格	86
4	鳥栖	79
5	仙台	77
6	札幌	72
7	東京V	71
8	山形	65
9	愛媛 ※新規参入	53
10	水戸	51
11	湘南	49
12	草津	42
13	徳島 ※新規参入	35

〈天皇杯〉浦和
〈リーグ杯〉千葉
〈スーパー杯〉浦和

2007

〈J1〉鹿島

順位	クラブ	勝点
1	鹿島	72
2	浦和	70
3	G大阪	67
4	清水	61
5	川崎	54
6	新潟	51
7	横浜FM	50
8	柏	50
9	磐田	49
10	神戸	47
11	名古屋	45
12	FC東京	45
13	千葉	42
14	大分	41
15	大宮	35
16	広島 ※降格	32
17	甲府 ※降格	27
18	横浜FC ※降格	16

〈J2〉札幌

順位	クラブ	勝点
1	札幌 ※昇格	91
2	東京V ※昇格	89
3	京都 ※昇格	86
4	仙台	83
5	C大阪	80
6	湘南	77

7	福岡	73
8	鳥栖	72
9	山形	58
10	愛媛	45
11	草津	42
12	水戸	34
13	徳島	33

〈天皇杯〉鹿島
〈リーグ杯〉G大阪
〈スーパー杯〉G大阪
〈ACL〉浦和

2008

〈J1〉鹿島

順位	クラブ	勝点
1	鹿島	63
2	川崎	60
3	名古屋	59
4	大分	56
5	清水	55
6	FC東京	55
7	浦和	53
8	G大阪	50
9	横浜FM	48
10	神戸	47
11	柏	46
12	大宮	43
13	新潟	42
14	京都	41
15	千葉	38
16	磐田	37
17	東京V ※降格	37
18	札幌 ※降格	18

〈J2〉広島

順位	クラブ	勝点
1	広島 ※昇格	100
2	山形 ※昇格	78
3	仙台	70
4	C大阪	69
5	湘南	65
6	鳥栖	64
7	甲府	59
8	福岡	58
9	草津	53
10	横浜FC	50
11	水戸	47
12	熊本 ※新規参入	43
13	岐阜 ※新規参入	42
14	愛媛	37
15	徳島	29

〈天皇杯〉G大阪

〈リーグ杯〉大分
〈スーパー杯〉広島
〈ACL〉G大阪

2009

〈J1〉鹿島

順位	クラブ	勝点
1	鹿島	66
2	川崎	64
3	G大阪	60
4	広島	56
5	FC東京	53
6	浦和	52
7	清水	51
8	新潟	50
9	名古屋	50
10	横浜FM	46
11	磐田	41
12	京都	41
13	大宮	39
14	神戸	39
15	山形	39
16	柏 ※降格	34
17	大分 ※降格	30
18	千葉 ※降格	27

〈J2〉仙台

順位	クラブ	勝点
1	仙台 ※昇格	106
2	C大阪 ※昇格	104
3	湘南 ※昇格	98
4	甲府	97
5	鳥栖	88
6	札幌	79
7	東京V	74
8	水戸	73
9	徳島	72
10	草津	65
11	福岡	65
12	岐阜	62
13	富山 ※新規参入	61
14	熊本	58
15	愛媛	47
16	横浜FC	44
17	栃木 ※新規参入	37
18	岡山 ※新規参入	36

〈天皇杯〉G大阪
〈リーグ杯〉FC東京
〈スーパー杯〉鹿島

2010

〈J1〉名古屋

順位	クラブ	勝点
1	名古屋	72
2	G大阪	62
3	C大阪	61
4	鹿島	60
5	川崎	54
6	清水	54
7	広島	51
8	横浜FM	51
9	新潟	49
10	浦和	48
11	磐田	44
12	大宮	42
13	山形	42
14	仙台	39
15	神戸	38
16	FC東京 ※降格	36
17	京都 ※降格	19
18	湘南 ※降格	16

〈J2〉柏

順位	クラブ	勝点
1	柏 ※昇格	80
2	甲府 ※昇格	70
3	福岡 ※昇格	69
4	千葉	61
5	東京V	58
6	横浜FC	54
7	熊本	54
8	徳島	51
9	鳥栖	51
10	栃木	50
11	愛媛	48
12	草津	48
13	札幌	46
14	岐阜	45
15	大分	41
16	水戸	38
17	岡山	32
18	富山	28
19	北九州 ※新規参入	15

〈天皇杯〉鹿島
〈リーグ杯〉磐田
〈スーパー杯〉鹿島

2011

〈J1〉柏

順位	クラブ	勝点
1	柏	72
2	名古屋	71
3	G大阪	70
4	仙台	56
5	横浜FM	56
6	鹿島	50
7	広島	50
8	磐田	47
9	神戸	46
10	清水	45
11	川崎	44
12	C大阪	43
13	大宮	42
14	新潟	39
15	浦和	36
16	甲府	33
17	福岡	22
18	山形	21

〈J2〉FC東京

順位	クラブ	勝点
1	FC東京 ※昇格	77
2	鳥栖 ※昇格	69
3	札幌 ※昇格	68
4	徳島	65
5	東京V	59
6	千葉	58
7	京都	58
8	北九州	58
9	草津	57
10	栃木	56
11	熊本	51
12	大分	50
13	岡山	48
14	湘南	46
15	愛媛	44
16	富山	43
17	水戸	42
18	横浜FC	41
19	鳥取 ※新規参入	31
20	岐阜	24

〈天皇杯〉FC東京
〈リーグ杯〉鹿島
〈スーパー杯〉名古屋

2012

〈J1〉広島

順位	クラブ	勝点
1	広島	64
2	仙台	57
3	浦和	55
4	横浜FM	53
5	鳥栖	53
6	柏	52
7	名古屋	52
8	川崎	50
9	清水	49
10	FC東京	48

11	鹿島	46
12	磐田	46
13	大宮	44
14	C大阪	42
15	新潟	40
16	神戸 ※降格	39
17	G大阪 ※降格	38
18	札幌 ※降格	14

〈J2〉甲府

順位	クラブ	勝点
1	甲府 ※昇格	86
2	湘南 ※昇格	75
3	京都	74
4	横浜FC	73
5	千葉	72
6	大分 ※昇格	71
7	東京V	66
8	岡山	65
9	北九州	64
10	山形	61
11	栃木	60
12	松本 ※新規参入	59
13	水戸	56
14	熊本	55
15	徳島	51
16	愛媛	50
17	草津	47
18	福岡	41
19	富山	38
20	鳥取	38
21	岐阜	35
22	町田 ※新規参入・降格	32

〈天皇杯〉柏
〈リーグ杯〉鹿島
〈スーパー杯〉柏

2013

〈J1〉広島

順位	クラブ	勝点
1	広島	63
2	横浜FM	62
3	川崎	60
4	C大阪	59
5	鹿島	59
6	浦和	58
7	新潟	55
8	FC東京	54
9	清水	50
10	柏	48
11	名古屋	47
12	鳥栖	46
13	仙台	45
14	大宮	45
15	甲府	37
16	湘南 ※降格	25
17	磐田 ※降格	23
18	大分 ※降格	14

〈J2〉G大阪

順位	クラブ	勝点
1	G大阪 ※昇格	87
2	神戸 ※昇格	83
3	京都	70
4	徳島 ※昇格	67
5	千葉	66
6	長崎	66
7	松本	66
8	札幌	64
9	栃木	63
10	山形	59
11	横浜FC	58
12	岡山	56
13	東京V	56
14	福岡	56
15	水戸	55
16	北九州	49
17	愛媛	47
18	富山	44
19	熊本	43
20	群馬	40
21	岐阜	37
22	鳥取 ※降格	31

〈天皇杯〉横浜FM
〈リーグ杯〉柏
〈スーパー杯〉広島

2014

〈J1〉G大阪

順位	クラブ	勝点
1	G大阪	63
2	浦和	62
3	鹿島	60
4	柏	60
5	鳥栖	60
6	川崎	55
7	横浜FM	51
8	広島	50
9	FC東京	48
10	名古屋	48
11	神戸	45
12	新潟	44
13	甲府	41
14	仙台	38
15	清水	36
16	大宮 ※降格	35
17	C大阪 ※降格	31
18	徳島 ※降格	14

〈J2〉湘南

順位	クラブ	勝点
1	湘南 ※昇格	101
2	松本 ※昇格	83
3	千葉	68
4	磐田	67
5	北九州	65
6	山形 ※昇格	64
7	大分	63
8	岡山	61
9	京都	60
10	札幌	59
11	横浜FC	55
12	栃木	55
13	熊本	54
14	長崎	52
15	水戸	50
16	福岡	50
17	岐阜	49
18	群馬	49
19	愛媛	48
20	東京V	42
21	讃岐 ※新規参入	33
22	富山 ※降格	23

〈J3〉金沢

順位	クラブ	勝点
1	金沢 ※新規参入・昇格	75
2	長野 ※新規参入	69
3	町田	68
4	鳥取 ※新規参入	53
5	盛岡 ※新規参入	45
6	相模原 ※新規参入	43
7	福島 ※新規参入	36
8	秋田 ※新規参入	34
9	琉球 ※新規参入	34
10	J22選抜 ※新規参入	33
11	藤枝 ※新規参入	30
12	YS横浜 ※新規参入	24

〈天皇杯〉G大阪
〈リーグ杯〉G大阪
〈スーパー杯〉広島
※J3創設

2015

〈J1〉広島
■チャンピオンシップ
①G大阪 2対3 広島
②広島 1対1 G大阪

■1stステージ

順位	クラブ	勝点
1	浦和	41
2	FC東京	35
3	広島	34
4	G大阪	32
5	川崎	30
6	横浜FM	26
7	仙台	23
8	鹿島	22
9	名古屋	22
10	湘南	22
11	鳥栖	20
12	甲府	20
13	神戸	19
14	柏	18
15	松本	15
16	山形	14
17	新潟	14
18	清水	13

■2ndステージ

順位	クラブ	勝点
1	広島	40
2	鹿島	37
3	G大阪	31
4	浦和	31
5	横浜FM	29
6	FC東京	28
7	川崎	27
8	柏	27
9	湘南	26
10	名古屋	24
11	新潟	20
12	鳥栖	20
13	神戸	19
14	甲府	17
15	松本 ※降格	13
16	仙台	12
17	清水 ※降格	12
18	山形 ※降格	10

〈J2〉大宮

順位	クラブ	勝点
1	大宮 ※昇格	86
2	磐田 ※昇格	82
3	福岡 ※昇格	82
4	C大阪	67
5	愛媛	65
6	長崎	60
7	北九州	59
8	東京V	58
9	千葉	57
10	札幌	57
11	岡山	54
12	金沢	54
13	熊本	53
14	徳島	53
15	横浜FC	52
16	讃岐	51
17	京都	50
18	群馬	48
19	水戸	46
20	岐阜	43
21	大分 ※降格	38
22	栃木 ※降格	35

〈J3〉山口

順位	クラブ	勝点
1	山口 ※新規参入・昇格	78
2	町田 ※昇格	78
3	長野	70
4	相模原	58
5	富山	52
6	鳥取	50
7	福島	49
8	秋田	45
9	琉球	45
10	藤枝	37
11	盛岡	35
12	J22選抜 ※活動終了	28
13	YS横浜	27

〈天皇杯〉G大阪
〈リーグ杯〉鹿島
〈スーパー杯〉G大阪
※チャンピオンシップ復活

2016

〈J1〉鹿島
■チャンピオンシップ
①鹿島 0対1 浦和
②浦和 1対2 鹿島

■1stステージ

順位	クラブ	勝点
1	鹿島	39
2	川崎	38
3	浦和	33
4	広島	29
5	大宮	26
6	G大阪	24
7	柏	24
8	磐田	23
9	FC東京	23
10	仙台	23
11	横浜FM	22
12	神戸	20
13	新潟	18
14	名古屋	17
15	鳥栖	17
16	湘南	16
17	甲府	15
18	福岡	11

■2ndステージ

順位	クラブ	勝点
1	浦和	41
2	神戸	35
3	川崎	34
4	G大阪	34
5	柏	30
6	大宮	30
7	横浜FM	29
8	鳥栖	29
9	FC東京	29
10	広島	26
11	鹿島	20
12	仙台	20
13	甲府	16
14	磐田	13
15	名古屋 ※降格	13
16	新潟	12
17	湘南 ※降格	11
18	福岡 ※降格	8

〈J2〉札幌

順位	クラブ	勝点
1	札幌 ※昇格	85
2	清水 ※昇格	84
3	松本	84
4	C大阪 ※昇格	78
5	京都	69
6	岡山	65
7	町田	65
8	横浜FC	59
9	徳島	57
10	愛媛	56
11	千葉	53
12	山口	53
13	水戸	48
14	山形	47
15	長崎	47
16	熊本	46
17	群馬	45
18	東京V	43
19	讃岐	43
20	岐阜	43
21	金沢	39
22	北九州 ※降格	38

〈J3〉大分

順位	クラブ	勝点
1	大分 ※昇格	61

2	栃木	59
3	長野	52
4	秋田	50
5	鹿児島 ※新規参入	50
6	富山	49
7	藤枝	45
8	琉球	44
9	G大阪23 ※新規参入	38
10	FC東京23 ※新規参入	36
11	相模原	35
12	C大阪23 ※新規参入	32
13	盛岡	30
14	福島	30
15	鳥取	30
16	YS横浜	20

〈天皇杯〉鹿島
〈リーグ杯〉浦和
〈スーパー杯〉広島

2017

〈J1〉川崎

順位	クラブ	勝点
1	川崎	72
2	鹿島	72
3	C大阪	63
4	柏	62
5	横浜FM	59
6	磐田	58
7	浦和	49
8	鳥栖	47
9	神戸	44
10	G大阪	43
11	札幌	43
12	仙台	41
13	FC東京	40
14	清水	34
15	広島	33
16	甲府 ※降格	32
17	新潟 ※降格	28
18	大宮 ※降格	25

〈J2〉湘南

順位	クラブ	勝点
1	湘南 ※昇格	83
2	長崎 ※昇格	80
3	名古屋 ※昇格	75
4	福岡	74
5	東京V	70
6	千葉	68
7	徳島	67
8	松本	66
9	大分	64
10	横浜FC	63
11	山形	59
12	京都	57
13	岡山	55
14	水戸	54
15	愛媛	51
16	町田	50
17	金沢	49
18	岐阜	46
19	讃岐	38
20	山口	38
21	熊本	37
22	群馬 ※降格	20

〈J3〉秋田

順位	クラブ	勝点
1	秋田	61
2	栃木 ※昇格	60
3	沼津 ※新規参入	59
4	鹿児島	55
5	長野	50
6	琉球	50
7	藤枝	47
8	富山	47
9	北九州	46
10	福島	43
11	FC東京23	43
12	相模原	39
13	C大阪23	35
14	YS横浜	32
15	盛岡	29
16	G大阪23	26
17	鳥取	21

〈天皇杯〉C大阪
〈リーグ杯〉C大阪
〈スーパー杯〉鹿島
〈ACL〉浦和
※1シーズン制

2018

〈J1〉川崎

順位	クラブ	勝点
1	川崎	69
2	広島	57
3	鹿島	56
4	札幌	55
5	浦和	51
6	FC東京	50
7	C大阪	50
8	清水	49
9	G大阪	48
10	神戸	45
11	仙台	45
12	横浜FM	41
13	湘南	41
14	鳥栖	41
15	名古屋	41
16	磐田	41
17	柏 ※降格	39
18	長崎 ※降格	30

〈J2〉松本

順位	クラブ	勝点
1	松本 ※昇格	77
2	大分 ※昇格	76
3	横浜FC	76
4	町田	76
5	大宮	71
6	東京V	71
7	福岡	70
8	山口	61
9	甲府	59
10	水戸	57
11	徳島	56
12	山形	56
13	金沢	55
14	千葉	55
15	岡山	53
16	新潟	53
17	栃木	50
18	愛媛	48
19	京都	43
20	岐阜	42
21	熊本 ※降格	34
22	讃岐 ※降格	31

〈J3〉琉球

順位	クラブ	勝点
1	琉球 ※昇格	66
2	鹿児島 ※昇格	57
3	鳥取	53
4	沼津	52
5	群馬	52
6	G大阪23	47
7	C大阪23	46
8	秋田	43
9	相模原	42
10	長野	41
11	富山	41
12	福島	40
13	盛岡	40
14	FC東京23	36
15	YS横浜	34
16	藤枝	34
17	北九州	27

〈天皇杯〉浦和
〈リーグ杯〉湘南
〈スーパー杯〉C大阪

2019

〈J1〉横浜FM

順位	クラブ	勝点
1	横浜FM	70
2	FC東京	64
3	鹿島	63
4	川崎	60
5	C大阪	59
6	広島	55
7	G大阪	47
8	神戸	47
9	大分	47
10	札幌	46
11	仙台	41
12	清水	39
13	名古屋	37
14	浦和	37
15	鳥栖	36
16	湘南	36
17	松本 ※降格	31
18	磐田 ※降格	31

〈J2〉柏

順位	クラブ	勝点
1	柏 ※昇格	84
2	横浜FC ※昇格	79
3	大宮	75
4	徳島	73
5	甲府	71
6	山形	70
7	水戸	70
8	京都	68
9	岡山	65
10	新潟	62
11	金沢	61
12	長崎	56
13	東京V	55
14	琉球	49
15	山口	47
16	福岡	44
17	千葉	43
18	町田	43
19	愛媛	42
20	栃木	40
21	鹿児島 ※降格	40
22	岐阜 ※降格	30

〈J3〉北九州

順位	クラブ	勝点
1	北九州 ※昇格	66
2	群馬 ※昇格	63
3	藤枝	63
4	富山	58
5	熊本	57
6	C大阪23	52
7	鳥取	50
8	秋田	49
9	長野	49
10	八戸 ※新規参入	48
11	福島	43
12	沼津	39
13	YS横浜	39
14	讃岐	39
15	相模原	38
16	FC東京23 ※活動終了	36
17	G大阪23	35
18	盛岡	26

〈天皇杯〉神戸
〈リーグ杯〉川崎
〈スーパー杯〉川崎

2020

〈J1〉川崎

順位	クラブ	勝点
1	川崎	83
2	G大阪	65
3	名古屋	63
4	C大阪	60
5	鹿島	59
6	FC東京	57
7	柏	52
8	広島	48
9	横浜FM	47
10	浦和	46
11	大分	43
12	札幌	39
13	鳥栖	36
14	神戸	36
15	横浜FC	33
16	清水	28
17	仙台	28
18	湘南	27

〈J2〉徳島

順位	クラブ	勝点
1	徳島 ※昇格	84
2	福岡 ※昇格	84
3	長崎	80
4	甲府	65
5	北九州	65
6	磐田	63
7	山形	62
8	京都	59
9	水戸	58
10	栃木	58
11	新潟	57
12	東京V	54
13	松本	54
14	千葉	53
15	大宮	53
16	琉球	50
17	岡山	50
18	金沢	49
19	町田	49
20	群馬	49
21	愛媛	34
22	山口	33

〈J3〉秋田

順位	クラブ	勝点
1	秋田 ※昇格	73
2	相模原 ※昇格	61
3	長野	59
4	鹿児島	58
5	鳥取	57
6	岐阜	56
7	今治 ※新規参入	55
8	熊本	54
9	富山	50
10	藤枝	49
11	盛岡	42
12	沼津	41
13	福島	39
14	G大阪23 ※活動終了	35
15	八戸	33
16	讃岐	31
17	YS横浜	27
18	C大阪23 ※活動終了	25

〈天皇杯〉川崎
〈リーグ杯〉FC東京
〈スーパー杯〉神戸

2021

〈スーパー杯〉川崎

◆Jリーグを目指すクラブ◆

[百年構想クラブ]

ラインメール青森（JFL）
いわきFC（JFL）
ヴィアティン三重（JFL）
鈴鹿ポイントゲッターズ（JFL）
F.C.大阪（JFL）
奈良クラブ（JFL）
ヴェルスパ大分（JFL）
栃木シティFC（関東1部）
VONDS市原FC（関東1部）
Criacao Shinjuku（関東1部）
南葛SC（関東2部）

[その他のクラブ]

東京武蔵野ユナイテッドFC
（JFL）
FC刈谷（JFL）
MIOびわこ滋賀（JFL）
FCティアモ枚方（JFL）
松江シティFC（JFL）
高知ユナイテッドSC（JFL）
北海道十勝スカイアース
（北海道）
ブランデュー弘前FC
（東北1部）
FCガンジュ岩手（東北1部）
コバルトーレ女川（東北1部）
ブリオベッカ浦安（関東1部）
ジョイフル本田つくばFC
（関東1部）
東京23FC（関東1部）
エスペランサSC（関東1部）
アイデンティみらい（関東2部）
アヴェントゥーラ川口
（関東2部）
FC.ISE-SHIMA（東海1部）
WYVERN FC（東海2部）
FC.Bombonera（東海2部）
福井ユナイテッドFC
（北信越1部）
アルティスタ浅間（北信越1部）
SR Komatsu（北信越2部）
レイジェンド滋賀FC
（関西1部）
おこしやす京都AC（関西1部）
Cento Cuore HARIMA
（関西1部）
アルテリーヴォ和歌山
（関西1部）
ポルベニル飛鳥（関西1部）
FC淡路島（関西2部）
SRC広島（中国）
FCバレイン下関（中国）
ベルガロッソ浜田（中国）

ヴェロスクロノス都農（九州）
沖縄SV（九州）
FC函館ユナイテッド・チャーロ（函館1部）
境トリニタス（茨城1部）
FC古河（茨城2部）
FC CASA FORTUNA
OYAMA（栃木1部）
邑楽ユナイテッドFC
（群馬2部）
ACアルマレッザ入間
（埼玉1部）
CALIENTE KUMAGAYA
（埼玉1部）
Saitama east SV（埼玉2部）
FCカラスト埼玉南西
（埼玉4部）
COEDO KAWAGOE F.C
（川越2部）
房総ローヴァーズ木更津FC
（千葉1部）
習志野シティFC（千葉1部）
Narita United（千葉1部）
市川SC（千葉1部）
千葉SC（千葉2部）
MATSUDO CITY FC
（千葉3部）
AC Milan Sakura（千葉3部）
八千代Branca FC（千葉3部）
エリースFC東京（東京1部）
アローレ八王子（東京1部）
SHIBUYA CITY FC（東京1部）
スペリオ城北（東京2部）
FCフエンテ東久留米
（東京2部）
TOKYO2020FC（東京3部）
Edo All United（東京3部）
江東ベイエリアFC（東京3部）
FC NossA八王子（東京4部）
イトゥアーノFC横浜
（神奈川1部）
品川CC横浜（神奈川1部）
エブリサ藤沢（神奈川2部）
はやぶさイレブン（神奈川2部）
鎌倉インターナショナルFC
（神奈川2部）
江の島FC（神奈川3部）
岳南Fモスペリオ（静岡1部）
フォンテ静岡FC（静岡1部）
SHIMIZU Wanted（静岡1部）
フェスモーチェV浜松
（静岡1部）
SS伊豆（静岡1部）
春日井クラブ（愛知1部）
東海FC（愛知1部）
瀬戸FC（愛知2部）

高蔵寺FC（愛知2部）
名古屋シティユナイテッド
FC（愛知3部）
TSV1973四日市（三重1部）
FC中野エスペランサ
（長野1部）
パトリアーレSABAE
（福井1部）
マッチャモーレ京都山城
（京都4部）
茨木SC（大阪2部）
堺シティFC（大阪3部）
岩出FCアズール（和歌山1部）
FC和歌山（和歌山3部）
南紀オレンジライズFC
（未所属）
エベイユFC（兵庫1部）
総社ユナイテッドFC
（岡山2部）
福山シティFC（広島1部）
廿日市FC（広島1部）
広島ユナイテッドFC
（広島3部）
FC延岡AGATA（宮崎1部）

194

「海外厨」の
ための
基礎知識

◆ワールドカップの変遷◆

1930年 ウルグアイ大会
決勝　ウルグアイ 4対2 アルゼンチン
3位アメリカ　4位ユーゴスラビア

1934年 イタリア大会
決勝　イタリア 2対1 チェコスロバキア
3位ドイツ　4位オーストリア

1938年 フランス大会
決勝　イタリア 4対2 ハンガリー
3位ブラジル　4位スウェーデン

1942年 第二次世界大戦のため中止

1946年 第二次世界大戦のため中止

1950年 ブラジル大会
決勝L 優勝ウルグアイ　準優勝ブラジル
3位スウェーデン　4位スペイン

1954年 スイス大会
決勝　西ドイツ 3対2 ハンガリー
3位オーストリア　4位ウルグアイ

1958年 スウェーデン大会
決勝　ブラジル 5対2 スウェーデン
3位フランス　4位西ドイツ

1962年 チリ大会
決勝　ブラジル 3対1 チェコスロバキア
3位チリ　4位ユーゴスラビア

1966年 イングランド大会
決勝　イングランド 4対2 西ドイツ
3位ポルトガル　4位ソ連

1970年 メキシコ大会
決勝　ブラジル4対1イタリア
3位西ドイツ　4位ウルグアイ

1974年 西ドイツ大会
決勝　西ドイツ 2対1 オランダ
3位ポーランド　4位ブラジル

1978年 アルゼンチン大会
決勝　アルゼンチン 3対1 オランダ
3位ブラジル　4位イタリア

1982年 スペイン大会
決勝　イタリア 3対1 西ドイツ
3位ポーランド　4位フランス

1986年 メキシコ大会
決勝　アルゼンチン 3対2 西ドイツ
3位フランス　4位ベルギー

1990年 イタリア大会
決勝　西ドイツ 1対0 アルゼンチン
3位イタリア　4位イングランド

1994年 アメリカ大会
決勝　ブラジル 0対0（PK3対2）イタリア
3位スウェーデン　4位ブルガリア

1998年 フランス大会
決勝　フランス 3対0 ブラジル
3位クロアチア　4位オランダ

2002年 日本・韓国大会
決勝　ブラジル 2対0 ドイツ
3位トルコ　4位韓国

2006年 ドイツ大会
決勝　イタリア 1対1（PK5対3）フランス
3位ドイツ　4位ポルトガル

2010年 南アフリカ大会
決勝　スペイン 1対0 オランダ
3位ドイツ　4位ウルグアイ

2014年 ブラジル大会
決勝　ドイツ 1対0 アルゼンチン
3位オランダ　4位ブラジル

2018年 ロシア大会
決勝　フランス 4対2 クロアチア
3位ベルギー　4位イングランド

◆欧州チャンピオンズリーグの変遷◆

〈UEFAチャンピオンズカップ〉

1955-56　決勝　レアル・マドリー（ESP）
4対3 スタッド・ランス（FRA）

1956-57　決勝　レアル・マドリー（ESP）
2対0 フィオレンティーナ（ITA）

1957-58　決勝　レアル・マドリー（ESP）
3対2 ミラン（ITA）

1958-59　決勝　レアル・マドリー（ESP）
2対0 スタッド・ランス（FRA）

1959-60　決勝　レアル・マドリー（ESP）
7対3 フランクフルト（FRG）

1960-61　決勝　ベンフィカ（POR）
3対2 バルセロナ（ESP）

1961-62　決勝　ベンフィカ（POR）
5対3 レアル・マドリー（ESP）

1962-63　決勝　ミラン（ITA）
2対1 ベンフィカ（POR）

1963-64　決勝　インテル（ITA）
3対1 レアル・マドリー（ESP）

1964-65　決勝　インテル（ITA）
1対0 ベンフィカ（POR）

1965-66　決勝　レアル・マドリー（ESP）
2対1 パルチザン・ベオグラード（YUG）

1966-67　決勝　セルティック（SCO）
2対1 インテル（ITA）

1967-68　決勝　マンチェスター・ユナイテッド
（ENG）4対1 ベンフィカ（POR）

1968-69　決勝　ミラン（ITA）
4対1 アヤックス（NED）

1969-70　決勝　フェイエノールト（NED）
2対1 セルティック（SCO）

1970-71　決勝　アヤックス（NED）
2対0 パナシナイコス（GRE）

1971-72　決勝　アヤックス（NED）
2対0 インテル（ITA）

1972-73　決勝　アヤックス（NED）
1対0 ユヴェントス（ITA）

1973-74　決勝　バイエルン・ミュンヘン
（FRG）1対1 4対0（再試合）アトレティコ・
マドリー（ESP）

1974-75　決勝　バイエルン・ミュンヘン
（FRG）2対0 リーズ・ユナイテッド（ENG）

1975-76　決勝　バイエルン・ミュンヘン
（FRG）1対0 サンテティエンヌ（FRA）

1976-77　決勝　リヴァプール（ENG）
3対1 ボルシア MG（FRG）

1977-78　決勝　リヴァプール（ENG）
1対0 クラブ・ブルッヘ（BEL）

1978-79　決勝　ノッティンガム・フォレスト
（ENG）1対0 マルメ（SWE）

1979-80　決勝　ノッティンガム・フォレスト
（ENG）1対0 ハンブルガー SV（FRG）

1980-81　決勝　リヴァプール（ENG）
1対0 レアル・マドリー（ESP）

1981-82　決勝　アストン・ヴィラ（ENG）
1対0 バイエルン・ミュンヘン（FRG）

1982-83　決勝　ハンブルガー SV（FRG）
1対0 ユヴェントス（ITA）

1983-84　決勝　リヴァプール（ENG）
1対1（PK4対2）ローマ（ITA）

1984-85　決勝　ユヴェントス（ITA）
1対0 リヴァプール（ENG）

1985-86　決勝　ステアウア・ブカレスト（ROU）
0対0（PK2対0）バルセロナ（ESP）

1986-87　決勝　ポルト（POR）
2対1 バイエルン・ミュンヘン（GER）

1987-88　決勝　PSV（NED）
0対0（PK6対5）ベンフィカ（POR）

1988-89　決勝　ミラン（ITA）
4対0 ステアウア・ブカレスト（ROU）

1989-90　決勝　ミラン（ITA）
1対0 ベンフィカ（POR）

1990-91　決勝　レッドスター・ベオグラード
（YUG）0対0（PK5対3）マルセイユ（FRA）

1991-92　決勝　バルセロナ（ESP）
1対0 サンプドリア（ITA）

〈UEFAチャンピオンズリーグ〉

1992-93　決勝　マルセイユ（FRA）
1対0 ミラン（ITA）

1993-94　決勝　ミラン（ITA）
4対0 バルセロナ（ESP）

1994-95　決勝　アヤックス（NED）
1対0 ミラン（ITA）

1995-96　決勝　ユヴェントス（ITA）
1対1（PK4対2）アヤックス（NED）

1996-97　決勝　ボルシア・ドルトムント
（GER）3対1 ユヴェントス（ITA）

1997-98　決勝　レアル・マドリー（ESP）
1対0 ユヴェントス（ITA）

1998-99　決勝　マンチェスター・ユナイテッド
（ENG）2対1 バイエルン・ミュンヘン（GER）

1999-00　決勝　レアル・マドリー（ESP）
3対0 バレンシア（ESP）

2000-01　決勝　バイエルン・ミュンヘン（GER）
1対1（PK5対4）バレンシア（ESP）

2001-02　決勝　レアル・マドリー（ESP）
2対1 バイヤー・レヴァークーゼン（GER）

2002-03　決勝　ミラン（ITA）
0対0（PK3対2）ユヴェントス（ITA）

2003-04　決勝　ポルト（POR）
3対0 モナコ（FRA）

2004-05　決勝　リヴァプール
（ENG）3対3（PK3対2）ミラン（ITA）

2005-06　決勝　バルセロナ（ESP）
2対1 アーセナル（ENG）

2006-07　決勝　ミラン（ITA）
2対1 リヴァプール（ENG）

2007-08　決勝　マンチェスター・ユナイテッド
（ENG）1対1（PK6対5）チェルシー（ENG）

2008-09　決勝　バルセロナ（ESP）
2対0 マンチェスター・ユナイテッド（ENG）

2009-10　決勝　インテル（ITA）
2対0 バイエルン・ミュンヘン（GER）

2010-11　決勝　バルセロナ（ESP）
3対1 マンチェスター・ユナイテッド（ENG）

2011-12　決勝　チェルシー（ENG）
1対1（PK4対3）バイエルン・ミュンヘン（GER）

2012-13　決勝　バイエルン・ミュンヘン（GER）
2対1 ボルシア・ドルトムント（GER）

2013-14　決勝　レアル・マドリー（ESP）
4対1 アトレティコ・マドリー（ESP）

2014-15　決勝　バルセロナ（ESP）

3対1 ユヴェントス（ITA）

2015-16　決勝　レアル・マドリー（ESP）
1対1（PK5対3）アトレティコ・マドリー（ESP）

2016-17　決勝　レアル・マドリー（ESP）
4対1 ユヴェントス（ITA）

2017-18　決勝　レアル・マドリー（ESP）
3対1 リヴァプール（ENG）

2018-19　決勝　リヴァプール（ENG）
2対0 トッテナム・ホットスパー（ENG）

2019-20　決勝　バイエルン・ミュンヘン（GER）
1対0 パリSG（FRA）

◆欧州クラブに所属した主な日本人の変遷◆
（1990年代〜）
※チーム名の前の／はシーズン途中入団、
後の／はシーズン途中退団

1993-94
FW小倉 隆史（エクセルシオール＝NED）

1994-95
FW三浦 知良（ジェノア＝ITA）

1995-96
FW西澤 明訓（フォレンダム＝NED）

1996-97
FW船越 優蔵（テルスター＝NED）
MF財前 宣之（ログロニェス＝ESP）

1997-98
FW安永 聡太郎（リェイダ＝ESP）

1998-99
MF中田 英寿（ペルージャ＝ITA）
FW永井 雄一郎（カールスルーエⅡ＝GER）
FW森山 泰行（ヒット・ゴリツァ＝SVN）
MF深澤 仁博（／テネリフェ＝ESP）
MF三原 廣樹（／ウニヴェルシタテア・クライ
オヴァ＝ROU）
MF財前 宣之（／リエカ＝CRO）
FW松原 良香（／リエカ＝CRO）
FW三浦 知良（／クロアチア・ザグレブ＝CRO）

1999-00
FW松原 良香（ドレモン＝SUI／）
MF中田 英寿（ペルージャ＝ITA／ローマ＝ITA）
MF名波 浩（ヴェネツィア＝ITA）
MF三原 廣樹（ウニヴェルシタテア・クライオ

198

ヴァ＝ROU）
FW城 彰二（／バジャドリー＝ESP）

2000-01
DF遠藤 雅大（メヘレン＝BEL）
MF中田 英寿（ローマ＝ITA）
FW竹中 穣（／アトランタス・クライペダ＝
LTU）
FW西澤 明訓（／エスパニョール＝ESP）

2001-02
MF稲本 潤一（アーセナル＝ENG）
FW西澤 明訓（ボルトン・ワンダラーズ＝
ENG／）
FW竹中 穣（アトランタス・クライペダ＝
LTU）
MF小野 伸二（フェイエノールト＝NED）
DF遠藤 雅大（ラ・ルヴィエール＝BEL／）
MF中田 英寿（パルマ＝ITA）
GK川口 能活（／ポーツマス＝ENG）

2002-03
GK川口 能活（ポーツマス＝ENG）
MF稲本 潤一（フラム＝ENG）
MF戸田 和幸（トッテナム・ホットスパー＝
ENG）
FW竹中 穣（アトランタス・クライペダ＝
LTU）
MF小野 伸二（フェイエノールト＝NED）
FW鈴木 隆行（ヘンク＝BEL）
FW安永 聡太郎（ランシ・フェロル＝ESP）
MF中田 英寿（パルマ＝ITA）
MF中村 俊輔（レッジーナ＝ITA）
MF廣山 望（ブラガ＝POR）
FW本間 和生（マチュヴァ・シャバツ＝SCG）
FW高原 直泰（／ハンブルガーSV＝GER）

2003-04
MF稲本 潤一（フラム＝ENG）
GK川口 能活（ノアシェラン＝DEN）
MF廣山 望（モンペリエ＝FRA）
MF小野 伸二（フェイエノールト＝NED）
FW鈴木 隆行（ヒュースデン・ゾルダー＝
BEL）
MF戸田 和幸（ADO＝NED／）
MF藤田 俊哉（ユトレヒト＝NED）
MF今矢 直城（ヌシャテル・ザマックス＝
SUI）
MF中田 英寿（パルマ＝ITA／ボローニャ＝
ITA）
MF中村 俊輔（レッジーナ＝ITA）
FW柳沢 敦（サンプドリア＝ITA）
FW高原 直泰（ハンブルガーSV＝GER）
FW本間 和生（マチュヴァ・シャバツ＝SCG）
DF千葉 和彦（／AGOVV＝NED）

MF直川 公俊（／グールニク・ザブジェ＝
POL）

2004-05
MF稲本 潤一（WBA＝ENG／カーディフ・
シティ＝ENG）
GK川口 能活（ノアシェラン＝DEN／）
MF松井 大輔（ル・マン＝FRA）
DF千葉 和彦（ドルトレヒト＝NED）
MF小野 伸二（フェイエノールト＝NED）
MF今矢 直城（ラ・ショー＝ド＝フォン＝SUI）
MF中田 英寿（フィオレンティーナ＝ITA）
MF中村 俊輔（レッジーナ＝ITA）
FW柳沢 敦（メッシーナ＝ITA）
FW高原 直泰（ハンブルガーSV＝GER）
FW本間 和生（ティサ・ボラン・セゲド＝
HUN）
DF中田 浩二（／マルセイユ＝FRA）
FW大久保 嘉人（／マジョルカ＝ESP）

2005-06
MF稲本 潤一（WBA＝ENG）
MF中田 英寿（ボルトン・ワンダラーズ＝
ENG）
MF中村 俊輔（セルティック＝SCO）
DF中田 浩二（マルセイユ＝FRA）
MF松井 大輔（ル・マン＝FRA）
MF小野 伸二（フェイエノールト＝NED／）
FW平山 相太（ヘラクレス＝NED）
FW大久保 嘉人（マジョルカ＝ESP）
FW柳沢 敦（メッシーナ＝ITA／）
FW高原 直泰（ハンブルガーSV＝GER）
FW本間 和生（ロンバルド・パーパ＝HUN）
MF直川 公俊（トラゴビスタ＝ROU／ポル
ト・デ・パンタン＝FRA）
FW鈴木 隆行（レッドスター・ベオグラード
＝SCG）
MF和久井 秀俊（インテルブロック・リュブ
リャナ＝SVN）
FW大黒 将志（／グルノーブル＝FRA）
FW福田 健二（／カステリョン＝ESP）

2006-07
MF中村 俊輔（セルティック＝SCO）
MF松井 大輔（ル・マン＝FRA）
DF中田 浩二（バーゼル＝SUI）
FW福田 健二（ヌマンシア＝ESP）
MF小笠原 満男（メッシーナ＝ITA）
FW大黒 将志（トリノ＝ITA）
FW森本 貴幸（カターニャ＝ITA）
FW高原 直泰（フランクフルト＝GER）
MF三都主 アレサンドロ（レッドブル・ザル
ツブルク＝AUT／）
FW本間 和生（ロンバルド・パーパ＝HUN）
MF稲本 潤一（ガラタサライ＝TUR）

FW鈴木 隆行（レッドスター・ベオグラード
＝SCG／）
MF和久井 秀俊（インテルブロック・リュブ
リャナ＝SVN）
MF橋本 卓（／ヴェイレ＝DEN）
MF梅崎 司（／グルノーブル＝FRA）
FW伊藤 翔（／グルノーブル＝FRA）
DF宮本 恒靖（／レッドブル・ザルツブルク
＝AUT）

2007-08
MF中村 俊輔（セルティック＝SCO）
MF橋本 卓（ヴェイレ＝DEN）
MF松井 大輔（ル・マン＝FRA）
DF中田 浩二（バーゼル＝SUI）
FW大黒 将志（トリノ＝ITA）
FW森本 貴幸（カターニャ＝ITA）
MF稲本 潤一（フランクフルト＝GER）
MF今矢 直城（リューベック＝GER／）
MF小野 伸二（ボーフム＝GER）
FW高原 直泰（フランクフルト＝GER／）
DF宮本 恒靖（レッドブル・ザルツブルク＝
AUT）
MF和久井 秀俊（バッド・オウセー＝AUT）
FW本間 和生（ディオーシュジェーリ＝
HUN）
MF瀬戸 貴幸（プロイェシュティ＝ROU）
MF水野 晃樹（／セルティック＝SCO）
MF本田 圭佑（／VVV＝NED）
MF直川 公俊（／ブレッシャ＝ITA）
MF菊地 直哉（／イェーナ＝GER）
MF長谷部 誠（／ヴォルフスブルク＝GER）
FW福田 健二（／ラス・パルマス＝ESP）

2008-09
MF中村 俊輔（セルティック＝SCO）
MF水野 晃樹（セルティック＝SCO）
MF橋本 卓（ヴェイレ＝DEN／）
MF松井 大輔（サンテティエンヌ＝FRA）
MF本田 圭佑（VVV＝NED）
DF相馬 崇人（／マリティモ＝POR）
FW福田 健二（イオニコス＝GRE）
FW森本 貴幸（カターニャ＝ITA）
MF稲本 潤一（フランクフルト＝GER）
MF小野 伸二（ボーフム＝GER）
MF菊地 直哉（イェーナ＝GER）
MF長谷部 誠（ヴォルフスブルク＝GER）
FW大久保 嘉人（ヴォルフスブルク＝GER／）
DF宮本 恒靖（レッドブル・ザルツブルク＝
AUT／）
FW本間 和生（ディオーシュジェーリ＝
HUN）
FWエルサムニー・オサマ（／テプリツェ＝
CZE）
MF瀬戸 貴幸（プロイェシュティ＝ROU）

MF和久井 秀俊（ゴリツァ＝SVN）
MF直川 公俊（／スタル・スタロワ・ウォラ
＝POL）

2009-10
GK林 彰洋（プリマス・アーガイル＝ENG）
MF水野 晃樹（セルティック＝SCO）
MF小林 大悟（スターベク＝NOR／イラク
リス＝GRE）
MF稲本 潤一（レンヌ＝FRA／）
MF鈴木 規郎（アンジェ＝FRA）
MF松井 大輔（グルノーブル＝FRA）
MF本田 圭佑（VVV＝NED）
MF中村 俊輔（エスパニョール＝ESP／）
FW指宿 洋史（サラゴサB＝ESP）
FW森本 貴幸（カターニャ＝ITA）
DF相馬 崇人（マリティモ＝POR）
DF結城 耕三（フォルトゥナ・デュッセルド
ルフ＝GER）
MF小野 伸二（ボーフム＝GER／）
MF長谷部 誠（ヴォルフスブルク＝GER）
MF和久井 秀俊（ボヘミアンズ・プラハ＝
CZE）
FWエルサムニー・オサマ（テプリツェ＝
CZE）
FW本間 和生（ニーレジハーザ・シュパルタ
ッシュ＝HUN）
MF瀬戸 貴幸（プロイェシュティ＝ROU）
DF吉田 麻也（／VVV＝NED）
MF赤星 貴文（／LKSウッチ＝POL／）

2010-11
MF阿部 勇樹（レスター・シティ＝ENG）
MF赤星 貴文（リエパーヤス・メタルルグス
＝LVA／ポゴニ・シュチェチン＝POL）
DF吉田 麻也（VVV＝NED）
GK川島 永嗣（リールセ＝BEL）
GK林 彰洋（シャルルロワ＝マルシェンヌ＝
BEL）
FW指宿 洋史（サバデル＝ESP）
DF長友 佑都（チェゼーナ＝ITA／インテル
＝ITA）
FW森本 貴幸（カターニャ＝ITA）
MF風間 宏希（ロウレターノ＝POR）
DF内田 篤人（シャルケ＝GER）
DF相馬 崇人（エネルギー・コットブス＝
GER）
MF香川 真司（ボルシア・ドルトムント＝
GER）
MF長谷部 誠（ヴォルフスブルク＝GER）
FW矢野 貴章（フライブルク＝GER）
FW本間 和生（シオーフォク＝HUN）
MF瀬戸 貴幸（プロイェシュティ＝ROU）
FW中村 祐輝（クライオヴァ＝ROU）
MF本田 圭佑（CSKAモスクワ＝RUS）

MF佐藤 穣（／グルベネ＝LVA）
DF安田 理大（／フィテッセ＝NED）
MF宮市 亮（／フェイエノールト＝NED）
FWカレン・ロバート（／VVV＝NED）
MF家長 昭博（／マジョルカ＝ESP）
FW坂田 大輔（／アリス・テッサロニキ＝
GRE）
DF槙野 智章（／ケルン＝GER）
MF細貝 萌（／アウクスブルク＝GER）
FW岡崎 慎司（／シュトゥットガルト＝
GER）
MF熊田 陽樹（／ポゴニ・シュチェチン＝
POL）
MF松井 大輔（／トム・トムスク＝RUS／
グルノーブル＝FRA）
MF楽山 孝志（／ヒムキ＝RUS）
FW巻 誠一郎（／アミカル・ペルミ＝RUS）
MF和久井 秀俊（／ミンスク＝BLS）

2011-12
MF阿部 勇樹（レスター・シティ＝ENG／）
MF宮市 亮（アーセナル＝ENG／ボルトン・
ワンダラーズ＝ENG）
DF柴村 直樹（ヴェンツピルス＝LVA）
MF加藤 康弘（グルベネ＝LVA／ヴェンツピ
ルス＝LVA／ザカルパッチャ・ウージュホロ
ド＝UKR）
MF佐藤 穣（ヴェンツピルス＝LVA／スコン
ト＝LVA）
MF和久井 秀俊（ノーメ・カリュ＝EST）
MF松井 大輔（ディジョン＝FRA）
DF安田 理大（フィテッセ＝NED）
DF吉田 麻也（VVV＝NED）
MF高木 善朗（ユトレヒト＝NED）
FWカレン・ロバート（VVV＝NED）
FWハーフナー・マイク（フィテッセ＝NED）
GK川島 永嗣（リールセ＝BEL）
GK林 彰洋（シャルルロワ＝マルシェンヌ＝
BEL／）
MF家長 昭博（マジョルカ＝ESP／）
FW指宿 洋史（セビージャ・アトレティコ＝
ESP）
DF長友 佑都（インテル＝ITA）
FW森本 貴幸（ノヴァーラ＝ITA）
DF内田 篤人（シャルケ＝GER）
DF槙野 智章（ケルン＝GER／）
MF乾 貴士（ボーフム＝GER）
MF宇佐美 貴史（バイエルン・ミュンヘン＝
GER）
MF大津 祐樹（ボルシアMG＝GER）
MF香川 真司（ボルシア・ドルトムント＝
GER）
MF風間 宏希（コブレンツ＝GER）
MF長谷部 誠（ヴォルフスブルク＝GER）
MF細貝 萌（アウクスブルク＝GER）

FW岡崎 慎司（シュトゥットガルト＝GER）
FW矢野 貴章（フライブルク＝GER／）
FW赤星 貴文（ポゴニ・シュチェチン＝POL）
FW本間 和生（ヴァシャシュ＝HUN／フェ
レンツヴァーロシュ＝HUN）
MF瀬戸 貴幸（プロイェシュティ＝ROU）
MF秋吉 泰佑（スラヴィア・ソフィア＝BUL）
DF伊野波 雅彦（ハイドゥク・スプリト＝CRO）
MF本田 圭佑（CSKAモスクワ＝RUS）
FW李 忠成（サウサンプトン＝ENG）
FW武田 英明（／グルベネ＝LVA）
DF酒井 高徳（／シュトゥットガルト＝GER）
MF風間 宏矢（／オスナブリュック＝GER）
FW中村 祐輝（／ボトゥバ・モルダヴァ＝
SVK）
MF中野 遼太郎（／アルカ・グディニャ＝
POL）

2012-13
DF吉田 麻也（サウサンプトン＝ENG）
MF香川 真司（マンチェスター・ユナイテッ
ド＝ENG）
MF宮市 亮（ウィガン・アスレティック＝
ENG）
FW李 忠成（サウサンプトン＝ENG／）
MF佐藤 穣（スコント＝LVA）
FW斎藤 陽介（グルベネ＝LVA／ヴェンツ
ピルス＝LVA／ウファ＝RUS）
MF和久井 秀俊（ノーメ・カリュ＝EST）
MF藤田 健（タリナ・カレフ＝EST）
FW武田 英明（ノーメ・カリュ＝EST／グ
ルベネ＝LVA）
MF大津 祐樹（VVV＝NED）
MF高木 善朗（ユトレヒト＝NED／）
FWカレン・ロバート（VVV＝NED）
FWハーフナー・マイク（フィテッセ＝NED）
GK川島 永嗣（スタンダール・リエージュ＝
BEL）
FW指宿 洋史（オイペン＝BEL）
DF長友 佑都（インテル＝ITA）
FW森本 貴幸（カターニャ＝ITA／）
DF内田 篤人（シャルケ＝GER）
DF酒井 高徳（シュトゥットガルト＝GER）
DF酒井 宏樹（ハノーファー＝GER）
MF乾 貴士（フランクフルト＝GER）
MF宇佐美 貴史（ホッフェンハイム＝GER）
MF清武 弘嗣（ニュルンベルク＝GER）
MF田坂 祐介（ボーフム＝GER）
MF中野 遼太郎（ポンメレン・グライフヴァ
ルト＝GER／）
MF長谷部 誠（ヴォルフスブルク＝GER）
MF細貝 萌（バイヤー・レヴァークーゼン＝
GER）
FW岡崎 慎司（シュトゥットガルト＝GER）
FW中村 祐輝（リマフスカ・ゾバタ＝SVK／）

MF赤星 貴文（ポゴニ・シュチェチン＝POL）
MF村山 拓哉（グバルディア・コシャリン＝
POL／ポゴニ・シュチェチン＝POL）
MF瀬戸 貴幸（アストラ・ジュルジュ＝ROU）
MF秋吉 泰佑（スラヴィア・ソフィア＝BUL）
MF松井 大輔（スラヴィア・ソフィア＝BUL）
DF伊野波 雅彦（ハイドゥク・スプリト＝CRO／）
MF本田 圭佑（CSKAモスクワ＝RUS）
FW小澤 竜己（／グルベネ＝LVA／グバルディ
ア・コシャリン＝POL）
FW小野 裕二（／スタンダール・リエージュ
＝BEL）
FW永井 謙佑（／スタンダール・リエージュ
＝BEL）
MF杉田 祐希也（／ホベ・エスパニョール＝
ESP）
MF梶山 陽平（／パナシナイコス＝GRE）
FW阿部 拓馬（／アーレン＝GER）
FW大前 元紀（／フォルトゥナ・デュッセル
ドルフ＝GER）
FW金崎 夢生（／ニュルンベルク＝GER）
MF西 翼（／グバルディア・コシャリン＝
POL）
FW本間 和生（ヴェスプレーム＝HUN）

2013-14
DF吉田 麻也（サウサンプトン＝ENG）
MF香川 真司（マンチェスター・ユナイテッ
ド＝ENG）
MF宮市 亮（アーセナル＝ENG）
FW李 忠成（サウサンプトン＝ENG／）
MF中野 遼太郎（ダウガヴァ＝LVA）
MF和久井 秀俊（ノーメ・カリュ＝EST）
MF大津 祐樹（VVV＝NED／）
FWハーフナー・マイク（フィテッセ＝NED）
GK川島 永嗣（スタンダール・リエージュ＝
BEL）
FW久保 裕也（ヤング・ボーイズ＝SUI）
MF家長 昭博（マジョルカ＝ESP／）
MF杉田 祐希也（エルクレス＝ESP）
MF田邉 草民（サバデル＝ESP）
FW指宿 洋史（バレンシア・メスタージャ＝
ESP）
DF長友 佑都（インテル＝ITA）
FW金崎 夢生（ポルティモネンセ＝POR）
FW小野 裕二（スタンダール・リエージュ＝
BEL）
DF内田 篤人（シャルケ＝GER）
DF酒井 高徳（シュトゥットガルト＝GER）
DF酒井 宏樹（ハノーファー＝GER）
MF乾 貴士（フランクフルト＝GER）
MF清武 弘嗣（ニュルンベルク＝GER）
MF田坂 祐介（ボーフム＝GER）
MF長谷部 誠（ヴォルフスブルク＝GER／
ニュルンベルク＝GER）

MF細貝 萌（ヘルタ・ベルリン＝GER）
FW阿部 拓馬（アーレン＝GER）
FW大前 元紀（フォルトゥナ・デュッセルド
ルフ＝GER／）
FW岡崎 慎司（マインツ＝GER）
MF赤星 貴文（ポゴニ・シュチェチン＝POL）
MF加藤 康弘（ストミール・オルシュティン
＝POL）
MF西 翼（グバルディア・コシャリン＝POL
／レヒア・グダニスク＝POL）
MF松井 大輔（レヒア・グダニスク＝POL）
MF村山 拓哉（ポゴニ・シュチェチン＝POL）
FW小澤 竜己（バルディア・コシャリン＝
POL）
MF瀬戸 貴幸（アストラ・ジュルジュ＝ROU）
MF秋吉 泰佑（ズビズエダ・グラダチャッツ＝
BHI）
MF加藤 恒平（ルダル・プリェヴリャ＝MNE）
FW福井 理人（スティエスカ・ニクシッチ＝
MNE）
MFイッペイ・シノヅカ（CSKAモスクワⅡ
＝RUS）
MF本田 圭佑（CSKAモスクワ＝RUS／ミ
ラン＝ITA）
FW斎藤 陽介（ウファ＝RUS）
MF佐澤 穣（ディナモ・ブレスト＝BLS）
MF長澤 和輝（／ケルン＝GER）
FW大迫 勇也（／1860ミュンヘン＝GER）

2014-15
DF吉田 麻也（サウサンプトン＝ENG）
MF宮市 亮（トゥヴェンテ＝NED）
MF熊田 陽樹（イルクステス＝LVA／ガズ・
メタン・メディアス＝ROU）
MF中野 遼太郎（ダウガヴァ＝LVA）
MF脇野隼人（クライペドス・グラニタス＝
LTU）
MF和久井 秀俊（ノーメ・カリュ＝EST）
GK川島 永嗣（スタンダール・リエージュ＝
BEL）
FW小野 裕二（スタンダール・リエージュ＝
BEL）
FW柿谷 曜一朗（バーゼル＝SUI）
FW久保 裕也（ヤング・ボーイズ＝SUI）
MF杉田 祐希也（エルクレス＝ESP）
MF田邉 草民（サバデル＝ESP）
FWハーフナー・マイク（コルドバ＝ESP／）
DF長友 佑都（インテル＝ITA）
MF本田 圭佑（ミラン＝ITA）
FW金崎 夢生（ポルティモネンセ＝POR／）
FW田中 順也（スポルティング＝POR）
DF内田 篤人（シャルケ＝GER）
DF酒井 高徳（シュトゥットガルト＝GER）
DF酒井 宏樹（ハノーファー＝GER）
MF乾 貴士（フランクフルト＝GER）

MF香川 真司（ボルシア・ドルトムント＝GER）
MF清武 弘嗣（ハノーファー＝GER）
MF田坂 祐介（ボーフム＝GER）
MF長澤 和輝（ケルン＝GER／）
MF長谷部 誠（フランクフルト＝GER）
MF原口 元気（ヘルタ・ベルリン＝GER）
MF細貝 萌（ヘルタ・ベルリン＝GER）
MF丸岡 満（ボルシア・ドルトムント＝GER）
MF山田 大記（カールスルーエ＝GER）
FW大迫 勇也（ケルン＝GER）
FW岡崎 慎司（マインツ＝GER）
MF秋吉 泰佑（シュトゥルム・グラーツ＝AUT）
DF柴村 直弥（ストミール・オルシュティン＝POL）
MF加藤 康弘（ストミール・オルシュティン＝POL）
MF西 翼（レヒア・グダニスク＝POL／ヴィジェフ・ウッチ＝POL）
FW小澤 竜己（グバルディア・コシャリン＝POL）
MF瀬戸 貴幸（アストラ・ジュルジュ＝ROU）
MF加藤 恒平（ルダル・プリェヴリャ＝MNE）
FW福井 理人（スティエスカ・ニクシッチ＝MNE）
MF赤星 貴文（ウファ＝RUS／ポゴニ・シュチェチン＝POL）
MF村山 拓哉（ポゴニ・シュチェチン＝POL）
MFイッペイ・シノヅカ（CSKAモスクワⅡ＝RUS）
FW南野 拓実（／レッドブル・ザルツブルク＝AUT）
DF志村 滉（／ベラネ＝MNE）
FW斎藤 陽介（／スヴック＝BLS）

2015-16
DF吉田 麻也（サウサンプトン＝ENG）
FW岡崎 慎司（レスター・シティ＝ENG）
MF田中 亜土夢（HJKヘルシンキ＝FIN）
FWハーフナー・マイク（HJKヘルシンキ＝FIN／ADO＝NED）
MF中村 遼太郎（ダウガヴァ＝LVA）
MF和久井 秀俊（ノーメ・カリュ＝EST）
FW小野 裕二（シント＝トロイデン＝BEL）
FW柿谷 曜一朗（バーゼル＝SUI）
FW久保 裕也（ヤング・ボーイズ＝SUI）
MF乾 貴士（エイバル＝ESP）
MF長谷川 アーリアジャスール（サラゴサ＝ESP／）
DF長友 佑都（インテル＝ITA）
MF本田 圭佑（ミラン＝ITA）

FW田中 順也（スポルティング＝POR／）
DF内田 篤人（シャルケ＝GER）
DF酒井 高徳（ハンブルガーSV＝GER）
DF酒井 宏樹（ハノーファー＝GER）
MF香川 真司（ボルシア・ドルトムント＝GER）
MF清武 弘嗣（ハノーファー＝GER）
MF長谷部 誠（フランクフルト＝GER）
MF原口 元気（ヘルタ・ベルリン＝GER）
MF丸岡 満（ボルシア・ドルトムント＝GER／）
MF宮市 亮（ザンクト・パウリ＝GER）
MF山田 大記（カールスルーエ＝GER）
FW大迫 勇也（ケルン＝GER）
FW武藤 嘉紀（マインツ＝GER）
MF奥川 雅也（リーフェリンク＝AUT）
FW榊 翔太（ホルン＝AUT）
FW南野 拓実（レッドブル・ザルツブルク＝AUT）
DF柴村 直弥（ストミール・オルシュティン＝POL／）
MF赤星 貴文（ポゴニ・シュチェチン＝POL）
MF加藤 恒平（ポドベスキジェ・ビェルスコ＝ビャワ＝POL）
MF西 翼（ストミール・オルシュティン＝POL）
MF村山 拓哉（ポゴニ・シュチェチン＝POL／）
FW小澤 竜己（ドラヴァ・ドラヴスコ・ポモルスキ＝POL）
MF瀬戸 貴幸（オスマンスポル＝TUR／アストラ・ジュルジュ＝ROU）
MF細貝 萌（ブルサスポル＝TUR）
MF加藤 康弘（ドラヴァ・プトゥイ＝SVN／）
DF志村 滉（モルナル＝MNE）
MF黒木 晃賢（ムラドスト・ツァレフ・ドヴォル＝MKD）
FW福井 理人（ティラナ＝ALB）
MFイッペイ・シノヅカ（CSKAモスクワⅡ＝RUS）
GK川島 永嗣（／ダンディー・ユナイテッド＝SCO）
DF太田 宏介（／フィテッセ＝NED）
DF鈴木 大輔（／ジムナスティック・タラゴナ＝ESP）
FW金崎 夢生（／ポルティモネンセ＝POR／）
MF金城 ジャスティン 俊樹（／フォルトゥナ・デュッセルドルフ＝GER）
MF山口 蛍（／ハノーファー＝GER）
GK権田 修一（ポルティモネンセ＝POR）
DFハーフナー・ニッキ（／ホルン＝AUT）
MF新井 瑞希（／ホルン＝AUT）
MF森岡 亮太（／シロンスク・ヴロツワフ＝POL）
FW北野 晴矢（／ポゴニ・シュチェチン＝

POL）

2016-17
DF吉田 麻也（サウサンプトン＝ENG）
FW岡崎 慎司（レスター・シティ＝ENG）
MF田中 亜土夢（HJKヘルシンキ＝FIN）
MF中野 遼太郎（イェルヴァ＝LVA）
FW斎藤 陽介（リガ＝LVA）
MF和久井 秀俊（ノーメ・カリュ＝EST）
GK川島 永嗣（メス＝FRA）
DF酒井 宏樹（マルセイユ＝FRA）
DF太田 宏介（フィテッセ＝NED／）
MF小林 祐希（ヘーレンフェーン＝NED）
MF田嶋 凛太郎（VVV＝NED）
MF山崎 直之（テルスター＝NED）
FWハーフナー・マイク（ADO＝NED）
FW小野 裕二（シント＝トロイデン＝BEL／）
FW久保 裕也（ヤング・ボーイズ＝SUI／ヘント＝BEL）
DF鈴木 大輔（ジムナスティック・タラゴナ＝ESP）
MF乾 貴士（エイバル＝ESP）
MF清武 弘嗣（セビージャ＝ESP／）
GKファンティーニ 燦（チェゼーナ＝ITA／）
DF長友 佑都（インテル＝ITA）
MF本田 圭佑（ミラン＝ITA）
MF三野 草太（フィグラ・ユナイテッド＝MAL）
DF内田 篤人（シャルケ＝GER）
DF酒井 高徳（ハンブルガーSV＝GER）
MF宇佐美 貴史（アウクスブルク＝GER）
MF香川 真司（ボルシア・ドルトムント＝GER）
MF金城 ジャスティン 俊樹（フォルトゥナ・デュッセルドルフ＝GER）
MF長谷部 誠（フランクフルト＝GER）
MF原口 元気（ヘルタ・ベルリン＝GER）
MF細貝 萌（シュトゥットガルト＝GER／）
MF宮市 亮（ザンクト・パウリ＝GER）
MF山田 大記（カールスルーエ＝GER）
FW浅野 拓磨（シュトゥットガルト＝GER）
FW大迫 勇也（ケルン＝GER）
FW木下 康介（ホンブルク＝GER／）
FW武藤 嘉紀（マインツ＝GER）
DFハーフナー・ニッキ（ホルン＝AUT）
MF新井 瑞希（ホルン＝AUT）
MF奥川 雅也（リーフェリンク＝AUT）
MF川中 健太（ホルン＝AUT／マンスドルフ＝AUT）
FW榊 翔太（ホルン＝AUT）
FW南野 拓実（レッドブル・ザルツブルク＝AUT）
MF西 翼（ストミール・オルシュティン＝POL）
FW森岡 亮太（シロンスク・ヴロツワフ＝POL）

FW北野 晴矢（ポゴニ・シュチェチン＝POL）
MF瀬戸 貴幸（アストラ・ジュルジュ＝ROU）
MF加藤 恒平（ベロエ・スタラ・ザゴラ＝BUL）
MF加藤 康弘（モトル・ルブリン＝SVN）
DF志村 滕（スティエカ・ニクシッチ＝MNE）
FW福井 理人（クケシ＝ALB）
MFイッペイ・シノヅカ（CSKAモスクワⅡ＝RUS／）
MF柴崎 岳（／テネリフェ＝ESP）
FW横山 翔平（／メディムレツ・コザラツ＝CRO）

2017-18
DF吉田 麻也（サウサンプトン＝ENG）
FW岡崎 慎司（レスター・シティ＝ENG）
MF杉田 祐希也（ダルクルド＝SWE）
FW木下 康介（ハルムスタッズ＝SWE）
MF田中 亜土夢（HJKヘルシンキ＝FIN）
FW斎藤 陽介（ヴィリャンディ・トゥレヴィク＝LVA）
GK川島 永嗣（メス＝FRA）
DF酒井 宏樹（マルセイユ＝FRA）
DFファン・ウェルメスケルケン 際（カンブール＝NED）
MF小林 祐希（ヘーレンフェーン＝NED）
MF堂安 律（フローニンヘン＝NED）
MF坂井 大将（テュビズ＝BEL／）
MF森岡 亮太（ワースラント・ベフェレン＝BEL／アンデルレヒト＝BEL）
FW久保 裕也（ヘント＝BEL）
GK山口 瑠伊（エストレマドゥーラB＝ESP）
DF鈴木 大輔（ジムナスティック・タラゴナ＝ESP）
MF乾 貴士（エイバル＝ESP）
MF柴崎 岳（ヘタフェ＝ESP）
DF長友 佑都（インテル＝ITA／ガラタサライ＝TUR）
MF中島 翔哉（ポルティモネンセ＝POR）
MF三野 草太（アーウール＝MAL）
DF内田 篤人（ウニオン・ベルリン＝GER／）
DF酒井 高徳（ハンブルガーSV＝GER）
MF宇佐美 貴史（フォルトゥナ・デュッセルドルフ＝GER）
MF香川 真司（ボルシア・ドルトムント＝GER）
MF金城 ジャスティン 俊樹（フォルトゥナ・デュッセルドルフ＝GER）
MF鎌田 大地（フランクフルト＝GER）
MF関根 貴大（インゴルシュタット＝GER）
MF長谷部 誠（フランクフルト＝GER）
MF原口 元気（ヘルタ・ベルリン＝GER／フォルトゥナ・デュッセルドルフ＝GER）
MF宮市 亮（ザンクト・パウリ＝GER）
MF渡邊 凌磨（インゴルシュタット＝GER）

FW浅野 拓磨（シュトゥットガルト＝GER）
FW大迫 勇也（ケルン＝GER）
FW武藤 嘉紀（マインツ＝GER）
DFハーフナー・ニッキ（ホルン＝AUT）
MF奥川 雅也（マッテルスブルク＝AUT）
MF川中 健太（ホルン＝AUT）
FW南野 拓実（レッドブル・ザルツブルク＝AUT）
MF西 翼（レギア・ワルシャワⅡ＝POL／ミハロフツェ＝SVK）
MF松井 大輔（オードラ・オポーレ＝POL）
FW北野 晴矢（ポゴン・シェドルツェ＝POL）
MF瀬戸 貴幸（アストラ・ジュルジュ＝ROU）
MF加藤 恒平（ベロエ・スタラ・ザゴラ＝BUL／）
MF黒木 晃賢（ロコモティフ・ゴルナ・オリャホヴィツァ＝BUL）
DF志村 膳（スパルタク・スボティツァ＝SRB）
MF田嶋 凛太郎（クロアチア・ザグレブⅡ＝CRO／）
FW横山 翔平（メディムレツ・コザラツ＝CRO）
FW福井 理人（カムサ＝ALB）
MF和久井 秀俊（／グニスタン＝FIN）
MF佐藤 穣（／リガ＝LVA）
DF岩崎 陽平（／スピリス・カウナス＝LTU／）
DF冨安 健洋（／シント＝トロイデン＝BEL）
MF古賀 俊太郎（／ロイヤル・ユニオン・サン＝ジロワーズ＝BEL）
MF豊川 雄太（／オイペン＝BEL）
MF井手口 陽介（／クルトゥラル・レオネサ＝ESP）
DF鈴木 準弥（／アーレン＝GER）
MF伊藤 達哉（／ハンブルガー SV＝GER）

2018-19
DF吉田 麻也（サウサンプトン＝ENG）
FW岡崎 慎司（レスター・シティ＝ENG）
FW武藤 嘉紀（ニューカッスル・ユナイテッド＝ENG）
FW木下 康介（ハルムスタッズ＝SWE／シント＝トロイデン＝BEL）
MF山崎 直之（／グニスタン＝FIN）
MF中野 遼太郎（イェルヴァ＝LVA）
MF和久井 秀俊（タリナ・カレフ＝EST）
DF酒井 宏樹（マルセイユ＝FRA）
MF澤井 直人（アジャクシオ＝FRA）
DFファン・ウェルメスケルケン 際（カンブール＝NED）
MF小林 祐希（ヘーレンフェーン＝NED）
MF堂安 律（フローニンヘン＝NED）
DF植田 直通（サークル・ブルッヘ＝BEL）
DF小池 裕太（シント＝トロイデン＝BEL／）

DF冨安 健洋（シント＝トロイデン＝BEL）
MF関根 貴大（シント＝トロイデン＝BEL）
MF鎌田 大地（シント＝トロイデン＝BEL）
MF古賀 俊太郎（ロイヤル・ユニオン・サン＝ジロワーズ＝BEL／）
MF関根 貴大（シント＝トロイデン＝BEL）
MF豊川 雄太（オイペン＝BEL）
MF森岡 亮太（アンデルレヒト＝BEL／シャルルロワ＝BEL）
DFハーフナー・ニッキ（ヴィル＝SUI）
GK山口 瑠伊（エストレマドゥーラ B＝ESP）
MF乾 貴士（ベティス＝ESP／アラベス＝ESP）
MF柴崎 岳（ヘタフェ＝ESP）
MFサイ・ゴダード（ベネヴェント＝ITA）
MF中島 翔哉（ポルティモネンセ＝POR／）
MF黒木 晃賢（リーヤ・アスレティック＝MAL）
DF酒井 高徳（ハンブルガー SV＝GER）
MF井手口 陽介（グロイター・フュルト＝GER）
MF伊藤 達哉（ハンブルガー SV＝GER）
MF宇佐美 貴史（フォルトゥナ・デュッセルドルフ＝GER）
MF奥川 雅也（ホルシュタイン・キール＝GER）
MF香川 真司（ボルシア・ドルトムント＝GER／ベジクタシュ＝TUR）
MF長谷部 誠（フランクフルト＝GER）
MF原口 元気（ハノーファー＝GER）
MF宮市 亮（ザンクト・パウリ＝GER）
FW浅野 拓磨（ハノーファー＝GER）
FW大迫 勇也（ヴェルダー・ブレーメン＝GER）
FW久保 裕也（ニュルンベルク＝GER）
MF財前 淳（ヴァッカー・インスブルック＝AUT）
FW南野 拓実（レッドブル・ザルツブルク＝AUT）
FW横山 翔平（ドイチュランベルガー＝AUT／）
FW北野 晴矢（ポゴニ・シュチェチンⅡ＝POL）
DF長友 佑都（ガラタサライ＝TUR）
MF三野 草太（メタログロブス・ブカレスト＝ROU）
DF志村 膳（スパルタク・スボティツァ＝SRB／）
MF村山 拓哉（ゼムン＝SRB／ハポエル・ペタフ・ティクヴァ＝ISR）
FW福井 理人（カムサ＝ALB）
FW西村 拓真（CSKAモスクワ＝RUS）
GK川島 永嗣（／ストラスブール＝FRA）
DF昌子 源（／トゥールーズ＝FRA）
DF板倉 滉（／フローニンヘン＝NED）

DF中山 雄太（／ズヴォーレ＝NED）
MF本田 圭佑（／フィテッセ＝NED／）
MF伊東 純也（／ヘンク＝BEL）
GK権田 修一（／ポルティモネンセ＝POR）
MF安西 海斗（／ブラガB＝POR）
FW長島 滉大（／ポルティモネンセ＝POR）
FW深堀 隼平（／ヴィトーリアB＝POR）
FW沼 大希（／ホルン＝AUT）
MF泉澤 仁（／ポゴニ・シュチェチン＝POL）
MF加藤 恒平（／ヴィジェフ・ウッチ＝POL）
DF浦田 樹（／ゾリャ・ルハーンシク＝UKR）

2019-20
DF吉田 麻也（サウサンプトン＝ENG／サンプドリア＝ITA）
FW武藤 嘉紀（ニューカッスル・ユナイテッド＝ENG）
MF食野 亮太郎（ハート・オブ・ミドロシアン＝SCO）
MF和久井 秀俊（グニスタン＝FIN）
MF山崎 直之（PEPOラッペーンランタ＝FIN）
MF古賀 俊太郎（アウダ＝LVA）
MF早坂 翔（マールドゥ・リンナメースコンド＝EST）
MF佐藤 穣（リガ＝LVA/CSKAババロフスク＝RUS）
MF瀬戸 貴幸（RFS＝LVA／アストラ・ジュルジュ＝ROU）
FW北野 晴矢（アウダ＝LVA）
GK川島 永嗣（ストラスブール＝FRA）
DF酒井 宏樹（マルセイユ＝FRA）
DF板倉 滉（フローニンヘン＝NED）
DF菅原 由勢（AZ＝NED）
DF中山 雄太（ズヴォーレ＝NED）
DFファン・ウェルメスケルケン際（ズヴォーレ＝NED）
MF堂安 律（PSV＝NED）
FW中村 敬斗（トゥヴェンテ＝NED）
GKシュミット・ダニエル（シント＝トロイデン＝BEL）
DF植田 直通（サークル・ブルッヘ＝BEL）
DF池田 龍太（ロケレン＝BEL）
MF天野 純（ロケレン＝BEL）
MF伊東 純也（ヘンク＝BEL）
MF伊藤 達哉（シント＝トロイデン＝BEL）
MF小林 祐希（ワースラント＝ベフェレン＝BEL）
MF豊川 雄太（オイペン＝BEL／）
MF三好 康児（ロイヤル・アントワープ＝BEL）
MF森岡 亮太（シャルルロワ＝BEL）
FW久保 裕也（ヘント＝BEL／）
FW鈴木 優磨（シント＝トロイデン＝BEL）
DFハーフナー・ニッキ（トゥーン＝SUI）

GK山口 瑠伊（エストレマドゥーラ＝ESP）
MF安部 裕葵（バルセロナB＝ESP）
MF乾 貴士（エイバル＝ESP）
MF香川 真司（サラゴサ＝ESP）
MF柴崎 岳（デポルティボ＝ESP）
FW岡崎 慎司（マラガ＝ESP／ウエスカ＝ESP）
DF冨安 健洋（ボローニャ＝ITA）
MFサイ・ゴダード（ベネヴェント＝ITA／パフォス＝CYP）
GK権田 修一（ポルティモネンセ＝POR）
DF安西 幸輝（ポルティモネンセ＝POR）
MF安西 海斗（ブラガB＝POR）
MF菅嶋 弘希（ポルティモネンセB＝POR）
MF中島 翔哉（ポルト＝POR）
MF藤原 志龍（ポルティモネンセB＝POR）
FW前田 大然（マリティモ＝POR）
MF加藤 恒平（セント・ジョセフス＝GIB／イスクラ・ダニロヴグラード＝MNE）
MFアペルカンプ 真大（フォルトゥナ・デュッセルドルフ＝GER）
MF遠藤 航（シュトゥットガルト＝GER）
MF鎌田 大地（フランクフルト＝GER）
MF長谷部 誠（フランクフルト＝GER）
MF原口 元気（ハノーファー＝GER）
MF宮市 亮（ザンクト・パウリ＝GER）
FW大迫 勇也（ヴェルダー・ブレーメン＝GER）
MF奥川 雅也（レッドブル・ザルツブルク＝AUT）
MF財前 淳（ヴァッカー・インスブルック＝AUT）
FW北川 航也（ラピド・ウィーン＝AUT）
FW南野 拓実（レッドブル・ザルツブルク＝AUT／リヴァプール＝ENG）
DF長友 佑都（ガラタサライ＝TUR）
MF三野 草太（メタログロブス・ブカレスト＝ROU）
FW浅野 拓磨（パルチザン・ベオグラード＝SRB）
FW横山 翔平（ヴァラジュディン＝CRO）
FW西村 拓真（CSKAモスクワ＝RUS／ポルティモネンセ＝POR／）
DF浦田 樹（ゾリャ・ルハーンシク＝UKR／）
DF高橋 壮也（／エシルストゥーナ＝SWE）
FW木下 康介（／スターベク＝NOR）
DF松原 后（／シント＝トロイデン＝BEL）
FW若月 大和（／シオン＝SUI）
MF久保 建英（／マジョルカ＝ESP）
FW向井 章人（／テラッサ＝ESP）
DF小野原 和哉（／オリヴェイレンセ＝POR）
FW小枝 ランディ（／オリヴェイレンセ＝POR）
MF村山 拓哉（／ハポエル・アッコ＝ISR）

2020-21

FW南野 拓実（リヴァプール＝ENG／サウサンプトン＝ENG）
DF高橋 壮也（ウメオ＝SWE）
MF杉田 祐希也（シリウス＝SWE）
FW木下 康介（スターベク＝NOR）
MF田中 亜土夢（HJKヘルシンキ＝FIN）
MF山﨑 直之（PEPOラッペーンランタ＝FIN）
MF和久井 秀俊（グニスタン＝FIN）
GK川島 永嗣（ストラスブール＝FRA）
DF酒井 宏樹（マルセイユ＝FRA）
DF長友 佑都（マルセイユ＝FRA）
DF板倉 滉（フローニンヘン＝NED）
DF菅原 由勢（AZ＝NED）
DF中山 雄太（ズヴォーレ＝NED）
DFファン・ウェルメスケルケン際（ズヴォーレ＝NED）
GKシュミット・ダニエル（シント＝トロイデン＝BEL）
DF植田 直通（サークル・ブルッヘ＝BEL／ニーム＝FRA）
DF松原 后（シント＝トロイデン＝BEL）
MF伊東 純也（ヘンク＝BEL）
MF伊藤 達哉（シント＝トロイデン＝BEL）
MF三好 康児（ロイヤル・アントワープ＝BEL）
MF森岡 亮太（シャルルロワ＝BEL）
FW鈴木 優磨（シント＝トロイデン＝BEL）
FW鈴木 武蔵（ベールスホト＝BEL）
FW中村 敬斗（シント＝トロイデン＝BEL／ジュニアーズOÖ＝AUT）
DFハーフナー・ニッキ（トゥーン＝SUI）
FW若月 大和（シオン＝SUI）
GK山口 瑠伊（レクレアティボ・ウエルバ＝ESP）
MF安部 裕葵（バルセロナB＝ESP）
MF乾 貴士（エイバル＝ESP）
MF久保 建英（ビジャレアル＝ESP／ヘタフェ＝ESP）
MF柴崎 岳（レガネス＝ESP）
FW岡崎 慎司（ウエスカ＝ESP）
FW武藤 嘉紀（エイバル＝ESP）
FW向井 章人（テラッサ＝ESP）
DF冨安 健洋（ボローニャ＝ITA）
DF吉田 麻也（サンプドリア＝ITA）
GK小久保 玲央 ブライアン（ベンフィカB＝POR）
GK権田 修一（ポルティモネンセ＝POR／）
DF安西 幸輝（ポルティモネンセ＝POR）
DF小野原 和哉（オリヴェイレンセ＝POR）
MF安西 海斗（ヴィラヴェルデンセ＝POR）
MF中島 翔哉（ポルト＝POR／）
MF藤本 寛也（ジウ・ヴィセンテ＝POR）
MF食野 亮太郎（リオ・アヴェ＝POR）

FW小枇 ランディ（オリヴェイレンセ＝POR）
DF室屋 成（ハノーファー＝GER）
MFアペルカンプ 真大（フォルトゥナ・デュッセルドルフ＝GER）
MF遠藤 航（シュトゥットガルト＝GER）
MF鎌田 大地（フランクフルト＝GER）
MF堂安 律（アルミニア・ビーレフェルト＝GER）
MF長谷部 誠（フランクフルト＝GER）
MF原口 元気（ハノーファー＝GER）
MF宮市 亮（ザンクト・パウリ＝GER）
FW遠藤 渓太（ウニオン・ベルリン＝GER）
FW大迫 勇也（ヴェルダー・ブレーメン＝GER）
MF奥川 雅也（レッドブル・ザルツブルク＝AUT／アルミニア・ビーレフェルト＝GER）
MF財前 淳（ヴァッカー・インスブルック＝AUT）
FW北川 航也（ラピド・ウィーン＝AUT）
MF瀬戸 貴幸（アストラ・ジュルジュ＝ROU）
MF三野 草太（メタログロブス・ブカレスト＝ROU）
FW浅野 拓磨（パルチザン・ベオグラード＝SRB／）
DF浦田 樹（ヴァラジュディン＝CRO）
MF加藤 恒平（イスクラ・ダニロヴグラード＝MNE／ブドゥチノスト・ポドゴリツァ＝MNE）
MF橋本 拳人（ロストフ＝RUS）
DF橋岡 大樹（／シント＝トロイデン＝BEL）
FW斉藤 光毅（／ロンメル＝BEL）
MF鈴木 冬一（／ローザンヌ＝SUI）
DF丹羽 大輝（／セスタオ・リーベル＝ESP）
GK中村 航輔（／ポルティモネンセ＝POR）
MF守田 英正（／サンタ・クララ＝POR）
MF香川 真司（／PAOKサロニカ＝GRE）
FW森本 貴幸（／AEPコザニ＝GRE／）
FW宮崎 峻平（／バチュカ＝SRB）
FW原 大智（／イストラ＝CRO）
MF齊藤 未月（／ルビン・カザン＝RUS）
MF本田 圭佑（／ネフチ・バクー＝AZB）

2021-22

FW木下 康介（スターベク＝NOR）
MF田中 亜土夢（HJKヘルシンキ＝FIN）
FW大垣 勇樹（RFS＝LVA）

ブックデザイン&DTP	今田賢志
イラスト	谷端実
編集協力	森琢朗
編集	石沢鉄平（株式会社カンゼン）

いまさら誰にも聞けない
サッカー隠語の基礎知識

発行日	2021年6月28日　初版
編集	サッカーネット用語辞典
発行人	坪井 義哉
発行所	株式会社カンゼン
	〒101 - 0021
	東京都千代田区外神田2 - 7 - 1 開花ビル
	TEL 03（5295）7723
	FAX 03（5295）7725
	http://www.kanzen.jp/
	郵便為替 00150 - 7 - 130339
印刷・製本	株式会社シナノ

定価はカバーに表示してあります。
ご意見、ご感想に関しましては、kanso@kanzen.jp まで
Eメールにてお寄せ下さい。お待ちしております。